suhrkamp taschenbuch 3597

Peter Suhrkamp, geboren 1891, wächst im oldenburgischen Dorf Kirchhatten als Sohn eines Landwirts auf. Nach einer Lehrerausbildung meldet er sich 1914 freiwillig zum Kriegsdienst, nach dem Ersten Weltkrieg arbeitet er bis 1929 als Lehrer. Im Januar 1933 tritt er in den S. Fischer Verlag ein, und als 1936 die Erben von Samuel Fischer Deutschand verlassen müssen, leitet Peter Suhrkamp den Verlag bis zu seiner Verhaftung im April 1944. Im Februar 1945 wird er todkrank aus der KZ-Haft entlassen und erhält im Oktober als erster deutscher Verleger in Berlin eine Verlagslizenz. 1950 kommt es zur Trennung vom S. Fischer Verlag, und, von Hermann Hesse gedrängt, gründet er im Juli 1950 den Suhrkamp Verlag. Im März 1959 stirbt er in Frankfurt am Main.
Siegfried Unseld, geboren 1924 in Ulm, promoviert 1951 mit einer Arbeit über Hermann Hesse und wird 1959 in der Nachfolge Peter Suhrkamps der Verleger des Suhrkamp Verlags, später auch des Insel Verlags. Er stirbt 2002 in Frankfurt am Main.
Helene Ritzerfeld, geboren 1914 in Köln, arbeitet seit 1950 als Peter Suhrkamps Assistentin. Seit 1959 bis zu ihrem Tod im Jahr 2000 leitet sie im Suhrkamp Verlag die Abteilung Rechte und Lizenzen.

Peter Suhrkamp

Zur Biographie eines Verlegers
in Daten, Dokumenten und Bildern

Vorgelegt von
Siegfried Unseld
unter Mitwirkung von
Helene Ritzerfeld

Suhrkamp

Peter Suhrkamp. Zur Biographie eines Verlegers
erschien erstmals 1975 als suhrkamp taschenbuch 260.
Zum 100. Geburtstag von Peter Suhrkamp am 28. März 1991
wurde eine überarbeitete, erweiterte und teilweise neu bebilderte
Fassung vorgelegt. Die vorliegende Taschenbuchausgabe folgt
dieser Jubiläumsausgabe.

2. Auflage 2017

Erste Auflage 2004
suhrkamp taschenbuch 3597

Druck: Druckhaus Nomos, Sinzheim
Printed in Germany
Umschlag nach Entwürfen von
Willy Fleckhaus und Rolf Staudt
ISBN 978-3-518-45597-5

Peter Suhrkamp
Zur Biographie eines Verlegers

»Das Dichten
darf nicht aufhören.«

Vorwort
von Siegfried Unseld

1.

Peter Suhrkamp lehnte nichts so sehr ab wie den Kult der Person, vor allem den seiner Person. In einem Brief (wahrscheinlich aus dem Jahre 1919) schreibt er: »Hier kann ich Ihnen auch sagen: ich interessiere mich selbst nicht. Ich habe nur *eine* Bewußtheit: meine Arbeit. Devise: Sei – Wirke!«
Als er 1956 von dem damaligen Hessischen Kultusminister das Bundesverdienstkreuz entgegennahm, brachte er den Minister nach dessen offizieller Rede in Verlegenheit mit seiner Frage, er möge von ihm doch nun privatim wissen, warum er diese Auszeichnung bekommen habe, sie gelte doch allenfalls dem Verlag oder dem Verleger und sicherlich nicht der Person Peter Suhrkamp, von der er, der Minister, ja nichts wisse.

Dies ist die eine Seite der Selbstdarstellung Suhrkamps: seine Person, ihm wie er sagte uninteressant, sollte ganz bewußt nicht nur nicht in den Vordergrund treten, sondern lieber noch im Dunkel legendären Herkommens bleiben, und nur solche Stationen seines Lebens wären festzuhalten, die seine einzige Bewußtheit beträfen: »Meine Arbeit«. Fast zielstrebig hat Suhrkamp die Spuren seiner Kindheit und Jugend verwischt. Die eigenen Angaben über seine Person widersprechen sich. Seine autobiographischen Erzählungen, wie sie im Band ›Munderloh‹ gesammelt sind, dürfen sicher im Atmosphärischen, in den geographischen und lokalen Beschreibungen, nicht jedoch in den Fakten authentisch gewertet werden. »Handlungen und Personen sind reine Erfindung« (schreibt er in einem Brief an B. H. Lankenau o.D. 1957). Einige Vorgänge seiner Kindheit werden wohl immer sein Geheimnis bleiben. Seine Beziehung zu seiner Mutter wird vielleicht sein späteres Verhältnis zu Frauen geprägt haben. Aber auch die andere Seite seiner Selbstdarstellung, sein »Sei – Wirke!« ist überaus merkwürdig. Alles an ihm, dem Verleger, sei Zufall. Ganz charakteristisch ist jenes Interview, das Joachim Kaiser mit ihm aus Anlaß seines 65. Geburtstages für den Hessischen Rundfunk aufnahm. Vielleicht vom ironischen Tonfall und von der verfänglichen ersten Frage Kaisers verführt (»... Sie waren Journalist, dann Redakteur, wie sind Sie zum Verlag ›geglitten‹«, »hinaufgeglitten«, wie sich Kaiser dann doch noch korrigierte), stellte Suhrkamp die Stationen seines Lebens als eine Kette von Zufällen dar. Das drückt sich in seiner Sprache aus, in den Verben, mit denen er seine Tätigkeit beschreibt. Er sei »in den eigenen Netzen gefangen« gewesen, er sei von Ullstein in den S. Fischer Verlag »hinübergerufen« worden, dann in den Vorstand des Verlages »hineingeraten«, und dazu habe er sich von den Angestellten und der Familie S. Fischer nur »hineinnötigen lassen«, und der S. Fischer Verlag sei dann eben an ihm »hängen geblieben«. Ich glaube nicht, daß diese Aussagen in jenem Interview, zwei Jahre vor seinem Tode, aus einer Laune heraus erfolgten, auch nicht die Feststellung, die er in diesem Interview traf, daß er »heute noch nicht wisse«, ob er ein »wirklicher und richtiger Verleger« sei. Zweifel an sich selbst ehren einen Menschen. Doch wer Suhrkamp näher gekannt, wer wie ich die ebenso beglückende wie manchmal verzweiflungsvolle Gelegenheit hatte, lange Jahre mit ihm, neben ihm und in jedem Falle für ihn arbeiten zu dürfen, sieht in dieser Haltung doch auch eine eher stilisierte Darstellung. Auch aus den Gesprächen mit Menschen, die mit ihm befreundet waren, die ihn, oft bis an den Rand ihrer Existenz, liebten, ergeben sich neue, andere Züge seiner Person. Dieses Bild der wahren Person Suhrkamp zu ergründen, dessen privates Dasein sich als Folge von Katastrophen, dessen objektives, verlegerisches Wirken sich als bedeutsam, wesentlich, jetzt schon geschichtlich lesen läßt, ist eine Aufgabe, der ich mich einmal stellen möchte. Der jetzige Band legt lediglich Materialien zur Biographie vor, ohne die Biographie selbst sein zu wollen. Aus diesen Materialien geht jedoch schon jene Erfahrung hervor, die Peter Weiss in einem Brief an Suhrkamp für sich beschrieben hat: »... wie ungeheuer folgerichtig ein Leben sich aufbaut, selbst wenn es von Chaos zu Chaos taumelt und sich in hoffnungslosen Verwirrungen verstrickt sieht.«

2.

Der vorliegende Band sammelt Bausteine zur Biographie des Verlegers. Die Schwierigkeiten liegen in der Sache selbst. Von 1945 bis zu seinem Tod sind die Vorgänge seines Lebens »registriert« und die Unterlagen liegen im Archiv des Verlages. Nur, biographisch, als erzähltes Leben der Person, ergibt dieser Zeitraum wenig. Anfänglich arbeitet Suhrkamp in Berlin, häufiger, schließlich endgültig, in Frankfurt und in Königstein, wo er wohnt. Gelegentlich geht er auf Reisen, immer öfter wird er krank und zahlreicher werden die Sanatoriumsaufenthalte. Die Zeit von 1932 bis 1945 ist belegt durch seine Arbeiten in der ›Neuen Rundschau‹, durch die Bibliographie des S. Fischer Verlages, durch Berichte von Autoren, Mitarbeitern und Zeitgenossen; alles direkte, authentisch-biographische Material ist im zerstörten Berlin untergegangen. Die Briefe aus dieser Zeit müssen, von einigen bekannten Ausnahmen abgesehen, weitgehend als verloren betrachtet werden. Für Suhrkamps erste Lebenshälfte, aus der Zeit seiner Kindheit und Jugend, der Zeit seines Aufbruchs in die Welt als Lehrer, Theatermann, Journalist und Schriftsteller, für sein Leben als Mensch dieser Zeit sind die Dokumente also spärlich, und Suhrkamp hatte keine Neigung, Spuren aufzuzeigen. Doch die Dokumente, Zeugnisse und Berichte, die gefunden und gesammelt werden konnten, sind hier veröffentlicht. Wir versuchten vor allem, Zeugnisse seiner Kindheit zu erreichen, um belegen zu können, woher, aus welchem Milieu heraus Suhrkamp seinen Weg antrat. In dem Bemühen, das bislang Unbekannte zu zeigen, gerät die jeweilige Quantität der Materialien gelegentlich unausgewogen. Insbesondere sind die Dokumente, in denen sich die merkwürdige Beziehung zu seiner Mutter wenigstens andeutungsweise spiegelt, umfangreicher als anderes wiedergegeben. Ebenso sind die pädagogischen Elemente seines Lebens stärker belegt als die Arbeit des Schriftstellers. Diese ist für den interessierten Leser leichter in den drei Bänden der Bibliothek Suhrkamp, ›Munderloh‹, ›Der Leser‹ und ›Briefe an die Autoren‹ zu verfolgen.

Als wir im Dezember 1959 den Band ›In memoriam Peter Suhrkamp‹ veröffentlichten, war es nicht möglich, ausreichendes photographisches Material zu bieten. Inzwischen sind wir fündiger geworden. Doch auch was Photographien betrifft, hatte Suhrkamp seine eigene Meinung. »Lieber Freund«, schreibt er am 4. August 1951 an Hermann Hesse, »ich ahnte nicht, daß Du Wert darauf legen würdest, ein Bild von mir zu besitzen; ich selber habe mich für Bilder von mir nie interessiert und wurde daher auch nur selten photographiert.« Immerhin gibt es einige Photos. Doch vielleicht werden wir durch dieses Buch Kenntnis von noch anderen Photographien, Zeugnissen und Briefen aus der ersten Lebenshälfte Suhrkamps erhalten.

Noch einmal sei der provisorische Charakter des Buches betont, denn Helene Ritzerfeld und ich sind uns der Lücken und Schwächen bewußt. Solche Unzulänglichkeit ist doppelt bedrückend, wenn der Autor bzw. der Herausgeber ein Verleger ist, der von seinen Autoren und Herausgebern Definitives oder doch Zulängliches fordern muß. Uns bedrängte jedoch die Vorstellung, daß das 25jährige Jubiläum des Suhrkamp Verlages nicht zu begehen sei, ohne seines Gründers, seines Initiators und des Mannes, der über seinen Tod hinaus diesen Verlag prägt, mit der Vorstufe einer Biographie zu gedenken. Die vielen Leser der Bücher mit dem Imprint Suhrkamp haben ein Recht zu erfahren, wer dieser Mann war.

3.

Wer war Peter Suhrkamp? In seinen letzten Jahren gab er mir seine Reden und Schriften im Manuskript zu lesen. So auch seine Ansprache aus Anlaß der Ehrenmitgliedschaft in der Darmstädter Akademie für Sprache und Dichtung, die er am 6. Mai 1957 hielt. Ein Satz in dieser Ansprache sei ihm wichtig, ob ich ihn wohl fände? Ich tippte zuerst auf den Schlußsatz, der seine »ehrfürchtige Verbeugung vor Wilhelm Lehmann« enthielt; eine typische Suhrkamp-Haltung, die sich selbst die Gelegenheit einer außerordentlichen persönlichen Ehrung nicht entgehen läßt, um einen anderen zu rühmen, einen seiner Autoren. Aber der Satz war es nicht, den Suhrkamp meinte; bei der zweiten Wahl traf ich ihn dann: »Da ist mir, wie übrigens schon manchmal in meinem Leben, deutlich wieder bewußt geworden, daß es verschiedene Figuren sind, als welche ich mein Leben immer gelebt habe. Sie, als Dichter, werden gewiß verstehen, was ich meine.« Suhrkamp sprach dann von zwei solcher Figuren. Die erste Figur sei in seinem Intellekt und an den greifbaren Realitäten des Lebens herangewachsen, sie sei jene Person, die die Zuhörer erkennten, jener Skeptiker und Eigensinnige, der Schriftsteller der Gelegenheit, der freilich gestand, »daß ich ›schreiben mußte‹, allerdings nur, um mit mir selber wieder in Ordnung zu kommen«, und der Verleger, der freilich auch als Verleger Einzelgänger sei. Die zweite Figur, ebenfalls in seiner Kindheit angelegt, sei »aus Traum und Phantasie« gebildet und bewegt von den Bildern der Bibel und der Dichtungen. Wie die erste Figur sei auch die zweite in sein Leben »hineingewachsen«, »dort hat sie heute ein Weltall für sich«. – Wer so von sich sprechen kann, wer in seiner Arbeit bewies, daß er die Forderung seines Berufes praktisch und vernünftig, nach vorne träumend und phantasierend zu realisieren in der Lage war, dessen Leben, dessen »Sei – Wirke!« ist nicht zufällig, ist wesentlich angelegt.

Johann Heinrich Suhrkamp, genannt Peter, wurde am 28. März 1891 als erstes Kind des Landwirts und Tischlers Johann Friedrich Suhrkamp in dem oldenburgischen Dorf Kirchhatten geboren. Die Familie der Suhrkamps, meist Bauern, »Brinksitzer«, und Handwerker, reicht bis ins 16. Jahrhundert zurück; von Generation zu Generation vererbte sich der Hof. Nur zu natürlich war es, daß der Vater dem ältesten von vier Söhnen und zwei Töchtern den Hof vermachen wollte. »Der Junge wird Bauer«, dieser Satz seines Vaters stand unverrückbar fest. Aber ebenso wuchs an ihm der Eigen-Sinn des Jungen, sein »Bedürfnis nach Unabhängigkeit« war stärker, und als es streitbar zur Alternative kam, Bauer oder Verlassen des elterlichen Hofes, wählte Suhrkamp, ohne zu zögern, binnen einer Nacht die zweite.

Vorausgegangen war die Begegnung mit einem Lehrer, der ihn im Geigenspiel unterrichtete. Diese Begegnung und das Erlebnis der Musik müssen für ihn entscheidend gewesen sein. Später, 1944, in schwierigster persönlicher Situation, im Gestapo-Gefängnis in Berlin, schrieb er in den Bruchstücken des Romans ›Munderloh‹ sein Erlebnis der Musik, das Erlebnis des Orgelspiels. Wer ernsthaft Musik ausübt, bringt sich »in Ordnung« und schafft sich neue Erfahrung. Suhrkamp hatte wenige Jahre vorher in Hesses ›Glasperlenspiel‹ gelesen, wie der junge Josef Knecht beim Erlernen des Violinspiels »den ersten Akt seiner Berufung« erfuhr, und sicher sah Suhrkamp in diesem »magischen Vorgang« die Parallele zum eigenen Leben.

Er war nicht das, was man einen folgsamen und ruhigen Jungen hätte nennen können. Ungebärdig, manchmal wild, dann wieder träumerisch abwesend, so wird er von denen geschildert, die ihn als Kind kannten. Er selbst hat nur gelegentlich und nur bei besonderen Anlässen die Abenteuer seiner Kindheit erzählt. Irgend etwas uns Unbekanntes muß seine heftig ablehnende Beziehung zu seiner Mutter ausgelöst haben; der Ausspruch, »mit dieser Frau habe ich nichts zu schaffen«, ist immer wieder von den Freunden bezeugt. Nach dem Ersten Weltkrieg hat er sie nur noch selten besucht, nach 1945 nur noch ein einziges Mal, und auch dieser Besuch sei »Unsinn« gewesen. In der 1929 geschriebenen Erinnerung ›Der Besuch‹ im elterlichen Hause, läßt er die Mutter gestorben sein und beschreibt die Begegnung mit dem Vater. In Wirklichkeit lebte Suhrkamps Mutter die ganze Lebenszeit des Sohnes mit; sie starb vierzehn Tage nach ihm.

Nach entscheidenden Lebenseindrücken gefragt, verwies Suhrkamp auf drei Elemente: auf die ländliche Natur, auf die Jugendbewegung und auf seine Leidenschaft für Literatur. Nicht die Natur war prägend für den späteren Stadtmenschen Suhrkamp, »sondern die Ordnungen und Bilder, mit denen sie die Räume unseres Geistes prägte«, und damit »die Maße unseres Lebens« bildeten. In der Jugendbewegung entfachte sich in ihm die »Freilegung seiner Eigenständigkeit und das unbedingte Bedürfnis nach Unabhängigkeit«. Suhrkamp datiert das Erwachen seiner »Leidenschaft für Dichtung« auf die Oldenburger Feier des 100. Todestages von Schiller. Der damals Vierzehnjährige war von ›Kabale und Liebe‹ ergriffen und von nun an für Literatur bereit; später notierte er, daß ihm in jungen Jahren vor allem autobiographische Dichtungen wichtig gewesen seien, »ich war, indem ich las, Schüler des eigenen Lebens. Das eigene Leben beginnt an dem Erzählten zu erglühen und empfindet Anstoß zur eigenen Gestalt.«

»Schüler des eigenen Lebens« – eine charakteristische Prägung Suhrkamps, die den pädagogischen Zug verrät, der für Suhrkamp von allem Anfang an kennzeichnend war und für ein ganzes Leben kennzeichnend bleiben sollte. Sicher führte ihn jene Begegnung mit dem Lehrer, der ihn im Violinspiel unterwies, nach dem Besuch der Dorfschule zu dem Entschluß, selber Lehrer zu werden. Den ersten Aufnahmebogen in die Präparandenanstalt in Oldenburg zerriß der Vater, beim zweiten setzte der Sohn die Unterschrift des Vaters selbst ein und erkaufte sich damit die Unabhängigkeit mit kleinem Unrecht. Für die Aufnahmeprüfung, die drei Tage dauerte, verließ er heimlich und unerlaubt den elterlichen Hof. Als er nach bestandener Prüfung zurückkehrte, stellte ihm der Vater die erwähnte Alternative; als er die Forderung, Bauer zu werden, ablehnte, wies ihn der Vater vom Hof. Schon als Seminarist mußte Suhrkamp seinen Unterhalt selbst verdienen; er wohnte bescheiden, hielt auf asketische Lebensführung, war tagsüber im Seminar und arbeitete abends von 6 bis 10 Uhr bei einem Notar (für den er Akten kopierte). Für seine Kameraden war er damals schon Einzelgänger und Literat. 1911 wurde er Volksschullehrer in der Nähe seines Heimatdorfes. Die jungen Lehrer trieben manchmal üble Späße, die Georg von der Vring, ein Kollege dieser Zeit, überliefert hat. Suhrkamp hielt, zum Verdruß seiner Kameraden, auf Ordnung und Sitte. Als einer der Junglehrer seine Braut, ebenfalls eine Lehrerin, verließ, weil sie ein Kind von ihm erwartete, nahm Suhrkamp diese Frau zu sich. Das war unziemlich damals, und Suhrkamp wurde auch prompt strafversetzt. 1913 wechselte Suhrkamp in den bremischen Schuldienst über, machte dort 1914 als Externer das Abitur nach. Im Herbst 1914 wollte er an der Universität in Berlin das Studium der Germanistik beginnen.

Der Ausbruch des Ersten Weltkrieges traf ihn, als er in Kirchhatten in Ferien war. In seiner Phantasie »zerbrach die Einheit der Welt im Krieg«, wie er später schrieb, und jenes Erlebnis machte ihn zu Hause zu einem Fremdling. Er meldete sich freiwillig und erlebte die Schlachten des Weltkrieges an vorderster Front, als Infanterist, als Bataillons-Patrouillenführer und, von 1917 an, als Führer einer Sturmkompanie. Kameraden schilderten den Stoßtruppführer als unerschrokkenen Draufgänger, und man darf ihren Berichten Glauben schenken. Der Vize-Feldwebel wurde mit dem Eisernen Kreuz und der Leutnant der Landwehr »für besondere Tapferkeit« mit dem Hohenzollern-Hausorden ausgezeichnet. Weihnachten 1917 fiel sein engster Freund. Dieser Tod und die wachsende Einsicht in die Sinnlosigkeit des Krieges führten im Januar 1918 zu einem psychischen Zusammenbruch. Suhrkamp kam in ein Sanatorium nach Königstein und vorübergehend auch in psychiatrische Behandlung. Im Januar 1919 fühlte er sich dann wieder stark genug, seine Lehrarbeit aufzunehmen. Er lehrte nun, mit Unterbrechungen, bis 1929 an zwei Schulen, die durch ihr besonderes Lehrprinzip fortschrittlich waren, an der Odenwaldschule und an der Freien Schulgemeinde Wickersdorf, deren pädagogischer Leiter er von 1926 an war.

1929 schied er dort aus, »weil ich einsehen mußte, daß gerade unter Lehrern infolge ihrer mangelhaften Ausbildung, woraus man den Lehrern selbst keinen Vorwurf machen kann, ein echtes Verhältnis zur Wirklichkeit, zu den Realitäten des Lebens und deren Ordnung fehlte«. (Brief vom 29. 1. 1954)

Suhrkamps Versuche einer eigenen Ordnung in diesem Zeitraum scheiterten: zwei geschiedene Ehen, weitere Verbindungen, es scheitert der Versuch, am Darmstädter Theater als Dramaturg und Regisseur zu arbeiten, und schießlich gibt er auch den Versuch auf, Schriftsteller zu werden; in einem Dokument des Jahres 1920 hat er sich als »Schriftsteller« bezeichnet; der Verlag Kaemmerer in Dresden spricht von »einem neuen Dramenautor« und kündigt zwei Stücke Suhrkamps an: ›Löwenzahn. Ein Spiel von armen Menschen‹ und ›Die Mutter. Gleichnis in sechs Bildern‹. Doch die Stücke werden nicht aufgeführt. Andere Arbeiten veröffentlicht er in Zeitungen und Zeitschriften. Es entsteht kein Buch, auch der Roman ›Verlorene Tage‹ erscheint nur in Fortsetzungen in der ›Frankfurter Zeitung‹; als er später daraus selbst ein Buch hätte machen können, versagt er sich dies. Das Manuskript des ›Hasenromans‹ soll bei einem Verlag verlorengegangen sein.

1919 oder 1920 begegnete er Bertolt Brecht (jeder der beiden datiert es verschieden). Während der gemeinsamen Theaterarbeit in Darmstadt entsteht eine dauernde Freundschaft. Indirekt durch Brecht kam Suhrkamp 1929 als Journalist und Redakteur zu Ullstein nach Berlin.
Dann, 1932, ergeht an ihn der Ruf zum S. Fischer Verlag, zunächst, vom 1. Januar 1933 an als Leiter der Redaktion der ›Neuen Rundschau‹, dann vom Herbst 1933 an als Vorstandsmitglied des Verlages. 1936 müssen die Erben von S. Fischer Deutschland verlassen, Suhrkamp erwirbt aus ihren Händen den S. Fischer Verlag und leitet ihn, von 1942 an erzwungenermaßen unter dem Namen »Suhrkamp Verlag vorm. S. Fischer« bis zu seiner Verhaftung im April 1944.
Die zwölf Jahre von 1933 bis 1944 umfassen Suhrkamps glücklichste und gleichzeitig die existentiell gefährdetste Zeit. Wenn er es damals auch nicht sieht oder nicht sehen kann und es später vielleicht nicht wahrhaben will, er ist in jenen Jahren zu sich selbst, zu seiner Person, zu seinem »Sei – Wirke!« gekommen. Die inneren Figuren seines Lebens, der pädagogische Eros, der erwünschte Umgang mit Schriftstellern, sein praktischer Trieb bei der Herstellung von Büchern, seine Neigung zum Theater, sein unbändiger Drang nach Selbständigkeit und Unabhängigkeit, all diese Explosionen seiner Existenz finden sich in seinem Beruf und heben sich in ihm auf: »Mein Beruf – dieser schöne Verlegerberuf«. Auch im persönlichen Bereich beginnt eine Phase des Glücks. Menschen, die ihn damals kennen, rühmen seine sportliche Vitalität, seine Eleganz, seine Ausstrahlung auf Frauen. 1935 schließt er seine dritte Ehe mit einer »gefeierten Schauspielerin«, mit Annemarie Seidel, der Schwester von Ina Seidel; auch diese Verbindung ist in diesen Jahren glückbringend; Suhrkamps zahlreich erhaltene Briefe an sie, insbesondere die Briefe aus dem Gefängnis, belegen Freundschaft und Liebe.
Als sein »großes Glück« bezeichnete Suhrkamp die Arbeit

mit Samuel Fischer. Er sieht in ihm »*den* Verleger der Moderne«, einen »verfrühten Europäer« auch, dem er nachzustreben versucht. Als Verlag der Moderne sieht Suhrkamp auch den Verlag, den er machen möchte. Doch er muß sogleich die Grenzen erkennen. Brecht verläßt – mit Suhrkamps Hilfe – Deutschland, und viele der großen Autoren folgen ihm. Immer wieder versucht Suhrkamp, ihre Bücher zur Veröffentlichung freizubekommen. Um eine Genehmigung für Hesses ›Glasperlenspiel‹ kämpft er noch bis zum Dezember 1941. Suhrkamp sieht das Aufziehen des Verhängnisses doch schon früh. 1936, zwei Jahre nach dem Tode von Samuel Fischer und aus Anlaß des 50jährigen Verlagsjubiläums, erklärt er: »Seine Geschichte seitdem ist nicht mehr die Geschichte seiner Ausbreitung, sondern sie ist eine einzige große Probe, die der Verlag vor der deutschen Gegenwart zu bestehen hatte, die Probe ging wie ein echtes Schicksal bis nahe an die Existenz.« Das sind warnende Worte, und die damaligen Machthaber vernehmen sie wohl, wie sie auch Suhrkamps publizistische Arbeiten in der ›Neuen Rundschau‹ mit Argwohn verfolgen, seine unerschrockenen, manchmal halsbrecherisch kühnen Betrachtungen zur Zeit, die er unter dem Titel ›Der Zuschauer‹ 1942-1943 in der Zeitschrift veröffentlicht und die vom Propagandaministerium hämisch als Zeugnisse der Selbstvernichtung registriert werden.

Nach dem Erscheinen des Lesebuchs ›Deutscher Geist‹, das von vielen als ein Buch des Widerstands gesehen wurde, nachdem Suhrkamp sich geweigert hat, die Auslieferung der Bücher von Hesse, Flake, Hausmann und anderen einzustellen, fordert Martin Bormann, der »Sekretär des Führers«, die Schließung des Verlages. Es kommt nicht dazu, weil Partei und Propagandaministerium in einem Kompetenzstreit liegen. 1941 ist Oskar Loerke, der langjährige Freund und Lektor, gestorben; bei seiner Grabrede bezeichnet Suhrkamp den »Tod als die mildeste Form des Lebens«, Suhrkamp selbst

muß es so empfunden haben. Hermann Kasack übernimmt das Verlagslektorat und nach Suhrkamps Verhaftung die provisorische Verlagsleitung; ihm schreibt Suhrkamp einmal: »Gefahr bindet noch stärker als Freundschaft.«
Doch noch reicht den Behörden das Material nicht aus, um Suhrkamp auszuschalten. Ihn schützt noch seine Bekanntheit und auch seine Beziehung zu Gustaf Gründgens und Heinz Hilpert, zu Heinrich George und Arno Breker, zu Gerhart Hauptmann und Hans Carossa. Als alle Anstrengungen, den Verlag auf halblegale Weise zu schließen, an der Wachsamkeit Suhrkamps und Kasacks scheitern, wird im Herbst 1943 ein Agent der Gestapo auf Suhrkamp angesetzt. Der angebliche Schweizer Bürger, Dr. Reckzeh, ein angeblich langjähriger Vertrauter Hesses, meldet sich zum Gespräch mit Suhrkamp unter dem Vorwand, Post an Hesse mitnehmen zu können und ihm Verbindungen zum deutschen Widerstand zu öffnen. Suhrkamp geht zwar darauf nicht ein, meldet den Vorgang aber nicht der Gestapo, was dann die Verhaftung auslöst. Die Gestapo hat noch andere Anklagen bereit, Suhrkamps konspirative Verbindung zu Kreisen des 20. Juli, eine Äußerung Hesses, Suhrkamp zähle zum geistigen Widerstand Deutschlands, schließlich die Veröffentlichung von Büchern jüdischer Autoren bzw. Übersetzer, teilweise unter Pseudonymen. Den Machthabern aber ist am meisten das verhaßt, was Suhrkamp die »Freiheit meiner inneren Person« bezeichnete.
Am 13. April 1944 wird Suhrkamp verhaftet, wegen »Landesverrat und Hochverrat« unter Anklage gestellt, in den Gefängnissen geschlagen und gefoltert und im Januar ins Konzentrationslager Sachsenhausen eingeliefert; dort erkrankt er an einer schweren doppelseitigen Lungen- und Rippenfellentzündung. Die Krankheit verschlechtert sich, der Tod scheint sicher, und die Nazigrößen wollten Suhrkamp nicht im, sondern außerhalb des Lagers sterben lassen. So kommt es am 8. Februar 1945 zu einer überraschenden Entlassung.

Man hat Suhrkamps Kräfte unterschätzt, er überlebt, aber er bleibt von da an, da die Krankheit nicht mehr geheilt werden kann und sich durch Herz- und Kreislaufbeschwerden verschlimmert, ein vom Tode gezeichneter Mann. »Was hielt ihn aufrecht?«, fragte Hermann Kasack. Er verweist auf Suhrkamps Aufsatz von 1939 ›Über das Verhalten in der Gefahr‹. Suhrkamp beantwortet dort die Frage nach dem richtigen Verhalten des Menschen: »Er wird nicht handeln, wie es seiner Erhaltung, sondern wie es seiner Bedeutung zukommt.« »Jede dieser Formulierungen«, urteilt Kasack, »kann als Schlüsselwort für ihn selber gelten. Er hat nichts getan, um sein privates Leben zu erhalten. Sein Handeln wurde durch die Aufgabe bestimmt, der er sich verpflichtet wußte. Aus der präzeptorischen Anlage seiner Natur entwickelte sich das Herrscherliche seines Wesens. Er war aus bäuerlichen Gnaden ein Edelmann, ein Herr. Daher das Unbeugsame seines Charakters. Ein Herr beugt sich nicht.«

1945 beginnt wieder ein Interregnum. Am 4. Oktober erhält Suhrkamp als erster deutscher Verleger in Berlin von der britischen Militärregierung eine Lizenz für einen Buchverlag: ein Photo zeigt den historischen Augenblick, den wohlgenährten britischen Offizier und die gebeugte, ausgemergelte, hohe, schlanke Gestalt des Verlegers. Als alle Chancen vorliegen, greift er nicht in der Art der Geschäftemacher zu. Er will durch Literatur bilden. Da er (aus Devisengründen) viele gewünschte Originalwerke nicht bringen kann, denkt er an Literaturbriefe über diese Werke. Behutsam setzt er mit seiner Produktion ein. Unvergessen sein erstes und einziges (Suhrkamp wiederholte sich nie!) ›Taschenbuch für junge Menschen‹, in dessen unausgesprochenem Mittelpunkt die Figur des Heimkehrers steht, des Menschen, der nach neuen Werten sucht. Mit den zurückkehrenden Erben von S. Fischer versteht er sich nicht. Zu viel hat er erlebt und eingesetzt, um nun zu schnellen Geschäften bereit zu sein und einen Standard anzunehmen, der nicht der seine ist. Suhrkamp ist eigensinnig genug, lieber auf das Ganze zu verzichten. Doch Autoren und Mitarbeiter und insbesondere Hermann Hesse bestürmen ihn, auf die Verlagsarbeit nicht zu verzichten und den Verlag nicht zurückzugeben. Schließlich – die lange Geschichte ist gut bezeugt – kommt es zu einem Vergleich. 48 Autoren, die Suhrkamp während der Nazizeit in Deutschland publizieren konnte, dürfen votieren, ob sie im zu restituierenden alten S. Fischer Verlag bleiben oder von Suhrkamp in dessen neuem Suhrkamp Verlag verlegt werden wollen. 33 Autoren entscheiden sich für Suhrkamp, darunter und an erster Stelle Hermann Hesse. Zu ihm kommt Bertolt Brecht, und mit Werken und Rechten dieser beiden Autoren hat Suhrkamp die Basis für den am 1. Juli 1950 neu gegründeten Suhrkamp Verlag.

Noch neun Jahre sind Suhrkamp vergönnt, Jahre des Planens, Denkens, Realisierens, immer wieder vom Krankenlager und von Aufenthalten in Krankenhäusern und Sanatorien unterbrochen. Das große Verlagswerk, das Suhrkamp entfaltet hat, liegt für jeden offen und ist schon Geschichte. Er gibt seinem Verlag Gesicht und Profil, und er gibt ihm mehr, die Möglichkeit für eine Zukunft.

Weniger als der Verlag selbst, als die Autoren und Bücher, die oftmals öffentlich ausgezeichnet werden, tritt in diesen letzten Jahren Suhrkamp selbst in Erscheinung. Die Theaterleute sehen ihn bei Proben und Premieren wichtigster Theateraufführungen von Brecht, Eliot und Frisch. Im Januar 1953 ist er in Bremen beim Festakt zu Rudolf Alexander Schröders 75. Geburtstag. Kurz darauf hält er in Oldenburg den Vortrag »Diese Zeit und ihre Bücher«. Im Dezember 1954 kommt er noch einmal nach Bremen, um dort den Vortrag zu halten »Was kann Marcel Proust uns bedeuten«. Im Januar 1955 sieht man ihn bei Ernst Penzoldts Beerdigung. Im Herbst 1955 nimmt er in der Frankfurter Paulskirche an der Verleihung des Friedenspreises teil, den Ninon Hesse für Hermann Hesse entgegennimmt, im August 1956 an der Beerdigung von Bertolt Brecht. 1957 reist er nach Düsseldorf zur Entgegennahme seiner Ehrenmitgliedschaft der Akademie für Sprache und Dichtung, und im Juli desselben Jahres hält er in Baden-Baden die Laudatio auf den ersten Träger des Hermann-Hesse-Preises, auf Martin Walser. Im Juli 1958 sieht man ihn in Salzburg bei der Premiere von Archibald MacLeishs ›Spiel um Job‹, und im Herbst desselben Jahres zeigt ihn ein Photo auf der Frankfurter Buchmesse im Gespräch mit Theodor Heuss. Dann nehmen die Reisen immer mehr ab, die Krankenhausaufenthalte immer mehr zu. Zwei-, dreimal Besuche bei Hermann Hesse in Montagnola. Noch einmal glückliche Ferien in einem Sanatorium, die Photos von diesem Aufenthalt tragen die Unterschrift »voll Hoffnung und voller Pläne«. Dann tritt, erwartet wie unerwartet, auf seine Weise schön und eigen am 31. März 1959 in der Universitätsklinik in Frankfurt der Tod ein.

Wie sahen wir seine Arbeit in diesen letzten Jahren? Die Arbeit jenes Verlegers, den Hesse geliebt, den Thomas Mann hochgeachtet und den Max Frisch bewundert hatte. Wollte ich es in einem Bild festhalten, so spräche ich von ihm als einem Hieronymus im Gehäus. Ich besuchte ihn häufig an den von ihm wenig geliebten Sonn- und Feiertagen in Königstein, wo er in zwei bescheidenen Zimmern zur Untermiete wohnte. Kein Fernsehgerät, kein Radio, keine Schallplatten, eine fast zufällige Bibliothek, die man sich nicht ansehen durfte, ohne seine bösartige Reaktion zu riskieren. Auf dem Schreibtisch immer Blumen. In den Bücherregalen ein Porträt Ernst Penzoldts, ein farbiges Aquarell von Rudolf Alexander Schröder und ein Foto von Robert Walser, das ihn an Kafka erinnerte. Die Frage, wie er so leben könne, verstand er nicht. Sein Leben war seine Arbeit. Ich sehe noch sein erstauntes Gesicht, als ich ihm einmal anbot, eine Grammophonanlage einzurichten und ihm Schallplatten von Bachs Orgelmusik zu bringen; er brauche das nicht. Als ich ihn erinnerte, er selbst habe einmal in einer Art »Testament« für

die Odenwaldschule die Anregung gegeben, die Schüler sollten jeden Morgen mit dem Anhören eines Präludiums und einer Fuge von Bach beginnen, war er unwirsch über diese Kenntnis eines Details aus seinem persönlichen Leben. Er brauche das jetzt nicht mehr, alles lenke ihn von seiner »Legitimation« ab. Und seine Legitimation war das Lesen von Manuskripten und die Teilhabe an der »Übersetzung« des Manuskriptes in die Buchform. (Auch das war eine merkwürdige Beobachtung: ich sah ihn in den letzten Jahren kaum mehr in einem Buch lesen; die große Ausnahme war Pasternaks ›Doktor Schiwago‹, ein Buch, das er »leidenschaftlich gerne« verlegt hätte.) Suhrkamp las vornehmlich Manuskripte. Bücher nahm er zur Hand, blätterte darin und konnte, je nach Gelungenheit, ein zärtliches Verhältnis zum Buchkörper entwikkeln. Suhrkamp war als Leser von Manuskripten prädestiniert, ja, ich hatte oft den Eindruck, als erschließe sich ihm ein Text nur aus der noch persönlichen Form des Manuskriptes und nicht so sehr aus der durch Satz und Druck »übersetzten«, erkalteten und verfremdeten Form des Buches. Das Manuskript war ja auch änderbar und der Kritik offen. Suhrkamp war nie ein Drucker fertiger Manuskripte. Er liebte vornehmlich die Manuskripte, an denen er kritisieren und ändern konnte. Und er war ein Meister der Kritik. Er konnte beschämen und bestätigen, lähmen und fordern. Doch lag das Buch vor, verschwand die Kritik, sie war nur ein Stadium auf dem Wege vom Manuskript zum Buch.
Die Kraft seiner Arbeit bezog Suhrkamp aus seiner Hochachtung und Bewunderung vor der schöpferischen Persönlichkeit des Autors. Sie stünde, so sagte er uns einmal, »turmhoch über uns«. Ihr diente er, sie versuchte er praktisch zu realisieren.
Ich besuchte ihn einmal an einem Sonntag im Frühling des Jahres 1955. An seinem Haus in der Graf Stolberg-Straße in Königstein zogen Scharen frühlingsgestimmter Frankfurter in die Wälder des Taunus. Als ich in sein Zimmer trat, bot

sich mir ein unvergessenes Bild: er hatte seinen Schreibtisch abgeräumt, vor ihm lagen die Fahnen zu Günter Eichs Gedichtband ›Botschaften des Regens‹. Er war unzufrieden mit der Typographie des Satzes, die Verszeilen waren ihm zu ungenügend durchschossen und standen nicht selbstverständlich genug auf dem weißen Blatt. So zerschnitt er auf den Fahnen mit einer Schere Zeile für Zeile und legte Zeile für Zeile auf die Vorlage für den Umbruch. Ich sehe noch vor mir die Umständlichkeit dieses Schneidens und Klebens mit seinen durch die Verwundung im Ersten Weltkrieg versteiften Fingern der rechten Hand. Dies alles entsprach seiner Penibilität beim Denken und Schreiben, bei der Abfassung von Briefen und Manuskripten, wo er sorgsam formte, unterstrich, ausließ, hervorhob oder zurücknahm. Ich schaute ihm an jenem Sonntag zu und ich bekenne, daß ich ihn nicht verstand. Doch dies war damals. Heute sehe ich dies anders. Er gab seinen Lehrberuf auf, weil er letztlich zu theoretisch war. Er resignierte als Theatermann, weil er sich als »Doktorregisseur« und als »Plage für Schauspieler« empfand. Er blieb nicht Schriftsteller, weil er einfach nicht lange am Schreibtisch sitzen konnte. Sein bäuerliches Herkommen, sein pädagogischer Eros, seine künstlerische Neigung drängten ihn zur konkreten praktischen Gestaltung. Er fand sie in jener für ihn so wichtigen Übersetzung des Manuskriptes zum Buchkörper. Diese Arbeit, so betonte er in jenem späten Interview mit Joachim Kaiser, war nichts »Technisches«. Es sei durchaus »Intuitives« mit im Spiel.
Dies war Suhrkamp: ein Magier der Verwandlung des Manuskriptes zum Buche.

Vorwort zur Neuausgabe 1991

Dieses Vorwort schrieb ich zur ersten Ausgabe von 1975; ihm ist kaum etwas hinzuzufügen. Die darin erwähnte Absicht, aus den hier vorgelegten Materialien eine integrale Biographie zu schreiben, gab ich – vorerst – auf. Sachlich und inhaltlich wurde seitdem nicht viel Neues an Lebensvorgängen Suhrkamps bekannt, und das wenige, das es gab, haben wir hier eingearbeitet, die neuaufgefundenen Fotos eingefügt. Auch die kürzlichen Polemiken von Gottfried Bermann Fischer und Brigitte Fischer gegen Hermann Hesse und Peter Suhrkamp sind nur als Ausdruck ihrer Enttäuschung über Suhrkamps und vieler Autoren Auszug aus dem S. Fischer Verlag zu verstehen. Viele Leser haben bestätigt, daß die hier gegebenen Bausteine die Biographie selbst bilden.
Inzwischen hat der Verlag, der Peter Suhrkamps Namen trägt, ein vierzigstes Jubiläumsjahr erreicht. Wir haben das, was der Gründer angelegt hat, weitergeführt, wir werden uns bemühen, die »Suhrkamp-Kultur«, wie der englische Kritiker George Steiner sie bezeichnet hat, weiter fortzusetzen.

S. U.
Dezember 1990

Da ist mir,
wie übrigens schon manchmal
in meinem Leben,
deutlich geworden,
daß es verschiedene Figuren sind,
als welche ich mein Leben
immer gelebt habe.

Suhrkamp-Hof, das Geburts- und Elternhaus

Am 28. März 1891 bin ich in dem Ort Kirchhatten im Oldenburgischen geboren.

Johann Heinrich, genannt Peter, wurde als erstes Kind seiner Eltern geboren, sie waren seit 1889 verheiratet. Der Vater, Johann Friedrich Suhrkamp, Landwirt und Tischler in Hatten, geboren 1855, gestorben 1932. Seine Mutter: Elise Katharine Suhrkamp, geborene Lange aus Hatten, geboren 1868, gestorben 1959. Das Suhrkamp-Geschlecht reicht bis in das 16. Jahrhundert zurück. Die Chronik ›1100 Jahre Hatten‹ von Bernhard Havighorst, die auf Kirchenbücher und alte Chroniken zurückgeht, verzeichnet die Stammfolge für Peter Suhrkamp.

In dieser Kirche wurde Johann Heinrich getauft und konfirmiert

Von früher Jugend an wurde ich nicht bei meinem Taufnamen Heinrich gerufen, sondern Peter. Das ist von allen späteren Bekannten aufgenommen und beibehalten, so daß ich unter diesem Namen öffentlich bekannt bin.

»Ich dachte, die Geschichte meiner Vornamen hätte ich Ihnen einmal erzählt. Erinnern Sie sich nicht: Jann un Hinnerk, an diese beiden Oldenburger Komiker? Nachdem sie in den ›Oldenburger Nachrichten‹ erschienen, fürchteten die alten Suhrkamps, ich könnte komisch werden, und riefen mich von da ab nur noch ›Peter‹, so kann man zu einem Schwindler für sein Leben werden.« (Brief an Hermann Hesse, 24. 7. 1948)

Zu den Merkwürdigkeiten von Suhrkamps Leben zählt seine sehr komplizierte Beziehung zu seinen Eltern. Seinen Vater

Die Eltern, etwa 1930

hatte er geachtet, wenn schon, mit einigen wenigen Ausnahmen in seinen Schriften und Briefen, wenig von ihm festgehalten ist. Bei der Entgegennahme des Ehrendoktors 1951 rief Suhrkamp aus, »wenn das mein Vater erlebt hätte«.

»Da kam aus einer Tür der Vater. Er sah erschreckend alt aus: klein, zottig und weiß. Ein weißer Haarbusch fiel über die Stirn, weiße Brauenbüsche verdeckten die Augen, ein weißer Schnauzbart hing über Mund und Kinn. Weiße Haare, eine große Nase: das war sein Gesicht. Er war wieder klein vor lauter Alter. Er stand und sah mich an. Die kleine Gestalt zitterte: ein Spinnweb, das vor Leichtigkeit bebt, beinahe ein Nichts. Ich trat näher; erstaunt betrachtete er mein Gesicht. Er quält sich, um sich zu erinnern. ›soso – du büs datt; du büs kamen; ja! –‹ Für einen Moment war das Haargebüsch im Gesicht aufgegangen. Ich berührte ihn am Arm, er wandte sich unwillig ab und schlurrte, vor sich hinmurmelnd, wieder davon und hinaus.« (Aus: ›Der Besuch‹)

Ein wahrscheinlich nie zu lösendes Geheimnis wird seine Beziehung zur Mutter bleiben. Als er nach dem Kriege, vom 13. bis 24. März 1946, seine erste Reise nach Oldenburg mit einem englischen Offizier machte, besuchte er nur auf Drängen seiner Umgebung seine Mutter; der Besuch sei »Unsinn« gewesen, äußerte er später. Als er am 8. 1. 1953 einen Vortrag in Oldenburg hielt, »hatte er keine Zeit, seine betagte Mutter in Hatten zu besuchen«, wie dies der Stadtschreiber von Kirchhatten in einem Brief von 1972 noch rügte. Suhrkamps Ausspruch über seine Mutter ist verbürgt und von vielen Freunden bestätigt: »Mit dieser Frau habe ich nichts zu schaffen«.

Die Erzählung ›Der Besuch‹, 1934 in der ›Neuen Rundschau‹ veröffentlicht, zwei Jahre *nach* dem Tod seines Vaters, ist 1929 geschrieben worden. In der Erzählung ›Der Besuch‹ heißt es: »Ich war zu spät gekommen. Vom Vater war soviel wie nichts mehr vorhanden, nur ein Erinnerungszeichen. Mutter war seit einem Jahr tot.«
Die Mutter Peter Suhrkamps starb in Wirklichkeit am 11.4.1959, also 14 Tage nach dem Tode ihres Sohnes. Die Schwester von Suhrkamp berichtet in einem Brief vom 12. 4. 1959:
»Ich bin die Schwester von Peter Suhrkamp und habe durch meine Nichte, Frau Kreye, die Todesnachricht von meinem

Die Mutter

Bruder erfahren, die mich sehr getroffen hat. Mein letzter Brief an ihn blieb ohne Antwort, so daß ich mir schon Sorgen gemacht habe ... Meiner alten Mutter, die in der gestrigen Nacht für immer einschlief, habe ich es nicht mehr sagen können.«

In den Todesahnungen seiner späten Jahre muß Peter Suhrkamp das Gefühl einer »Aussöhnung« empfunden haben. Zum 90. Geburtstag schrieb er ihr:

»Liebe Mama – ich gratulier Dir von Herzen zu Deinem 90. Geburtstag; hoffentlich begehst Du den Tag noch so, daß Du Freude hast; diesen Tag und die folgenden Tage, die Dir noch zugemessen sind. Wenn Du auf Dein langes Leben zurückblickst, findest Du alles darin: viel Mühe und Arbeit – und auch Segen und Freude in ständigem Wechsel. Du hast einen großen Reichtum an Erinnerungen, wenn Dein Kopf sich auch nicht mehr auf alle besinnen kann. Nach außen ist es einsam geworden um Dich; das ist das allgemeine Los derer, die alt werden. Aber ich sehe Dich umgeben von all denen, die Dir im Tode vorangingen. Sie werden einer nach dem anderen wieder in Deine Gedanken kommen. Zu Deiner Freude gewiß.

Ich bin an diesem Tage bewegt und bedrückt von Gedanken an mein Bedürfnis nach Unabhängigkeit, mit dem ich Dir viel Kummer zugefügt habe. Dein Mutterherz hat aber gewußt, daß ich nicht böse war und bei aller Ferne und allem Anderssein doch Dein Dich liebender Sohn, der das nicht zeigen konnte. Das stärkere Gefühl zu Dir hin ist aber Dankbarkeit. Ich habe jederzeit gewußt, erst recht in den schlimmen Zeiten, in denen ich Dir ganz verloren schien, was ich Dir und Vater und unserem Haus in Hatten in meinem Leben zu verdanken habe. Ich hätte nicht alles bestehen können und nie das erreicht, was mir geglückt ist, ohne die Grundlagen und ohne die Gesundheit, die Reserven an Kraft, die ich von dort mitbekommen habe. Daran habe ich zu allen Zeiten meines Lebens gedacht. Wenn mein Leben im ganzen recht schwierig und Dir gewiß in dem meisten unverständlich sein mußte, habe ich gewollt, daß Du damit verschont bliebst. Wer kann den Gang eines Lebens in dieser Zeit unter solchen Veränderungen in der Welt begreifen! Und Du bist sehr großartig gewesen in Deiner Art, das duldend und demütig hinzunehmen.

Ich grüße und umarme Dich! Gott segne Deine späten Tage! Und erbarm sich Deiner im Kommenden! – Grüß alle, die um Dich versammelt sind, von mir.

Dein dankbarer Sohn Heinrich.

Da ich nicht weiß, was Du brauchen kannst, oder zur Zeit am meisten entbehrst, schicke ich Dir 100,– Mark; davon soll

Mathilde Dir besorgen, was Du Dir wünschest.» (Handschriftlicher Brief vom 31. Mai 1958. Suhrkamp-Archiv)

Früher war ich den Weg oft gegangen, er führte heim, ins Elternhaus.

»Die kleine Station Sandkrug war ganz unverändert. Sie lag noch im Walde. Der Bahnsteig aus Schlacke, das alte Stationsgebäude aus rotem Backstein hinter einem weißen Staketenzaun, ein geteerter Holzschuppen für lagernde Güter, eine grüne Bretterwand, das war alles in der kleinen Waldlich-

Sandkrugerweg

tung. Ein Weg mit versandeten Wagenspuren kreuzte die Schienen und ging nach Osten und Westen geradeaus durch Kiefernwald. Eine Reihe Birken säumte den Weg. Ein schmaler Rain: Kraut von Heidebeeren, braune Inseln von Frauenhaar, lila Blütenköpfe von Skabiosen, graue Flechte und drahtiges Sandhaargras lief zwischen den Birken. Der Fußweg war wie eine alte Lehmdiele mit sandigen ausgetretenen Stellen; wuchernde Baumwurzeln quer darüber hin, Spuren von Käfern und Regenwürmern. Rechts hochstämmiger Kiefernwald, zur Linken, über dem Fahrweg, junge Baumpflanzungen. Dahinter Felder: rotes Buchweizenkraut, gelbe Lupine, Grün von Getreide. Dahinter weiß und blau, einer fernen südlichen Bergküste gleich, der Himmel. Sonnenflekken unter Bäumen, am Boden und in der Luft. Sonnenlicht im schwatzenden Laubwerk. Dunkles Brausen im Wald. Oben im Lichtmeer die ewige Musik, das ferne zeitlose Summen.
Ich ging auf dem Wege nach Osten. Ich summte irgend etwas und schwatzte vor mich hin. Geruch von Hitze, trockenem Gras und Harz. Sand fiel in meine städtischen Schuhe. Ich zog Schuhe und Strümpfe aus, verknotete die Schuhe an den Riemen und hängte sie mit der Jacke zusammen an einem Birkenstock über die Schulter. Nichts verändert so rasch wie das Umherstreifen in Kiefernwäldern und Sandbergen.
Früher war ich den Weg oft gegangen, er führte heim, ins Elternhaus. Zuerst als Krämerlehrling zusammen mit den Bauersfrauen, die vom Markt aus der Landstadt heimgingen. Das Gasthaus in der Stadt, in dem die Bauern ausspannten, wenn sie mit Wagen zu Markt fuhren, hatte neben der Schenke einen Kramladen. Dahinein hatte ich mich nach der Konfirmation als Lehrling verdingt, dem Willen des Vaters entgegen, der Bauer auf dem Sandhof war und wollte, daß auch ich Bauer wurde.« (Aus: ›Der Besuch‹)

Ich besuchte die Dorfschule in Kirchhatten.

Das Foto stammt von einer Postkarte, die Siegfried Unseld am 20. 8. 1960 von seinem Besuch in Munderloh an Helene Ritzerfeld schickte. Er berichtet darauf: »Die Krämerin, bei der wir die Karte kauften, zeigte uns, als wir nach Johann Heinrich, genannt Peter Suhrkamp fragten, eine Narbe, die vom Steinwurf des jungen Heinrich herrührte. Die Nichte, auf dem Friedhof, erinnert sich nur mit Vorwürfen an ihn, er hätte sich nicht um seine Mutter gekümmert. Im Geburtshaus: der Sohn des Bruders. Spannung und Distanz. Entdeckung beim Wirt in Munderloh: es gibt noch einen dritten, in den USA lebenden Bruder.« Suhrkamp war der älteste seiner fünf Geschwister: Johann Martin, geboren 1893, der spätere Hoferbe, gefallen 1945. Friedrich Hinrich, geboren 1895, im Ersten Weltkrieg gefallen. Martha Catharine, geboren 1898, gestorben 1955. Gerhard Martin, geboren 1901, ausgewandert in die USA, gestorben 1961. Mathilde Catharine, geboren 1904, gestorben 1990.

Die Geschwister Johann, Fritz,
Martha, Martin, Mathilde

Suhrkamps Jugend steht unter einem ununterdrückbaren Drang zur Unabhängigkeit. Als ältester von insgesamt drei Brüdern sollte er den elterlichen Hof übernehmen. Sein Vater wies ihn in die Hofarbeit ein. Wie er als kleiner Junge Kühe hütete, hat er Frauen gegenüber lustvoll erzählt, auch wie er sich von der Bauernarbeit wegstahl, wie der Lehrer, den er liebte, ihn heimlich im Geigenspiel unterrichtete, wie durch die Verbindung mit diesem Lehrer in ihm der Wunsch entstand, selbst Lehrer zu werden und wie der Vater ihm dies verbot. Er besorgte sich den Aufnahmebogen der Präparanden-Anstalt, wieder sagte der Vater nein, »der Junge wird Bauer«. Doch der Junge füllte den Fragebogen heimlich aus, setzte die Unterschrift seines Vaters in den Bogen und meldete sich zur Prüfung an. Für die Prüfung in Oldenburg, die drei Tage dauerte, riß er aus, nachts schlief er in einem Torweg. Er hat die Prüfung bestanden. Als er nach Hause kam, wurde er vom Vater geschlagen. Der stellte ihn sofort vor die Alternative, zu bleiben und den Hof zu übernehmen oder am nächsten Tag den Hof zu verlassen. Suhrkamp entschied sich für seine Unabhängigkeit. Er bekam am nächsten Morgen eine Holztruhe für seine persönlichen Dinge, dann fuhr der Knecht vor mit dem Wagen, die Kiste wurde aufgeladen. Als er sich vor dem Hof von den Eltern verabschiedete, drückte ihm seine Mutter heimlich ein Goldstück in die Hand; er ließ es demonstrativ in den Sand fallen.

Tagsüber besuchte er nun die Präparanden-Anstalt in Oldenburg. Er wohnte anfangs bei einer Briefträgerswitwe, und um seinen Aufenthalt bezahlen zu können, arbeitete er abends von sechs bis zehn Uhr bei einem Notar und machte Abschriften. Im Kreis der Seminaristen blieb Suhrkamp Einzelgänger. Mit Georg von der Vring verband ihn eine erste Freundschaft, die freilich sehr gefährdet war, da von der Vring sich nicht jener von Suhrkamp geforderten »Disziplin, Sitte und Reinheit« unterwerfen wollte. Mit einigem Respekt sahen die Seminaristen in Suhrkamp diese Züge, und sie spra-

Der Präparand Heinrich Suhrkamp zu Hatten bittet um Zulassung zur Aufnahmeprüfung.

Hatten, 1905 Januar 21.

Der gehorsamst Unterzeichnete wurde am 28. März 1891 zu Hatten als Sohn des Landwirts Friedrich Suhrkamp geboren. Er besuchte die dortige Volksschule und hatte außerdem in letzter Zeit Privatstunden. Da es sein Wunsch ist, sich dem Berufe eines Volksschullehrers zu widmen, so bittet er gehorsamst:

Großherzogliche Seminardirektion wolle ihn zu der am 9., 10. und 11. Februar an der dortigen Anstalt stattfindenden Aufnahmeprüfung gütigst zulassen.

Gehorsamst
Heinrich Suhrkamp
Präparand

An
die Großh. Seminardirektion
in
Oldenburg.

Lehrerseminar Oldenburg (sitzend, 3. von links mit Buch)

chen auch davon, daß er Gedichte und Erzählungen schrieb.

Ein Mitseminarist, der spätere Oldenburger Gerichtspräsident Steinhoff, berichtet über eine frühe Begegnung mit Peter Suhrkamp:

»Suhrkamp empfing mich mit einer gelassenen Freundlichkeit, die weit von der unbeholfenen Vertraulichkeit entfernt war, mit der die Seminaristen einander zu begegnen pflegten. Zwar konnte auch er bei seiner ausgesprochenen Distanziertheit sich dem allgemein gültigen Brauch des ›Du‹ nicht entziehen, das sicherlich noch aus der Zeit stammte, in der die angehenden Lehrer bei strenger Ordnung in einem Internat wohnen mußten. Jetzt lebten sie je zu zweien, durchweg Klassenkameraden, verstreut in der Stadt, untergebracht gegen geringe Miete bei Kleinbürgern, denen ein Nebenverdienst willkommen war. Weiß der Himmel, wie Suhrkamp es fertiggebracht hatte, sich dieser Freiheitsbeschränkung zu entziehen. Die ›Mühle am Damm‹ lag am Ausgang der Stadt gegen Südosten, wo es auch nach Sandhatten hinausging.

Suhrkamps Zimmer war ziemlich groß, aber nur mit Tisch, zwei Stühlen, Kommode, Bett und Schrank ausgestattet, wodurch es kahl wirkte. An Bilder erinnere ich mich nicht, wohl aber an viele Bücher, viele im Vergleich zu dem spärlichen Schatz an Lehrbüchern, wie man sie durchweg auf den Seminaristenbuden traf.

Ich war mir nicht sogleich darüber im klaren, warum die Atmosphäre dieses Zimmers so verschieden war von derjenigen der üblichen Seminaristenwohnungen, die nach einem Schema von erstaunlicher Gleichförmigkeit ausgestattet waren. Dies wurde bestimmt durch ein Sofa, das – als Haupt- und Paradestück – an der türfreien Wand prunkte. Davor stand der Tisch, dessen Decke beim Arbeiten mit Tinte und beim Skatspielen abgenommen wurde; gegenüber führte eine Tür ins Schlafzimmer. Die Sofawand war mit Erinnerungsstücken der Vermieterfamilie behängt. Es gab hier stark vergrößerte Photos eines Ehepaares, das mit äußerstem Ernst dreinschaute, Bilder aus der Militärzeit des Mannes, auch fanden sich Landschaftsbilder vor mit den derzeit üblichen Motiven: einem röhrenden Hirsch, einem Teich, auf dem der Nachen nicht fehlte, einer felsigen Gebirgsgegend. Suhrkamps Zimmer war demgegenüber von einer nüchternen Helligkeit. Hatte ich hier vielleicht so etwas wie künstlerische Unordnung erwartet? Dieser junge Mann war kein Bohemien. Er stand so sicher in seinen Schuhen wie der Bauer auf seinem Acker. Schon daß er mich nicht aufforderte, am Tisch Platz zu nehmen, daß er zwei Stühle ans Fenster rückte und ohne weiteres nach meinen Gedichten fragte, verriet eine kühle Überlegenheit, eine Noblesse, die über den gewöhnlichen Dingen stand. Ich fing an vorzulesen, doch nahm er mir das Manuskript bald aus der Hand mit den Worten: ›Du liest nicht gut.‹ Hier und dort schüttelte er den Kopf, doch sein Lob für eine oder andere meiner kleinen Arbeiten ging mir warm ins Herz. Wir kamen ins Gespräch über Bücher von Klassikern und Neueren: Heinrich Heine, Otto Erich Hartleben und Bierbaum, dazu über zahlreiche Lyriker, alte und junge. Er hatte eine Vorliebe für die großen Spötter unter den Erzählern. Meine Eichendorff- und Romantikerschwärmerei lag ihm nicht, wie ich bald herausbekam. Auch unsern älteren früheren Mitschüler von der Vring lehnte er ab.

Das Rumpeln der Mahlgänge hatte plötzlich aufgehört. Eine Magd brachte einen Krug mit Milch herein. Suhrkamp nötigte mich, zum Abendbrot dazubleiben. Seine kühle Freundlichkeit, die nie ganz frei zu sein schien von Ironie, tat es mir an. Noch nie war ich irgendwo auf diese Weise eingeladen worden.

Nach dem überaus einfachen Essen – es gab Schwarzbrot, Mar-

garine und Bauernkäse – las er mir eigene Gedichte vor. Ich habe nur soviel davon behalten, daß mir die Erinnerung an Huggenberger kommt: Pflügen, Ackerbreiten, Morgennebel.
Ich erzählte von meiner Vereinsamung und fand Verständnis bei ihm. Er selber hatte vor längerer Zeit, wie er berichtete, ein ernstes Mißverständnis mit Klassenkameraden gehabt. Er habe sich zur Nachtzeit mit ihnen auf der Alexanderheide getroffen und sich mit ihnen auseinandergesetzt. Zwar sei das Einvernehmen nicht völlig hergestellt worden, doch habe man für seine Haltung Verständnis gehabt.
Wir sprachen über Lehrer, vor allem über den Physik- und Biologielehrer W., einen kleinen alten Mann mit den widerwärtigsten Charaktereigenschaften, dessen Stimme im Kollegium leider viel galt. Man mußte, um bei ihm zu guten Zensuren zu kommen, die unmöglichsten Sachen auswendig lernen, z.B. in der Zoologie die Merkmale bestimmter Tiergattungen. Dies widerstand mir aufs äußerste, doch gab Suhrkamp mir den Rat, diese Mühe gleichwohl auf mich zu nehmen. Hierbei verfiel er ins Niederdeutsche, und ich merkte, daß er solche Erfordernisse des täglichen Lebens als notwendige Übel mit realem Sinn und mit seiner guten Bauernschläue behandelte. Das hat mich damals sehr getröstet.« (Manuskript im Suhrkamp-Archiv)

Nach seinen wesentlichen Eindrücken in der Zeit seiner Kindheit und Jugend gefragt, antwortete Peter Suhrkamp, es sei dies die »ländliche Natur«, die Jugendbewegung und die Literatur gewesen.

Als Beispiel, wie sehr die »ländliche Natur« Suhrkamp geprägt hat, sei hier der erzählerische Bericht ›Der Apfelgarten‹ zitiert:
»Man ging aus dem großen Haustor über den Hofplatz, und an seinem Ende war rechter Hand der Apfelgarten, dahinter geradeaus die Kälberwiese, nach rechts gegen Westen der Bohnengarten, weiter das Feld für Frühkartoffeln und Kohl, und dahinter, im gewellten Auf und Ab des Geländes, mit eingestreuten kleinen Waldstücken aus Buche und Eiche, Feld an Feld. Das ist mir soeben hier wieder eingefallen, auf dem Balkon einer Berliner Wohnung ...

Der Apfelgarten zu Haus ist umzäunt von einer niederen Weißdornhecke, die jedes Jahr zu Ostern geschnitten wird und dadurch so niedrig gehalten ist, daß man gerade noch zum Nachbarn hinüberschaut, und so dicht gestaucht, daß die Nachbarhühner nicht einschlüpfen können. Am Fuße der Hecke wuchern Wildnisse von Brennesseln, Mauerlattich, Barbarakraut, Eselswolfsmilch und Männertreu; sonst ist der Apfelgarten ganz mit Gras bestanden, das sommers einmal im Monat gemäht wird. Im Frühsommer ist der Grasteppich unter den Bäumen manchmal der Tisch für die Vespermahlzeit gewesen; zur Zeit der Grasmahd und erst recht, wenn das Korn geschnitten wurde, saß man gegen Abend auf dem Rasen im schrägen Licht unter den Bäumen und dengelte die Sensen, die danach in die Gabelung eines Birnbaumes gehängt wurden, hoch genug, daß auch im Dunkeln keiner gegen sie anrennen konnte. Denn selbstverständlich standen auch die Birnbäume im Apfelgarten; die Zwetschgenbäume hingegen standen außerhalb, die Pfade in Kartoffel- und Kohlfeldern entlang, zu Reihen. In der Erntezeit war im Schatten der Apfelbäume der Platz für die Mittagsruhe, sofern man am Mittag zu Hause einkehrte. Die Buben probierten, indes die Alten schliefen, zu dieser Zeit schon heimlich die Äpfel, grün und sauer schmeckten sie ihnen gerade gut; nur konnten hernach beim Vespern die Zähne das feste Schwarzbrot nicht gut beißen ...

Die Bubenzeit im Apfelgarten war die Zeit der Apfelernte. Zuerst, einen Monat vor den anderen, reiften die Augustäpfel; sie färbten sich von Grün nach Weißgelb mit zartrosa Streifen und waren wie Mädchenhaut anzusehen und anzufühlen. Die Farbe der Reife bilden andere Sorten unter dem Grün, und ihre Haut bleibt rauh und genarbt wie Kalbsleder, aus dem Grün heraus beulen andere eine rote feurige Backe. Die reifenden Äpfel werden immer mannigfaltiger an Gestalt; sie tragen die Reste der Blütennarbe auf der Spitze einer Eiform oder auf der Mitte einer ebenmäßig prallen Rundung oder schief auf der Seite, so daß eine Backe geschwollen scheint. Die Stiele ragen stengelgerade oder rund gebogen aus einer tiefen Narbe am hinteren Ende. Prinzäpfel haben die Flaschengestalt und die gespannte Rippung von Pfefferschoten. Der Geruch reifender Äpfel birgt als Kern etwas Helles und etwas Dunkles: einen Tropfen Gold der Sonne und einen Tropfen vom dunklen Blutsaft der Erde, durch Holz des Stammes, Grün der Blätter, Regentage und Windtage in einer Skala abgetönt. Es ist unbegreiflich, daß in so reinem Stoff ein Wurm wohnen und daß die aromatische Frische in Fäulnis übergehen kann. Das Erschrecken beim ersten Anblick des Wurms in einem Apfel ist elementar wie beim Anblick einer Schlange, Schauder vor den verdeckten Abgründen der Welt bebt darin. Manchmal entdeckt man an einem Apfel einen klaren Tropfen wie eine wächserne Träne.

Zur Apfelernte durften wir Buben barfuß in die Bäume klettern. Oben wurde dann eine blaue Schürze vorgebunden und zu einer Tasche vor dem Bauch aufgesteckt. So hockte man in einer Astgabel im Blätterversteck und drehte vorsichtig die Äpfel vom Stengel. Niemand ahnte, daß wir die Zeit vorher schon oft heimlich in dem grünen Versteck »grasten«. Bei der Apfelernte ist uns die Lust zum Essen rasch vergangen, die Hände voll Äpfel haben uns satt gemacht. Wir waren nicht sonderlich eifrig beim Pflücken, denn das Hausen in den luftigen Laubhütten gefiel uns nicht schlecht; ob bei Sonne oder Wind, immer trieben wir in der Phantasie auf merkwürdigen Fahrzeugen durch fremde Weiten. Nicht alle Äpfel wurden beim Ernten erreicht oder entdeckt, die letzten kamen erst an den Tag, wenn die Oktoberstürme die Blätter aus den Bäumen streiften. Fremde Apfelgärten reizen Buben immer mehr als die eigenen, besonders der Garten beim Pfarrhaus und der Küstergarten. Lange vorher wählten wir die Stelle zum Durchschlupf in der Hecke oder zum Übersteigen am Staket. Vor einem Raubzug wird zuerst ein Holzkloben oder ein Stein in den Baum geworfen und danach noch lange gewartet.

Im Garten drin rüttelten wir auch an den Stangen, welche aufgestellt sind, zum Brechen schwere Äste zu stützen. Die Hosentaschen sind nie groß genug, und der Gummiverschluß am Kittel hält nie stramm genug; beim raschen Rückzug gehen immer Äpfel verloren.

Außerhalb des Dorfes gab es in einem Waldstück einen verwilderten Apfelgarten. Die Bäume waren vermoost und verwuchert und trugen nur kleines Obst. Durch die Pforte im Wall kam man aus der Gartenwildnis auf einen von Gras und Unkraut verwucherten Hausplatz. Brombeergestrüpp rankte am Hausviereck über Mauerreste. Hohes Gras wuchs in den Kuten der Tenne einer ehemaligen Lehmdiele. Der Walnußbaum auf dem Hofplatz war zur Hälfte abgestorben, die andere Hälfte glänzte in saftigem Grün. Aus den Ritzen im Brett überm Brunnenschacht kam fauliger Dunst. Wenn die Wohnhäuser verfallen, verkommen die Apfelgärten. Zuerst sind immer die Häuser gebaut worden, und später hat man die Gärten bei den Häusern angelegt; ohne den Garten wirken die schönsten Häuser noch roh und kulturlos. Der Gartenbau ist eine höhere Kulturstufe. In einem Kulturland sollte keiner etwas gelten, der nicht einen Apfelgarten angepflanzt hat. Früher galt zuzeiten ein Mann nicht als heiratsfähig, der nicht ein Haus gebaut hatte; die Kultur des Hausvaters wird erst durch einen Garten beim Haus bezeugt, und nur ein Garten mit Obstbäumen ist ein fertiger Garten. Wenn der Vater an Winterabenden, bevor es auf die Nacht ging, den Familienmitgliedern und Gästen einen Apfel reichte, brachte der Duft der gelagerten Äpfel einen festlichen Abend auf seine Höhe; er ist die größte Erfrischung für den Geist des Menschen und die reinste aller menschlichen Freuden. Aufgebrochen schmeckte der Apfel köstlicher als zerschnitten. Im Ofenrohr gebratene Äpfel konnten die Luft im Raum mit paradiesischen Geistern erfüllen. Als Nachtisch zur Mahlzeit sind Äpfel längst nicht ein so hoher Genuß wie ein Apfel mitten im Abend; nach der Mahlzeit hat der Mund nicht die nötige Unberührtheit, um die kühle Keuschheit des Apfelfleisches zu kosten. Dicke feste Apfelscheiben auf einer Schnitte schwarzen Roggenbrotes – als Knaben bekamen wir das manchmal zur Vesper – ergeben eine köstliche Mahlzeit; am besten schmeckt sie im frischen Stroh auf der Diele genossen.

Und von alledem ist in der Stadt nur das Brett mit Äpfeln auf der Balkonbrüstung übrig, und der Duft in dem Zimmer am Morgen, in das sie zur Nacht gestellt werden. Und endlich die Bilder dieser Erinnerung. Aber indem ich vom Balkon in die Räume zurückgehe, scheinen mir die Zimmer verwandelt durch die Bilder, die aus mir heraustraten. Nicht die ländliche Natur, sondern die Ordnungen und Bilder, mit denen sie die Räume unseres Geistes prägte, bilden die Maße unseres Lebens. Und ›das Seine‹ trägt jeder überall und unter allen Umständen mit.«

Über die Jugendbewegung

»Ich verdanke der Frühzeit der Jugendbewegung, aber nur ihrer Frühzeit, die ich etwa bis zum Ersten Weltkrieg rechne, die Freilegung meiner Eigenständigkeit und das unbedingte Bedürfnis nach Unabhängigkeit, Aufgeschlossenheit für die Weite der Welt und für die Gegenwartskunst in jeder Gestalt, geistige Beweglichkeit und den Sinn für das Humane. Jedoch auch die Lockerung meiner Wurzeln im Heimatboden, eine innere Labilität und viele Leiden, vor allem des Gewissens. Das ist sehr viel. Und es ist das Resultat der Lebensformen und neuen Gewohnheiten und nicht einer Philosophie, einer Weltanschauung oder von Ideologien. Aus der Nichtachtung sozialer Grenzen und Klassen, der Mißachtung bürgerlicher Konventionen, vertrauensvoller, offener Gemeinsamkeit und Freundschaft ist so viel hervorgegangen.« (Merian 1952)

»*Leidenschaft für Dichtung*«

In einem Rückblick kurz vor seinem Tod gab Peter Suhrkamp dann doch Friedrich Schiller »den größten Anteil an meinem Weg zu Büchern«: »Das war zwischen 1905 und 1911 zu meiner Seminaristenzeit in der kleinen Residenz Oldenburg. Ich war mit 14 Jahren vom Land in die Stadt aufs Volksschullehrer-Seminar gekommen; bis dahin war ich nur gelegentlich für einen Tag zum Herbstmarkt mitgenommen worden ... Schiller verdanke ich die Weckung meiner Leidenschaft für Dichtung; vielmehr einer Schiller-Feier, die damals in Oldenburg mit Umzügen durch die Stadt, in denen alle Schüler mitgingen, mit Aufführungen des Hoftheaters, Feiern in allen Schulen stattfand ... Tage danach lief ich in der Stadt von Buchhandlung zu Buchhandlung ... in einem Fenster lag aufgeschlagen ein altes Exemplar von ›Kabale und Liebe‹ mit Kupfern. Einige Tage hintereinander stand ich einen Moment vor diesem Fenster: an einem stürzte ich dann in den Laden, ob ich das aufgeschlagene Buch aus dem Fenster einsehen dürfte? Es dauerte lange, bis ich meinen Wunsch geäußert hatte, und der Buchhändler wies mich nicht ab, sondern bestellte mich für einen der nächsten Tage. So fing es an. In der Folge hat mir dieser eine Gehilfe viele Erlebnisse vermittelt.« (Aus: »Dank an einen Buchhändler«, 1955)

»Einige Autobiographien und autobiographische Dokumente von Dichtern sind für mein Leben wichtiger gewesen als Dichtungen. Ihr Vorrang besteht darin, daß sie wahr sind, soweit in ihnen Welt- und Menschenverhältnisse aufgezeichnet sind. Vorne an steht ›Dichtung und Wahrheit‹, und von den danach folgenden nenne ich hier Hebbels ›Aus meiner Jugend‹. In solchen Erzählungen fand ich in Gelebtem, nicht in Gedichtetem, Menschenwesen entfaltet, und ich war, indem ich las, Schüler des Lebens. Das eigene Leben begann an dem Erzählten zu erglühen und empfing Anstoß zur eigenen Gestalt.«

Erste Lehrerstelle in Augustfehn

Nach Besuch der Dorfschule und des Lehrerseminars in Oldenburg wurde ich 1911 Volksschullehrer.

Suhrkamp wollte auch als Lehrer unabhängig sein, er blieb ein Einzelgänger und für seine Vorgesetzten sicher kein einfacher und auf Weisung reagierender Mann. Zwar trieb auch die Schar der Junglehrer manche Späße, aber Suhrkamp hielt immer auf eine gewisse Ordnung und Sitte. Als einer der Dorfschullehrer seine Braut, ebenfalls eine Lehrerin, die von ihm ein Kind erwartete, verließ, nahm Suhrkamp die Frau zu sich. Suhrkamp wurde damals nach Idafehn strafversetzt.
1913 wechselte Peter Suhrkamp in den bremischen Schuldienst über und war bis Kriegsausbruch an der Goethe-Schule in Bremerhaven angestellt.
1914 machte er sein Staatsexamen als Volksschullehrer. 1913 heiratete Suhrkamp zum ersten Mal. Seine Frau, Ida Plöger, war Lehrerin in Wilhelmshaven. Im Februar 1914 Geburt der Tochter Ursula. Am 25. 10. 1914 schrieb Suhrkamp: »Meine Ehe geht auseinander.« Gegen Ende des Ersten Weltkriegs

versuchte Suhrkamp nochmals eine Verbindung zu seiner Frau. Ida Suhrkamp starb am 5. 12. 1918, die Tochter Ursula erlag 1936 einer Lungenkrankheit.

1914 machte ich in Bremen am dortigen Realgymnasium als Extraner das Abitur nach.

Er hatte die Absicht, im Herbst 1914 an der Universität in Berlin das Studium aufzunehmen, doch der Ausbruch des Ersten Weltkrieges verhinderte dies.

Suhrkamps Sommer 1914: »Damals, am Mobilmachungstage, war ich in den Ferien in meinem Heimatdorf. Nachmittags, während ich Roggen von einem Feld auf einen Wagen lud, hatte vom Kutschbock des Postwagens herunter der Postbote die Nachricht von der Mobilmachung über die Felder ausgerufen. Abends, bis in die tiefe Nacht hinein, war auf der Dorfstraße unablässig der Gesang von vaterländischen

Lehrer in Idafehn

Ida Suhrkamp

Ursula Suhrkamp

Liedern. Mein Bruder und meine Schwester waren unter den Singenden. Währenddessen lag ich wach in der Kammer zu Bett, das kommende Unheil lastete schwer auf mir, und ich weinte da im Bett. Nicht aus Angst, denn am nächsten Tag ging ich fort und meldete mich freiwillig. Ich war fremd zu Hause, alles war plötzlich fremd, das war es; Zugehörigkeit durch Gewohnheiten, Geschmack und gesunde Daseinsfreude – und dennoch fremd, es war alles zu eng, ich fand mich in einem zu kleinen Raum. Was trennte mich von den Meinen, das ich da zuerst erlebte? – Ich hatte angefangen, Bücher zu lesen. Es waren nur Dichter der Gegenwart, die mich beschäftigten. Und auf diese Weise war in meiner Phantasie die Welt im Menschen eine Einheit. Und nun zerbrach die Einheit der Welt im Kriege. Es war dieses Erlebnis der Einheit der Welt, das mich damals zum Einsamen unter meinen Angehörigen machte, am Vorabend des Ersten Weltkrieges. Und dieses Erlebnis hatten mir Bücher gegeben.« (Aus: ›Bild des Europäers‹)

Medaillonbild vor dem Ersten Weltkrieg

Von Herbst 1914 bis zu seinem Ende nahm ich im Westen am Ersten Weltkrieg teil.

Brief vom 25. Oktober 1914 an eine Freundin: »Es gibt allerdings Menschen, die ihren Geist höher einschätzen als den Geist des Lebens, solche kennen für unsere Schmerzen nur Spott und Zynismus. Sie kennen den Menschen nur so, wie sie ihn gerade wollen, spannen jeden auf das Prokrustesbett ihrer Bedürfnisse und wissen für den verkrüppelten Rumpf nur Spott ... Als ich Ihren Brief empfangen und immer wieder gelesen habe, war eine Empfindung in mir deutlich: das Leben ist doch schön. Schön freilich nicht im Sinne von ›niedlich‹, ›angenehm‹, ›leicht‹, ›lustig‹, nein, es ist oft recht grausig. Aber dennoch schön, weil es so tief und voll ist, nicht so einfach, schematisch, oberflächlich, wie wir es uns denken. So, daß es Freude macht zu leben. Ist es nicht Lust, wenn seine Schönheiten in uns fallen, und ist nicht auch darin Lust, das Schwerste tragen zu dürfen, gewinnt man da nicht Ver-

1917

trauen zu der Kraft des eigenen Herzens und hohe Achtung und Freude vor dem, was wir sind? Freilich ist in allem eines nötig, daß man sich nämlich nicht selbst darin verliert.«

Ich war Kriegsfreiwilliger im Reserve-Infanterieregiment 213, in der 46. Reservedivision.

13. Dezember 1914: »Das war in den Tagen der Flandern-Kämpfe ... Das Flandern-Erlebnis ist also auch mein Erlebnis.«

Der Stoßtruppführer (3. von links)

»Ich will hier nur erwähnen, daß ich im Herbst 1915 nach den Kämpfen bei Arras schon einem Kameraden gegenüber zum Ausdruck brachte, ich hielte diesen Krieg für Deutschland für verloren. Das hat mich nicht gehindert, alle Kämpfe meiner Division im Westen bis zum bitteren Ende durchzustehen, und das in folgenden Positionen: Als Bataillons-Patrouillenführer 1916, als Regiments-Patrouillenführer bis Herbst 1917 und von der Herbstschlacht 1917 an als Kompanieführer einer Sturmkompanie.« (Brief an Dr. Lankenau vom 15. Februar 1958)
Suhrkamp wurde als Leutnant für besondere Tapferkeit mit dem Hohenzollern-Hausorden ausgezeichnet. Die beiden Orden, das Eiserne Kreuz und den Hohenzollern-Orden, schickte er seinem Vater; dieser ließ sie in einen Glaskasten einrahmen und hängte sie über dem Sofa auf.

Im Namen

Seiner Majestät des Kaisers und Königs

verleihe ich

dem Vizefeldwebel Heinrich Suhrkamp

Res. Inf. Regt. 213, 4. Komp.

das Eiserne Kreuz 2. Klasse

für tapferes Verhalten vor dem Feinde

den 30. 6. 1917

Schroetter

Generalmajor und Kommandeur der 207. Inf. Division

KGL. PREUSS. 207. INF. DIVISION

Leutnant der Landwehr

Als Kompanieführer einer Sturmkompanie machte er die schweren Kämpfe des Jahres 1917 mit. Mitte März ging er mit seiner Kompanie in die sogenannte Siegfried-Stellung, die die Alliierten im April und Mai mit ungeheurem Kräfte- und Materialeinsatz bei Arras angriffen, jedoch abgewiesen wurden.

Dann versuchten die Engländer in der Schlacht von Flandern, Juli bis November 1917, größere Erfolge zu erzielen. In der Tank-Schlacht von Cambrai erreichten sie Geländegewinne, jedoch wurden diese Gewinne ihnen beim sofortigen deutschen Gegenangriff wieder abgenommen.

»Also: ich bin ein Offizier. Ich trage schneidige Uniform. Ich bin stolz, herrisch. Ich lebe gut! Ich habe alle Laster. Ich verrate und morde! Ich bin seit Oktober Patrouillenoffizier. Das bedeutet: daß ich mit einer Bande in die englischen Gräben einbreche und verstümmele und morde, daß ich allnächtlich zwischen unserm und dem feindlichen Draht liege, lüstern nach dem Gegner. Also einfach: der Anführer einer Raub- und Mordbande bin ich. Ja, ja, die Sache ließe sich milder bezeichnen, ist zu begründen, nur Antwort auf Schläge derselben Art, muß anders genannt werden, damit sie uns noch möglich ist. Der Krieg, wollte man ihn ehrlich benennen, würde uns mit diesem Augenblick unmöglich. Wir können die Worte beiseite lassen: der Krieg, würden wir ihn tun männlich, mit dem erwachsenen Ernst, ohne Spiel, ohne Putz: mit demselben Augenblick wäre er bankrott. Wir spielen nun aber Krieg, lauern, ersinnen Listen, erfinden Waffen, machen Gefangene, tun schön ritterlich. Auch mein Verein, daß ich es nur widerrufe, verstümmelt und mordet nicht, tut nur so schrecklich.« Dieser Brief (an eine Freundin vom 20. Januar 1918) ist schon nicht mehr im Feld geschrieben.

Suhrkamp war an den Anstrengungen dieser Schlacht und vor allem auch am Tod eines Freundes zerbrochen; dieser Freund, der sich Weihnachten 1917 von einem sicheren Posten aus als Befehlsgänger gemeldet hatte und Weihnachten 1917 schwer verwundet gestorben war. Das löste eine große Erschütterung in Suhrkamp aus. Mitte Januar brach er zusammen und lag »ziemlich verbraucht im Feldlazarett. Werde wohl demnächst zur Erholung eine kleine Weile in ein Sanatorium wandern«.

Juli 1918: Peter Suhrkamp im Offiziers-Erholungsheim, dem Sanatorium Kohnstamm in Königstein.
»Ich bin bis jetzt schwer krank gewesen. Was es eigentlich war, kann ich nicht sagen, nur Ihnen die Symptome erzählen. Ich hatte ganz regelmäßig eigenartige Anfälle. Sie traten meist nachts auf. Ich schlief seit Januar nicht mehr natürlich, immer nur mit schweren Mitteln. Gegen Abend verwirrte sich für mich das Bild der Realität, das mir schon am Tage oft unsicher, schemen- und schattenhaft war, vollständig, es brach eine andere Wirklichkeit, die der normale Mensch als Gespensterwelt bezeichnet, daraus hervor. Und das Eigenartige: ich sah nicht etwa Gespenster und bekam Angst vor ihnen, sondern das alles war mir dann Wirklichkeit, und ich war ganz in dieser Gespensterwelt, an deren Wahrheit ich immer noch glaube. In solchen Zuständen bin ich oft nahe am Selbstmord gewesen, in den schlimmsten Fällen hat mich nur mehr eine tiefe Ohnmacht gerettet. Wenn ich wieder zu mir kam, hatte ich mir die Hände zerschlagen und das Gesicht verletzt. Ich war danach immer mehrere Wochen in sehr kranken Zuständen: lange Dämmerzustände ohne Bewußtheit, alle Funktionen versagten, der Magen verdaute nicht oder erbrach alles wieder, das Herz revoltierte oder wurde matt, ich sah nicht richtig, zu sprechen fiel mir sehr schwer, ich konnte mich nicht aufrecht halten. Menschen konnten mir durch ihre Nähe oder einige Worte sehr weh tun. Wenn ich wieder aufstehen und umhergehen konnte, war mir alles, Welt und Menschen, quälend fremd. Das waren dann auch meist nur wenige Tage bis zum nächsten Anfall. Sie können sich denken, wie ich da, da ich in den schlimmen Zeiten nicht schreiben konnte, nicht einmal Post, die ich bekam, was allerdings immer seltener wurde, selbst lesen konnte, den Zusammenhang mit aller Welt verloren habe. Ich mochte auch nichts wissen von dem, was hinter mir lag. – Nun bin ich endlich so weit, daß ich mich von den Anfällen, die allerdings noch mit der alten Regelmäßigkeit auftreten, immer schon in einigen

Tagen wieder erhole. Ich bleibe noch bis Ende August hier.« (An eine Freundin, Königstein, 25. Juli 1918)

Der Aufenthalt in Königstein schlug sich literarisch nieder. In der Monatsschrift für Theater und Literatur, der Zeitschrift der Reinhardt-Bühnen, erschien 1918 eine Erzählung von Peter Suhrkamp, ›Die Zelle‹:
»Ich bin nun drei Monate im Gefängnis und fange an, mein Leben zu lieben. Mein Zustand ist dem eines Mannes ähnlich, der an einem sonnigen Nachmittag, an die Baumwollballen in seinen Speichern denkend, durch eine belebte Großstadtstraße ging und plötzlich, wie es jedem widerfahren kann, mitten in einem Gedanken von einem Traum von Welt, der aus ihm sich schwang und sich sekundenschnell erfüllte, überrascht wurde, von einem starken Duft verwirrt und einem innerlichen Licht erhellt, beseeligt anhielt, das Gesicht aufhob und endlich, alles daran vergessend, ihm nachglitt, mitten durch den Wandel der Menschen, drei Tage oder auch nur stundenlang. Doch bin ich mir durch drei Monate nachgegangen.«

Sein Befinden besserte sich jedoch nicht. Suhrkamp äußerte sich bei solchen Anfällen immer schonungsloser über den Krieg, die herrschenden Zustände und über die Politik der Regierung. Zu seinem eigenen Schutz wurde er, wahrscheinlich im September 1918, in eine psychiatrische Anstalt in Ellen eingeliefert. »Sie werden es längst erraten haben – ich bin ja in einer Irrenanstalt: dies Unerhörte gleitet durch mein Erleben: alles ist hier so schreiend, aber so lautlos schreiend, alles ist Zerstörung, aber in einer unerschütterlichen Stille! Alles ist so unendlich selig verflucht«. Am 28. Oktober 1918: »daß ich immer noch in dieser Anstalt bin! Daß ich wieder versuchte, mit meiner Frau zusammenzukommen, daß wir deswegen schon einige Briefe wechselten und daß sie dann starb ...« Am 5. Dezember 1918: »Wenn Sie kommen, müs-

Peter Suhrkamp um 1918

sen Sie auf der Anstalt sagen, daß Sie von auswärts kommen. Man läßt Sie sonst nicht zu mir. Ich lebe als Eremit.«

Das Erlebnis des Ersten Weltkrieges, die intensiven Grabenkämpfe, die Sinnlosigkeit des Krieges, das Verhalten in Gefahr haben den »Eremiten«-Suhrkamp geprägt. 1939 schrieb er »Bei Gelegenheit von Ernst Jüngers ›Auf den Marmorklippen‹« einen für ihn überaus kennzeichnenden Essay:

Über das Verhalten in der Gefahr

»Wenn ich über mein jeweiliges Verhalten angesichts von Gefahren nachdenke, dann entdecke ich zwei Dinge von entscheidendem Einfluß: Vertrauen ins Leben und eine vitale Klarheit: eine Erleuchtung, deren Träger das Blut ist, die also das ganze Wesen ausfüllt, sich unter Umständen zu einem nüchternen Rausch steigert und die Verwirrung des ersten Schreckens wie ein magisches Licht überstrahlt. Und weiter

entdecke ich, daß heute in einer Gefahr noch Eigensinn mein Feind im eigenen Lager ist.
Wer ins Leben Vertrauen hat, der wird sich in Gefahr richtig verhalten, und er hat Aussicht, jede Gefahr zu bestehen. Vertrauen ins Leben ist eine teuer erkaufte Erfahrung, die auf Wissen beruht, Wissen sowohl durch den Geist wie durch das Gefühl. Bei vielen Menschen, besonders bei jüngeren, steht der Wille diesem Wissen im Wege. Sie können nicht einsehen, daß ihre Begabungen Gnadengaben sind, und halten ihre Leistungen für persönliche Erfolge; sie leugnen die Begnadung. Der Schüler des Lebens muß sich eine lange Zeit zugesehen und die Hemmungen beobachtet haben, die der Eigensinn der Lebensfahrt in den Weg wirft, um einzusehen, daß das Geschöpf, das Lebewesen, nicht Träger des Lebens ist, sondern daß es vom Leben getragen wird. Das Leben, davon der Reigen der Geschlechter, der Toten also, ein Teil ist, trägt uns, das ist die Formel für Vertrauen ins Leben. Im Sterben flieht nicht das Leben aus uns, sondern wir fallen – aus dem Leben; wir wirbeln hinab wie Blätter. Menschen aus altem Geschlecht haben das Vertrauen ins Leben in der Regel angeboren, wenn auch die eigene Lebenskraft oft schwach ist; in den Erfahrungen von Vorfahren ist es ihnen weitergereicht. Aber auch in allen anderen Fällen ist Wuchs und Gabe dabei. Freundschaft mit dem Leben verführt nicht zu Optimismus, sondern macht behutsam, sie ist nicht ohne Wehmutschatten; wegen der großen Zerbrechlichkeit und der Vergeblichkeit der Geschöpfe. Und alle Geschöpfe haben mächtige Feinde, die ihnen mißgünstig gesonnen sind. – Was dann das Individuum, was der Mensch sei, das ist die nächste Frage. Diese Glaubensfrage kann kein unbedeutender Mensch beantworten. Aus einem vertrauensvollen Verhältnis zum Leben läßt sich leichter die Frage nach dem richtigen Verhalten des Menschen beantworten: er wird nicht handeln, wie es seiner Erfahrung, sondern wie es seiner Bedeutung zukommt.
Im Gefahrenfelde ist das Ungewohnte an der Zeit das Sich-

überstürzen der Ereignisse in der Gefahrensekunde und die absolute Ereignisleere in anderen Stunden und Tagen. Die Folge der Schläge in der einen Sekunde kann derart hart sein, daß kein natürlicher Zeitbegriff mehr gilt und für die geringste Überlegung kein Raum bleibt. Das sind die gefährlichsten Momente; und kein Wille und kein Gedanke besteht mehr. Nur Gefühle regen sich in erschreckender Leere wie Stürme – und Mut wird zu einem Akt des Geblüts. Das sind die Momente, wo im Handeln eines Menschen seine Bedeutung sich ausspricht. Wenn er bis zu einem bestimmten Punkt bestanden hat, nehmen sich dann hohe Kräfte seiner an, und es kann geschehen, daß er durch Räume absoluter Vernichtung schreitet mit einer Sicherheit und einer Klarheit, die überirdisch sind. Das sind Augenblicke, aus denen berichtet wird über einen Helden, daß er für sich allein sang, indes er kämpfte, und über andere, daß sie den Mysterien des Lebens nahe waren, indes sie fielen, und im Tode heiter erschienen.«

Zu den Gedanken dieses Essays wurde Suhrkamp auch von Wilhelm Ahlmann inspiriert, der in seinem Leben noch eine große Rolle spielen sollte. Die beiden hatten sich als junge Offiziersanwärter 1915 kennengelernt und sich angefreundet. 1916 hat sich Ahlmann bei einem Selbstmordversuch blindgeschossen. Ahlmann und Suhrkamp blieben ein Leben lang verbunden. Er blieb auch der einzige Freund aus der Zeit des Ersten Weltkrieges, in dem, wie Suhrkamp immer anmerkte, »seine besten Freunde« gefallen seien.
Die Erfahrungen des Ersten Weltkrieges lehrten Peter Suhrkamp, sein persönliches und privates Leben geringer zu schätzen und sein Dasein einer Aufgabe unterzuordnen.
Im Januar 1919 fühlte er sich stark genug, Lehrarbeit in der Odenwaldschule aufzunehmen. Schon zwischen seinen Aufenthalten in Königstein und in Ellen hat er im August 1918 die Odenwaldschule besucht.

»In der Odenwaldschule habe ich sehr viele, mir schreckliche Lehrerinnen getroffen, zur Abwechslung auch einen guten Lehrer. Ja, einen! Der mir wenigstens als Mensch wert schien! Trotzdem haben mir die Tage Freude gegeben: das Kinderland! Das glückliche Land! Ich bleibe bei vielen meiner Einwände; aber eine so glückliche Insel findet man im Leben schwerlich wieder. Zudem wirkt die Landschaft beruhigend, versteckt in sich. Da man außerdem wohl Wert darauf legte, mich dorthin zu bekommen, habe ich mich entschieden, Geheeb, sobald es meine Gesundheit und Kraft zulassen, was jetzt noch nicht der Fall ist, wie mich die Tage dort belehrten, Nachricht zu geben; er will mich dann reklamieren.« (Aus einem Brief vom 28. August 1918)

Nach dem Ersten Weltkrieg studierte ich Germanistik in Heidelberg, Frankfurt am Main und München. Daneben arbeitete ich als Lehrer an der Odenwaldschule und an der Freien Schulgemeinde Wickersdorf.

Über seine Eindrücke von der Odenwaldschule berichtete er in einem Brief vom März 1918:
»Ich hätte ja allen Grund, hier glücklich zu sein. In waldigen Bergen; im aufbrechenden Frühling, unter geschätzten Menschen, in Aufgaben, mit aufkeimenden Werken. Es wäre alles da, man müßte nur glücklich sein können. Das Gefühl der eigenen Unzulänglichkeit in dieser Zeit hört aber nicht auf, ist als Stachel da und bohrt. Irgendwie liegt die Trägheit, Lauheit, Äußerlichkeit der vielen Menschen unerschütterlich auf uns; sie lassen sich nicht hochheben, nicht erschüttern, nicht verzweifeln, die Schatten von Legionen Toten, die uns umkreisen und anrühren, flüsternd, jammernd, verfluchend, können sie nicht erwecken. Was soll nun werden?! ... ich habe hier nun ein Vierteljahr Arbeit hinter mir und sitze in den ersten Ferien. Viel Arbeit, mühevolle Arbeit, nicht im-

Odenwaldschule um 1920

mer gesegnete. Ich errang viel Liebe von jungen Menschen, daneben auch starken Haß bei Erwachsenen. Man kann mein Tempo – sie nennen es großstädtisch; wenn sie nur ahnten, wo ich eigentlich gelebt habe, diese Einsamkeit all die Jahre! Sie nennen mich, glaub ich, manchmal bei sich einen Hochstapler: weil sie diese Riesenarbeit nicht begreifen und beurteilen können, weil sie solche Arbeit nicht kennen und davor unsicher werden, ihre Position in Gefahr sehen, deshalb empfinden sie mich als aggressiv – also dieses Tempo ist ihnen unerträglich. Doch ist, was sie Tempo nennen, nicht Tempo, sondern Absolutheit; Sie kennen mich noch gut genug, um auch wissen zu können, daß ich echt norddeutsch schwerfällig bin, noch mehr, daß ich die Scheu des Jungen, der auf dem Lande aufwuchs und jahrelang übers Moor strich, nicht überwinden konnte ...«

Frau Edith Geheeb, die Witwe des Gründers Paul Geheeb, schrieb: »Ich möchte aus meinen persönlichen Erinnerungen betonen, daß wir selten einen so begabten, einfallsreichen und hinreißenden Menschen in unserem Kreise hatten und daß wir später oft an diese Zeit zurückgedacht haben.«

In den Akten der Odenwaldschule liegt ein Entwurf für ein Zeugnis von Peter Suhrkamp:

Bescheinigung vom 21. 4. 1919
Herr Heinrich Suhrkamp,
von feinem Verständnisse und warmem Interesse für die Probleme moderner Erziehung erfüllt, kam auf unsere Bitte Anfang Januar zu uns, um unser Schulleben genauer kennenzulernen und eine Zeitlang mit uns zu arbeiten. Er erteilte Schülern der Mittelstufe Unterricht in Deutsch, Geschichte und Erdkunde und nahm regsten Anteil an Lehrerkonferenzen, Schulgemeinden und allen sonstigen Veranstaltungen unserer Schule. Mit einer gründlichen und umfassenden wissenschaftlichen Bildung und einer außergewöhnlich tüchtigen methodischen Schulung ausgestattet, vermochte er sehr erfolgreichen Unterricht zu geben und in den Beratungen des Lehrerkollegiums über pädagogische Fragen äußerst anregend zu wirken. Daher sehen wir Herrn Suhrkamp jetzt, da er sich Arbeiten auf anderen Gebieten zuwenden will, mit schmerzlichem Bedauern von hier scheiden und hoffen auf ein späteres Wiedersehen und auf Fortsetzung der begonnenen gemeinsamen Arbeit.

Die Leitung der Odenwaldschule

Suhrkamp hat immer wieder angegeben, daß er neben und nach seinen Aufenthalten in der Odenwaldschule und in Wickersdorf Germanistik in Heidelberg, Frankfurt am Main und München studiert habe. Unterlagen für dieses Studium finden sich nicht.

Im Mai 1919 mußte Suhrkamp die Arbeit an der Odenwaldschule aus gesundheitlichen Gründen aufgeben. Er lebte nahe bei Darmstadt und verdiente sich seinen Lebensunterhalt als Sekretär bei Rudolf G. Binding, der damals Bürgermeister in dem Ort Buchschlag bei Frankfurt war.

Peter Suhrkamp mit seiner Frau Irmgard

»Ihre beiden Briefe an mich haben mich schon nicht mehr in der Odenwaldschule getroffen. Ich habe die Schulmeisterei für eine Weile wieder aufstecken müssen. Meine Gesundheit. Nun lebe ich, um mich zu erholen, in einem Gartenstädtchen zwischen Frankfurt und Darmstadt. Um leben zu können, bin ich Sekretär bei dem Dichter Rudolf G. Binding. Sie werden mich fragen: weshalb ich nicht zu meinen Eltern ging? Offen: ich hätte es dort nicht ertragen: das Gefühl, ihnen zur Last zu sein – wenn ich's auch nicht ihnen gewesen wäre, ich hätte es so empfunden, und die Berührung mit den Dingen aus der alten Zeit hätten mich beständig bedrückt. Meine Gesundheit wäre dort nicht besser geworden. Hier lebe ich ganz unabhängig in einer wundervollen Umgebung. Die Stadt – es

Irmgard Suhrkamp mit Klaus Suhrkamp

ist keine Stadt, nur ein großer Garten mit hineingesteckten Villen – liegt mitten in einem großen Walde. Leider sind hier die Franzosen. Doch merkt man nichts davon, wenn man nicht gerade ins unbesetzte Gebiet reisen will. Damit Post mich schnell erreicht, schicken Sie sie an folgende Adresse: b. Reitz & Köhler, Frankfurt/M. Schillerstr. Sie wird mir jeden Abend herausgebracht.« (Brief vom 25. Mai 1919)

In Buchschlag lernte er seine zweite Frau kennen: Irmgard Caroline Lehmann, geboren 29. März 1889; sie heirateten 1919. 14. Juni 1920 Geburt des Sohnes Klaus Peter Suhrkamp. Die Ehe wurde im März 1923 geschieden.

Ein neuer Dramenautor

PETER SUHRKAMP

Die Mutter

Gleichnis in sechs Bildern

Löwenzahn

Ein Spiel von armen Menschen in zwei Teilen

„Nach Toller hat Georg Kaiser nun Peter Suhrkamp entdeckt, dessen beide Dramen ihm als Beweise hoher Begabung und vielversprechenden Anfangs gelten." (Angermayer in Prager Presse.)

Bühnenexemplare stehen zur Verfügung.

Suhrkamp erhielt 1919 Zuzug in München als »Mitarbeiter eines hiesigen Verlages«. In einem anderen Dokument des Jahres 1920 ist er als »Schriftsteller« ausgewiesen.

Herbst 1920 bis August 1921 Lehrer an der Freien Schulgemeinde Wickersdorf.

»Dann wollte ich Schriftsteller sein, zog mich zurück aufs Schreiben, stellte fest, daß ich nicht am Schreibtisch sitzen konnte, sondern, da ich aus dem praktischen Leben, aus einer Bauernfamilie herauskam, praktisch anfassen mußte. Ich mußte also etwas finden, was einerseits künstlerische Begabung voraussetzte und was doch pädagogische Begabung und praktisches Bedürfnis befriedigen konnte.« (Aus: Interview mit Joachim Kaiser, 1956)

Suhrkamp veröffentlicht 1922 in der Zeitschrift ›Die neue Schaubühne‹, in der er schon zweimal essayistische Texte veröffentlicht hatte, sein Stück ›Löwenzahn. Ein Spiel von armen Menschen in zwei Teilen‹.

... Bertolt Brecht zum ersten Mal begegnet ...

Suhrkamp hat das Datum der ersten Begegnung mehrfach mit Winter 1919 angegeben. »Am Anfang steht eine Begegnung in einem ländlichen Gasthauszimmer im frühen Winter 1919, dort traf ich, außer einigen Fuhrleuten, einen Studenten, der zu einer Laute ein paar Balladen sang, darunter den ›Choral vom Baal‹. So wurde ich zuerst mit Gedichten von ihm bekannt.« (Vorbemerkung zu ›Gedichte und Lieder‹, 1956)

»Ich selbst bin Bertolt Brecht im frühen Winter 1919 zum ersten Mal begegnet, und wir haben seitdem Verbindung miteinander gehalten. So ist es auch gekommen, daß ich sein Verleger geworden bin.« (Brief an Franz Xaver Bayerl, 26. 11. 1956)

»... Der Hintergrund ist, daß wir seit 1919 miteinander bekannt sind. Ich nenne ungern eine Beziehung gleich Freundschaft. Mein Verhältnis zu Brecht könnte ich aber fast eine Freundschaft nennen. Ich habe also seine gesamte Entwicklung miterlebt.« (Brief an Hermann Harless, 10. 4. 1956)

Brecht selbst notiert in seinen Tagebüchern eine Begegnung mit Suhrkamp zum ersten Mal für den 9. Juli 1920:

»Freitag 9.
bei Johst. Er sieht faltig aus. Hatte mit ›König‹ in Dresden einen Erfolg. ›Gefiel Ihnen das Stück?‹ Er: ›Ja. Es war herrlich aufgeführt ...‹ Es sitzt ein junger, dünnlippiger, kühlironisch blikkender Herr herum, Surkamp, der, wie J. sagt: sauber ist im Dichterischen. ›Sie mögen ihn nicht.‹«

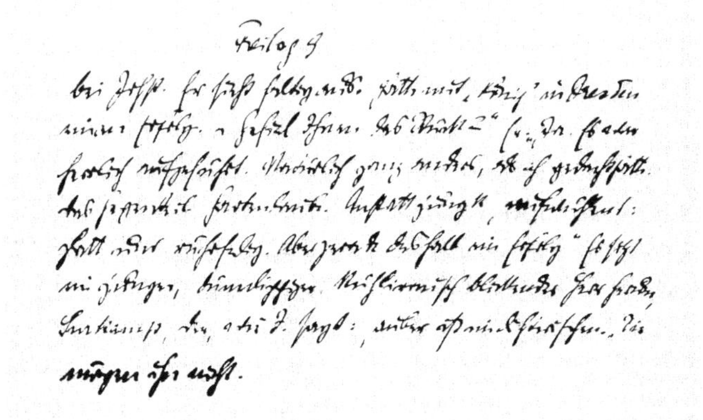

Tagebucheintrag Brechts

Suhrkamp erzählte diese Geschichte Siegfried Unseld einmal so: Er habe bei einer Reise zu Hanns Johst auf einem Schiff bei der Überfahrt über den Starnberger See Brecht getroffen; auch Brecht wollte zu Johst mit einem merkwürdigen Anliegen: eine Freundin sei von ihm schwanger und Johst solle sie bis zur Entbindung aufnehmen.

Brecht und Suhrkamp sind sich in Darmstadt mehrfach begegnet. Belegt ist ihre Zusammenarbeit zum ersten Mal in Heft 2 der ›Versuche‹ von 1930. Dort sind die »Anmerkungen zur Oper ›Aufstieg und Fall der Stadt Mahagonny‹«, mit dem Kernsatz »Für Neuerungen – Gegen Erneuerungen!«, unterschrieben von »Brecht. Suhrkamp«.

Der junge Brecht

Von 1921 bis 1925 war ich Dramaturg und Regisseur am Landestheater Darmstadt.

Am Darmstädter Theater hat Suhrkamp folgende Stücke inszeniert:
Tolstoi, Und das Licht scheint in der Finsternis, 1. 12. 1922
Strindberg, Rausch, 8. 3. 1923
Wedekind, König Nicolo, 6. 4. 1923
Tolstoi, Der lebende Leichnam, 22. 9. 1923
Strindberg, Der Scheiterhaufen, 3. 11. 1923
Wedekind, Liebestrank, 8. 4. 1924
A. Bronnen, Anarchie in Silian, 15. 6. 1924
Tagore, Das Postamt; Tolstoi, Er ist an allem schuld.
Tschechow, Der Heiratsantrag, 10. 10. 1924
C. Haensel, Die Gummizeit, uraufg. 28. 3. 1925

1925 »einen Vertrag zu Falckenberg an den Münchner Kammerspielen nicht angetreten, weil die eigenen Grenzen als Regisseur gesehen«.

Hof der Schulgemeinde

Später urteilt er: »Ich habe dann im Theater, im Landestheater in Darmstadt unter Gustav Hartung als Dramaturg und Regisseur gearbeitet. Das war auch nicht der richtige Weg für mich, denn es stellte sich heraus, daß ich reiner Doktor-Regisseur war und eine Plage für die Schauspieler.« (Manuskript)

Von 1925 bis 1929 war ich Lehrer und Pädagogischer Leiter der Freien Schulgemeinde Wickersdorf.

Herbst 1925 Freie Schulgemeinde Wickersdorf als Lehrer, ab 1926 als Pädagogischer Leiter.
Das Landerziehungsheim wurde 1906 von G. Wyneken und Paul Geheeb als »Freie Schulgemeinde« gegründet:

»Die Aufgabe der Schule ist, den Fortbestand dessen zu ermöglichen, was der Geist der Menschheit bisher erarbeitet hat; unser einziges Ziel ist, Kultur zu erreichen, zu bewahren und schließ-

Im Kreis seiner Kameradschaft in Wickersdorf

lich vielleicht zu schaffen. Eine Tätigkeit, die nicht auf dies Ziel gerichtet ist, ein Glück oder gar Behagen, das auf andere Weise als durch solche Arbeit zustande kommt, ist in unserem Kreise nicht am Platze. Und je klarer wir unsere Aufgabe erfassen, um so mehr wird alle unsere Arbeit gereinigt werden von dem Streben nach belohnenden Gefühlen, um so selbstloser und keuscher wird unsere Lebensauffassung sein ... Aus dem Ziel unserer Schule folgt als Ziel unseres Unterrichts, die Schüler zu selbständiger, ausdauernder, zielbewußter Arbeit zu erziehen, indem sie sich die Grundlagen unseres Wissens aneignen. Man könnte auch sagen: der Unterricht muß dahin streben, sich überflüssig zu machen.« (Aus: Erster Jahresbericht der Freien Schulgemeinde Wickersdorf, 1908)

Ein früherer Schüler, Peter de Verteville, schreibt später über den Lehrer Suhrkamp: »He was a man greatly admired since he was not just a ›Pauker‹ but a real leader of young people.«

Im Schulgarten

Am 1. April 1929 gab ich meinen Lehrerberuf auf und übersiedelte nach Berlin.

»Daß ich meinen Beruf als Pädagoge aufgab, geschah zuletzt, weil ich einsehen mußte, daß gerade unter Lehrern infolge ihrer mangelhaften Ausbildung, woraus man den Lehrern selbst keinen Vorwurf machen kann, ein echtes Verhältnis zur Wirklichkeit, zu den Realitäten des Lebens und deren Ordnung fehlt.« (Brief vom 29. Januar 1954)

»Mein erster Versuch, mich hier (Berlin) anzusiedeln, im Herbst 1925, scheiterte nach drei Monaten Kälte, Unfaßbarkeit. Wie ich es damals anfaßte, war es eine leichtfertige Improvisation, und ich wäre an Kontaktlosigkeit und am Fehlen von Sympathie spurlos untergegangen. Nach dreieinhalb Jahren als Pädagoge in einem ländlichen Domizil in Thüringen kam ich entschlossen wieder. Und der zweite Versuch, in Bescheidenheit und mit großer Geduld unternommen, brachte nach langer Zeit erst die Kommunion.« (Vortrag 19. Oktober 1956)

In Berlin arbeitete ich als freier Mitarbeiter zunächst im ›Berliner Tageblatt‹, vom Herbst 1929 bis 1932 in der Zeitschriften-Redaktion des Ullstein-Verlages.

»Ich bin wirklich etwas über ein Jahr lang Redakteur beim ›Uhu‹ gewesen. Ich schäme mich dessen gar nicht, denn ich halte sehr viel von Witz und Humor, und zwar halte ich sehr viel davon gerade für die Wirkung.« (Aus einem Interview 1956)

Elisabeth Hauptmann, engste Mitarbeiterin Brechts und spätere Brecht-Editorin – Suhrkamp hatte sie bei Brecht in Berlin kennengelernt – berichtete Siegfried Unseld, wie Suhrkamp zum ›Uhu‹ kam. Elisabeth Hauptmann war mit dem Chefredakteur des ›Uhu‹, Friedrich Groner, und mit der zuständigen Redaktionsmitarbeiterin Vicky Baum befreundet. Brecht wollte zu dieser Zeit unbedingt ein sechszylindriges Steyr-Auto fahren, er erhielt dieses Auto, weil er für ›Uhu‹ über Steyr bzw. über das Autofahren schreiben sollte. Doch Brecht hatte in Frankreich einen Totalschaden mit diesem Auto. Elisabeth Hauptmann verhandelte mit Ullstein wegen eines Ersatzes. Abermals erhielt Brecht diesen Wagen, er sollte über den Unfall schreiben. Im Zusammenhang dieser Gespräche empfahl Elisabeth Hauptmann nun auch dem Chefredakteur Suhrkamp als Mitarbeiter.

»Meine tägliche Arbeit tat ich aber als einer von mehreren Redakteuren an einem Magazin, dem ›Uhu‹. Die ihn gekannt haben, werden zugeben: Es hat nur einen ›Uhu‹ gegeben ... Die Arbeit am ›Uhu‹ lag mir eigentlich gar nicht. Ich hatte als freier Schriftsteller mit hochliterarischen Plänen in Berlin leben wollen. Aber ich erfüllte den mir konträren Dienst an der Redaktion des Bildmagazins im Ullstein-Hause, wie ich glaube, ganz gut.« (Vortrag 29. Oktober 1956)

Im ›Berliner Tageblatt‹ erschienen 1929 bis 1930 folgende Kritiken von Suhrkamp zu den Filmen: ›Aufruf des Blutes‹. ›Besondere Kennzeichen‹. ›Bobby der Benhin-Junge‹. ›Flucht in die Fremdenlegion‹. ›Die Frau im Talar‹. ›Frühlingsrausch‹. ›Fruchtbarkeit‹. ›Ich hab mein Herz im Autobus verloren‹. ›Jennys Bummel durch die Männer‹. ›Moanolesco‹. ›Man schenkt sich Rosen, wenn man verliebt ist‹. ›Die Schmugglerbraut von Mallorca‹. ›Der Mann im Dunkeln‹. ›Pariser Unterwelt‹.
In der ›Frankfurter Zeitung‹ erschien in Fortsetzungen beginnend vom 19. 7. 1931 bis zum 29. 7. 1931 der Roman »Verlorene Tage«. Suhrkamp wünschte später keine »Ausgrabung« dieses Textes.

1932 trat ich, zunächst als Herausgeber der Zeitschrift ›Die Neue Rundschau‹, in den S. Fischer Verlag, Berlin, ein.

Am 19. Dezember 1932 schrieb S. Fischer aus:

»An die Mitarbeiter der ›Neuen Rundschau‹
Dr. Rudolf Kayser hat sich entschlossen, sich in Zukunft größeren literarischen Arbeiten zu widmen, und tritt aus diesem Grunde von der Redaktion der ›Neuen Rundschau‹ zurück. Er bleibt aber weiterhin Mitarbeiter des Verlages.
Die Redaktion der ›Neuen Rundschau‹ übernimmt am 1. Januar Herr Peter Suhrkamp, der vom 1. März nächsten Jahres an verantwortlich zeichnen wird.

Hochachtungsvoll ergeben S. Fischer Verlag AG
S. Fischer

»S. Fischer hatte ein sehr einfaches Verhältnis zu seiner Zeitschrift (›Die Neue Rundschau‹): er war ihr erster und ihr bester Leser. Und ihr anspruchsvollster Leser. Er stellte seine Anforderungen an die Zeitschrift als ihr Leser: es sollte alles in ihr vorkommen, was ihn interessierte, in einer Form dargeboten, die ihm Genuß bereiten konnte. Diese Forderung stellte er nicht ein für allemal, sondern bei jedem Heft neu und zweimal bei jedem Heft: zuerst bei dem Entwurf, den er prüfte, und dann, wenn das Heft erschienen war und er es zum zweitenmal las. Nicht selten wechselte das Urteil von einemmal zum anderen und auch die Anforderung von einem Heft zum anderen. Kaum je wohl hat ihm ein Heft genügt. Aber er war glücklich, wenn ihn aus einem Beitrag Geist und Gemüt eines Menschen offen ansprachen. Letzten Endes war es immer das, was er in den Beiträgen suchte: Begegnungen mit Menschen; sie mußten ihm nicht verwandt sein, aber menschlich echt und geistig frei und womöglich mit einem Zeichen an der Stirn.« (›In memoriam S. Fischer‹, Frankfurt 1960)

Peter Suhrkamp um 1934

Im Herbst 1933 wurde ich im S. Fischer Verlag als Vorstandsmitglied bestellt.

Über seine Beziehung zum S. Fischer Verlag berichtet Suhrkamp:
»... Als ich, um mein zwanzigstes Jahr, wie die meisten jungen Leute damals, von einer wahren Leidenschaft für moderne Bücher ergriffen, für Dramen, Gedichte und Romane, ganze Nächte durch las, kam mir 1911 der Almanach des S. Fischer Verlages ›Das 25. Jahr‹ in die Hand. Das war in einem einsamen Moordorf, weit ab von jeder Welt. Und da stellte ich fest, daß die meisten Bücher, die ich las, Bücher des S. Fischer Verlags waren. Man konnte nicht umhin, wenn man sich für moderne Literatur interessierte. Die bekannten modernen Dichter erschienen fast alle im S. Fischer Verlag: von Fontane, Ibsen und Björnson, von Gerhart Hauptmann, Richard Dehmel, Thomas Mann, Hugo von Hofmannsthal und Bernard Shaw bis zu Georg Kaiser, Oskar Loerke und Annette Kolb – alle waren sie bei Fischer ... S. Fischer war

der erste konsequente Verleger moderner Literatur in Deutschland ...« (Aus einem unveröffentlichten Aufsatz über S. Fischer)

Samuel Fischer, wie auch seine Tochter Brigitte, genannt Tutti, und sein Schwiegersohn Gottfried Bermann Fischer, waren der einhelligen Auffassung, daß es nur einem Manne wie Suhrkamp gelingen könnte, das Verlagsschiff durch die kommenden Zeitstürme zu steuern.

»Ich habe mich im letzten Moment gegen die Übernahme des S. Fischer Verlages gewehrt, weil ich überzeugt war, ich könnte das überhaupt nicht, und habe mich nur durch eine Gruppe von Angestellten und Schriftstellern und durch die Familie S. Fischer selbst hineinnötigen lassen.« (Aus: Interview mit Joachim Kaiser, 1956)

Die Entscheidung, eine so wesentliche Aufgabe im S. Fischer Verlag zu übernehmen, ja, Verleger zu werden, war wesentlich von Person und Erscheinung Samuel Fischers bestimmt. Manfred Hausmann hatte Suhrkamp mit Samuel Fischer bekannt gemacht: »Und die beiden, der jüdische Verleger, der eine untrügliche Witterung für die kommende Literatur besaß, und der grüblerische, eigenwillige Bauernsproß aus dem Oldenburgischen, fanden, wie ich es gehofft hatte, Gefallen aneinander.« (›Im Spiegel der Erinnerung‹, Neukirchen 1974)

Karl Korn, von 1937/38 an zwei Jahre verantwortlicher Schriftleiter der ›Neuen Rundschau‹, berichtet:

»1932 holte ihn (Suhrkamp) der weitblickende geniale alte Samuel Fischer in den an Ansehen und geistiger Geltung damals ersten Verlag, in den S. Fischer Verlag in der Berliner Bülowstraße. Suhrkamp, damals 41jährig, ... Ob der alte S. Fischer, der 1934 starb, geahnt hat, was seinem Lebenswerk bevorstand,

Samuel Fischer

als er Peter Suhrkamp in sein Haus holte, wer vermöchte das zu sagen. Seine Wahl stand jedenfalls, wie jeder, der die Entwicklung der Dinge in Deutschland mitgemacht hat, weiß, unter einem Glücksstern. Suhrkamp, ein Mann von hoher literarischer Bildung, der gleichzeitig genug Erfahrung mit der Bühne, mit Verlagen und Zeitungen, mit der Kritik und nicht zuletzt im Umgang mit Literaten und Künstlern besaß, wurde im Jahre 1933/34 der Mann, dem die Rettung des Erbes S. Fischer geradezu vom Schicksal vorbestimmt schien.« (In memoriam Peter Suhrkamp, 1959)

Jeder, der länger mit Peter Suhrkamp zusammen war, weiß, wie sehr Samuel Fischer Vorbild für Peter Suhrkamp war; er hat immer wieder von ihm erzählt, der »alte Sami« zählte zu den Grundfiguren der Suhrkampschen Erfahrung.

Ich hatte das große Glück, in seinen letzten Lebensjahren neben S. Fischer arbeiten zu dürfen.

»Ich hatte das große Glück, in seinen letzten Lebensjahren neben S. Fischer arbeiten zu dürfen. Die Begegnung mit ihm war in jeder Beziehung merkwürdig. Das Verlagshaus, ein Haus in einem Garten an der Bülowstraße, war unmodern, sogar etwas altmodisch. Altmodisch und eng war auch sein Büro, besser sagte man wohl: sein Kontor. Von seinem einfachen alten Schreibtisch her wandte ein kleiner Herr einem ein stilles, kluges Gesicht mit aufmerksamen hellblauen Augen zu. Was man zuerst spürte, war Schlichtheit und Zurückhaltung. Im Gespräch konnte er von einer leisen, bezaubernden Geistesanmut sein. Oft war seine einzige Äußerung ein stilles In-sich-Hineinlächeln. Allem Gewöhnlichen gegenüber war er von einer rührenden Hilflosigkeit. Er war ein einsamer Mensch. Wenn man ihm ein eben fertig gewordenes Buch vorlegte, nahm er es in die Hand, sah es zuerst außen von allen Seiten an, schlug es dann auf, blätterte darin, wog es in der Hand und legte es wieder vor sich auf den Tisch, nahm es nochmals auf, und dann konnte es sein, daß ein Lächeln über sein Gesicht ging. Im nächsten Moment machte er eine skeptische Bemerkung.« (Aus einem unveröffentlichten Manuskript, 1946)

In vieler Hinsicht hat Peter Suhrkamp das Erbe von Samuel Fischer übernommen. Er ist für ihn eingetreten, für den Verlag, für die ›Neue Rundschau‹, und auch für Samuel Fischer persönlich.

»Ich habe es in Berlin 1933 auf '34 erlebt, wie Peter Suhrkamp abendliche Verabredungen plötzlich absagte, weil er durch Mittelsleute, die dem Verlag wohlwollten, gerade noch rechtzeitig erfuhr, daß in der bevorstehenden Nacht wieder mal eine Haussuchung (genannt Heimsuchung) der SS in der Grunewald-Villa der Familie Fischer vorgesehen war. Peter Suhrkamp nahm dann seinen Pyjama und Zahnbürste in die Aktentasche, sonst nichts – nicht einmal einen Revolver – und begab sich zum alten Sami Fischer in dessen Villa, wo er dann die Tür öffnete, sobald nach Mitternacht daran gepoltert wurde. Es ist Peter Suhrkamp jedesmal gelungen, kraft der Ausstrahlung seiner absolut furchtlosen Persönlichkeit eine Plünderung der Villa seitens der SS-Männer abzuwenden.« (Brief von Erika Werckmeister vom 16. Oktober 1967)

Bertolt Brecht, mit dem Suhrkamp in Verbindung ist, verläßt Deutschland. »Sie waren einer der letzten«, schreibt Brecht später, »die ich in B. sah – ging ich doch von Ihrer Wohnung an die Bahn am Tag nach dem Reichstagsbrand; ich habe Ihnen Ihre Hilfe bei meiner Flucht nicht vergessen.« (Brecht an Suhrkamp, Oktober 1945)

Auf die Vorgänge beim Reichstagsbrand und bei den Reichstagswahlen vom 5. März, bei der die Nationalsozialisten 44 % aller abgegebenen Stimmen erhielten, nahm Suhrkamp mit einem Beitrag ›März 33‹ in der ›Neuen Rundschau‹ Stellung. Dies ganz in Suhrkamps eigener Art, er will sich nicht damit beschäftigen, was politisch dazu zu sagen wäre, sondern herausfinden, »was für den einzelnen Menschen geschehen ist«: »Und fast die Hälfte der Menschen in Deutschland steht vor diesen so ratlos wie vor jenen. Diese Unsicherheit macht sie jeden Tag stutzig vor Taten, die zu beurteilen sie sich im Gewissen unfähig fühlen ... Jetzt gilt es, seiner Trägheit Herr zu werden und auch seiner Furchtsamkeit.«
Dolf Sternberger schreibt später zu diesem Beitrag: »Man muß bedenken, daß der Reichstagsbrand vom 27. Februar mit der ihm folgenden gewaltigen Propagandawelle sowie der in solcher Schärfe in Deutschland unbekannte Propagandafeldzug für die Wahl der NSDAP dazu beitragen, viele zu verwirren, und es scheint aus dem Artikel Suhrkamps eine ›Vereinsamung vor dem Kollektiv‹ hervorzugehen, die sich aus zahlreichen weiteren Beiträgen des Jahres 1933 erhellt.«

Peter Suhrkamp war der häufigste Mitarbeiter seiner Zeitschrift. Er veröffentlichte von 1933 bis 1943 insgesamt 45 Beiträge mit einem Umfang von 291 Seiten. Falk Schwarz hat in seiner Dokumentation »Literarisches Zeitgespräch im Dritten Reich, dargestellt an der Zeitschrift ›Neue Rundschau‹« die Kommunikationsbreite der ›Neuen Rundschau‹, ihre Aufgabe und Wirkung dargestellt und Suhrkamps Tätigkeit »als Beweis für die These angesehen, daß es möglich war, den Gesinnungsterror der Nationalsozialisten geschickt und erfolgreich zu unterlaufen«.

Falk Schwarz verzeichnet folgende Beiträge Suhrkamps in der ›Neuen Rundschau‹:

Betrachtungen und Kritik zur Zeit – 19 Beiträge
Porträts von Schriftstellern – 10 Beiträge
Buchbesprechungen – 7 Beiträge
Erzählungen – 4 Beiträge
Literarische Essays – 3 Beiträge
Hier die Titel einiger Veröffentlichungen von Peter Suhrkamp in der ›Neuen Rundschau‹:
Söhne ohne Vater und Lehrer. 1932
Gespräch nach zwanzig Jahren. 1933
März 1933. 1933
Max Reinhardt. 1933
Wirklichkeit. Einige Feststellungen über Dichtungen. 1934
Der Besuch. 1934
Knut Hamsun. 1934
Anmerkungen über die Landschaft in der Dichtung. 1934
Über den Leser. 1934
Schneebruch. 1936
Jugenderinnerungen. 1937
Über das Verhalten in der Gefahr. 1939
Am Grabe Oskar Loerkes. 1941
Von der Unzerstörbarkeit des Menschen. 1942
Der Zuschauer. 1942-43
Tagebuch des Zuschauers. 1943

Nach dem Tode des Verlagsgründers Samuel Fischer am 15. 10. 1934 war ich mit dem Schwiegersohn von S. Fischer, Herrn Dr. Bermann Fischer, das einzige Vorstandsmitglied des Verlages.

Die Verlagsarbeit lief zunächst fast unbehelligt. 1933 erscheinen 47 Titel, darunter ›Die Geschichten Jaakobs‹, der erste Teil der Joseph-Trilogie von Thomas Mann, der, auf einer Auslandsreise befindlich, schon nicht mehr zur Rückkehr nach Deutschland entschlossen war.
1934 erscheinen 38 neue Titel, darunter der zweite Teil der Joseph-Trilogie, ›Der junge Joseph‹, Hugo von Hofmannsthals ›Gesammelte Werke‹, Mechthilde Lichnowskys Roman ›Die Kindheit‹ und Annette Kolbs Roman ›Die Schaukel‹ mit der berühmten Fußnote (»Wie dem auch sei: wir sind heute in Deutschland eine kleine Schar von Christen, die sich ihrer Dankesschuld gegenüber dem Judentum bewußt bleibt«), deren Streichung, die Annette Kolb selbst für die 6. Auflage vorgeschlagen hatte, die Emigrantenpresse gegen den S. Fischer Verlag auf den Plan rief.

1934 erscheint die romantische Erzählung ›Kleiner Erdenwurm‹ von Ernst Penzoldt. Es ist Penzoldts erstes Buch im S. Fischer Verlag, Suhrkamp hatte den Erzählungsanfang im Mai 1933 in der ›Neuen Rundschau‹ vorabgedruckt.
Ernst Penzoldt und Suhrkamp hatten sich in einem privaten Kreis 1932 kennengelernt, bei der Penzoldt aus dem ›Kleinen Erdenwurm‹ vorlas.
Ernst Penzoldt:

»Als ich diesem ungewöhnlichen Menschen zum ersten Mal begegnete, kannte ich nur seinen Namen als Schriftleiter einer Zeitschrift. Ich las bei einem gemeinsamen Bekannten aus Eigenem vor und Peter Suhrkamp hörte zu. Zuhörenkönnen ist wichtig. Er gefiel mir – denn ich gebe viel auf Gesichter – besonders durch seine Augen, die etwas von der Eigenschaft mancher Sterne haben, ein Glitzern nämlich, das wechselt ...

Ernst Penzoldt um 1932

Der angehende Verleger und der angehende Schriftsteller, der Oldenburger Bauernsohn und der Erlanger Arztsohn, der norddeutsche und der süddeutsche Mensch, der Überlegte und der Unüberlegte, beide allein schon hinsichtlich ihrer Nasen grundverschieden, wurden nicht sofort, sondern ganz allmählich mit den Jahren Freunde ... Ich kann mir kein schöneres Verhältnis zwischen Verleger und Autor denken ...« (Börsenblatt, 22. 3. 1951)

Peter Suhrkamp 1940:

»Schon bevor er las und ehe er überhaupt sprach, wirkte er wie ein Fremdling, wie ein Mensch aus einer anderen Welt. Das Gesicht allein – schmal und lang, mit vorspringenden Knochen und flach gehöhlten Wangenschalen, einer höckerigen Hakennase und einer gespannten, von Falten gefurchten Stirn mit kastanienbraunem Haargewirr als Zier darüber, einem Mund von genauer Zeichnung und brennenden Augen – bot eine ausgeprägte Physiognomie, wie es sie heute selten mehr gibt. Die lange hagere Gestalt mit der leichten Neigung vornüber und der Ringschmuck an den langen knochigen Fingern vervollständigten das Bild.«

Annemarie Suhrkamp

12. 9. 1935 Dritte Ehe. Suhrkamp heiratet Annemarie Seidel, geschiedene Hoboken. Annemarie Seidel, »Mirl«, die Schwester Ina Seidels, eine gefeierte Schauspielerin Ende der zwanziger und Anfang der dreißiger Jahre in München und Berlin, war mit Carl Zuckmayer befreundet und hatte den Musikforscher Van Hoboken geheiratet.
Bei der Suhrkampschen Hochzeitsfeier war Ernst Penzoldt anwesend. Dieser erzählte so viel von Krankheiten, daß Suhrkamp, um ihn zu bremsen, bat, er möchte seine Erfahrungen aufzeichnen; aus dieser Anregung entstand die Aufzeichnung ›Der dankbare Patient‹, die 1937 erschien.
1935 erschienen im S. Fischer Verlag 36 neue Titel, darunter die Autoren Joseph Conrad, Gerhart Hauptmann, Hermann Hesse, Oskar Loerke (›Das unsichtbare Reich‹), noch einmal Thomas Mann (›Leiden und Größe der Meister‹) und Bernard Shaw (mit den Übersetzungen des »Juden« Siegfried Trebitsch).

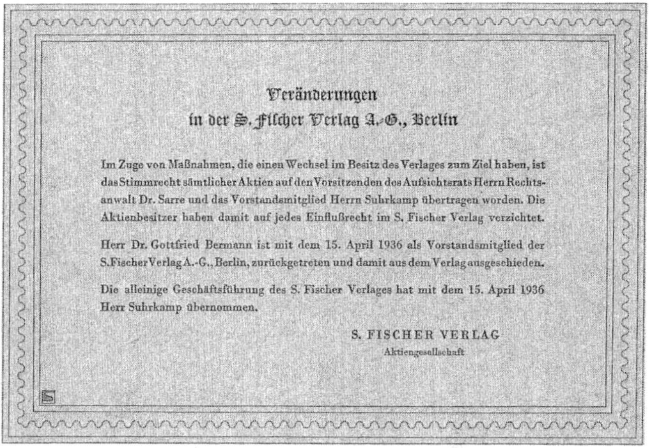

Veränderungen
in der S. Fischer Verlag A.-G., Berlin

Im Zuge von Maßnahmen, die einen Wechsel im Besitz des Verlages zum Ziel haben, ist das Stimmrecht sämtlicher Aktien auf den Vorsitzenden des Aufsichtsrats Herrn Rechtsanwalt Dr. Sarre und das Vorstandsmitglied Herrn Suhrkamp übertragen worden. Die Aktienbesitzer haben damit auf jedes Einflußrecht im S. Fischer Verlag verzichtet.

Herr Dr. Gottfried Bermann ist mit dem 15. April 1936 als Vorstandsmitglied der S. Fischer Verlag A.-G., Berlin, zurückgetreten und damit aus dem Verlag ausgeschieden.

Die alleinige Geschäftsführung des S. Fischer Verlages hat mit dem 15. April 1936 Herr Suhrkamp übernommen.

S. FISCHER VERLAG
Aktiengesellschaft

Börsenblattanzeige vom 28. 5. 1936

»Mein Beruf – dieser schöne Verlegerberuf – brachte es mit sich, daß ich vielen hervorragenden und berühmten Zeitgenossen begegnet bin und daß ich mit ihnen zu tun hatte. Zwei von diesen Begegnungen gehören zu den stärksten Eindrücken meines Lebens: die mit Gerhart Hauptmann und die mit Hermann Hesse.« (1947 zum 70. Geburtstag von Hermann Hesse; in »Der Leser«, Frankfurt 1960)

Von Anfang 1936 an leitete ich den Verlag allein.

Als die NSDAP über Strohmänner die Aktien der S. Fischer Verlag AG zu erwerben trachtete, entschloß sich Suhrkamp auf Drängen von Autoren und Angestellten, den Verlag zu kaufen. Suhrkamp gründete eine Kommanditgesellschaft, die der Familie S. Fischer die vereinbarte Kaufsumme ausbezahlte. Suhrkamp sorgte für einen Geldtransfer nach der Schweiz, für die Übergabe von Autorenrechten und eines er-

Hermann Hesse um 1934

heblichen Buchlagers an Bermann Fischer, der am 1. Mai 1936 unter der Firma Bermann-Fischer Verlag GmbH Wien einen neuen Verlag eröffnete.

Den Vorgang der Verlagsübernahme berichtet Gottfried Bermann Fischer an Hermann Hesse 25. 4. 1936:

»In diesem Zusammenhang muß ich etwas über Suhrkamp sagen. S. hat sich in meiner Angelegenheit und der der Familie sowie des Verlages über alle Maßen bewährt. Es gibt gar keine Worte dafür, mit welchem persönlichen Mut er sich für uns eingesetzt hat. Ich habe ihm zu verdanken, daß die Abwicklung dieser Loslösung von Deutschland in einer einigermaßen erträglichen Weise erfolgte. In der heutigen Zeit ist diese Treue und Kameradschaft bis zum Letzten unter diesen in Deutschland herrschenden Zuständen eine solche Rarität, daß sie gar nicht hoch genug eingeschätzt werden kann. Er hat nun die schwere Aufgabe übernommen, den Verlag weiterzuführen, vorläufig bis zum Verkauf, und dann unter dem neuen Besitzer, solange es eben geht. Ich beneide ihn nicht darum.«

Kurz nach diesem Brief im August des Jahres 1936 begegneten sich Hermann Hesse und Peter Suhrkamp zum ersten Mal in Bad Eilsen. Hesse berichtet über die erste Begegnung:

»Wir haben uns ja erst zwei oder drei Jahre vor dem Beginn des Zweiten Weltkrieges, bei meinem letzten kurzen Aufenthalt in Deutschland, persönlich kennengelernt und befreundet. Ich sah Dich damals in zwar gefährdeter, aber noch relativ glänzender Lage, als ritterlich opferbereiten und kampfesbereiten Nachfolger und Statthalter des lieben alten S. Fischer, und es war zwischen uns, obwohl wir über das Kommende ähnlich dachten, noch nicht die Rede von den bittern Kämpfen und Opfern, in welche Deine vielleicht allzu ritterliche Treue Dich führen würde. Immerhin warst Du auch damals schon ein Partisane des Widerstandes gegen die damals herrschenden Methoden und Ideologien des Terrors, und es muß mir irgendein Vorgeschmack, eine Ahnung der auf Dich wartenden Prüfungen und Leiden spürbar geworden sein, denn in meiner Empfindung für Dich war schon bei jener ersten, schönen Begegnung in Bad Eilsen etwas wie Bangigkeit und Mitleid.*

Die Buchproduktion in Berlin geht weiter, wenn auch von Jahr zu Jahr unter erschwerten Umständen: 32 Neuerscheinungen 1936 und 27 im Jahr 1937.
1937 erscheint die ›Ballade vom Wandersmann‹ von Rudolf Alexander Schröder, Schröders erstes Buch im S. Fischer Verlag.

Peter Suhrkamp berichtet: »Wir haben uns – sehr spät! – erst 1935 zum ersten Mal getroffen. Rudolf Alexander Schröder hatte vorher durch seinen Neffen Peter Vogt bei mir anfragen lassen, ob ich ihn einmal empfangen würde ... Von Otto Julius Bierbaums ›Irrgarten der Liebe‹, das wir als Seminaristen in Rokoko-Manier in der Tasche trugen, und im ›Brettl-Buch‹ von Hans von Wolzogen, das unserer Jugend auch gut

* Diese und weitere Begegnungen Hesses mit Suhrkamp sind ausführlich dargelegt in dem von Siegfried Unseld herausgegebenen ›Hermann Hesse/Peter Suhrkamp, Briefwechsel 1945 bis 1959‹, Frankfurt am Main 1969.

Rudolf Alexander Schröder
um 1935

stand, waren schlagend freche Verse von Schröder. Und 1912 war ein Bändchen der Insel-Bücherei ›Deutsche Oden‹ von Rudolf Alexander Schröder in vielen Händen. Schröder! – damit hatte im benachbarten Bremen eine andere Welt begonnen, die nach München, Wien und Paris wies, wie weit ab, unerreichbar lag das damals noch für uns Seminaristen vom flachen Land! … Als Schröder Ende 1935, von seinem Neffen angekündigt, dann wirklich bei mir eintrat, war es ein anderer, als der erwartete: es erschien durchaus kein Elégant, seine Züge von einem herzlichen Lächeln beglänzt, ohne jede Pose, das ganze Wesen gütige Bonhomie … Die erste neue Dichtung, die ich von ihm veröffentlichen durfte, war die ›Ballade vom Wandersmann‹, die damals entstand. Der Dichter als Wandersmann, der menschlich auch die Wege aller anderen zu gehen hat, in Kummer, Not und Schuld, in Verstrikkung, Stumpfheit und Versagen: das Bild hat sich mir seitdem immer deutlicher aus Schröders dichterischem Werk abgelöst.« (Rundfunkvortrag 1953)

R. A. Schröder hat eine frühere Begegnung geschildert:

»Ich habe Peter Suhrkamps Bekanntschaft gemacht, als ich im letzten Jahr der Weimarer Republik in Angelegenheiten eines Freundes mit dem Verlag zu tun hatte. Unvergeßlich das stille, klare Gesicht, die Kraft des wie hinter Schleiern hervorblickenden Auges, die eigentümliche Ironie des – wie soll ich es anders ausdrücken? – in einer verborgenen Tiefe sich selbst anzweifelnden Lächelns. Gerade sie hat mich damals nicht ahnen lassen, daß der jugendlich straffe Vierziger zu denen gehöre, die meine eigenen Arbeiten kannten und billigten, erst recht nicht, daß es nur noch einiger weniger Jahre bedürfen werde, um zwischen uns das Verhältnis auf Gedeih und Verderb zu stiften, das zwischen Verleger und Autor und weit darüber hinaus zwischen Freund und Freund besteht.«

1938 erscheinen 20 Neuerscheinungen, darunter das von Suhrkamp herausgegebene ›Buch der Erzählungen. Bücher unerwünschter Autoren‹, ›Das blaue Band‹ von Bernhard Kellermann, ›Mein Anteil‹, Gedichte von Max Kommerell, und ›Strahlenheim‹ von Alexander Lernet-Holenia.
1939 erscheinen 22 Neuerscheinungen, u. a. von Otto Flake, Carl Haensel, Gerhart Hauptmann, Wolf von Niebelschütz.
Im Jahr 1940 erscheinen 17 Neuerscheinungen, 1941 10 Neuerscheinungen und 1942 14 Neuerscheinungen.
In all diesen Jahren gibt es im Programm des Verlages kein Beispiel einer Anpassung an das NS-Regime, im Gegenteil, Suhrkamp lehnte Aufträge in dieser Richtung ab, und er brachte Bücher heraus, die in deutlichem Gegensatz zu den erklärten Absichten der Nazi-Behörden standen. Verhandlungen mit diesen Behörden führte Suhrkamp stets selber. Im Ministerium begegnen ihm die Referenten, wie Suhrkamps Sekretärin Anne Mörike berichtet, mit einer Mischung aus Hochachtung und Skepsis. Seine hohe Tapferkeitsauszeichnung als Offizier im Ersten Weltkrieg, seine ritterliche Gestalt, sein konservatives Herkommen machten auf die Nazi-Behörden durchaus Eindruck. »Er war so sehr ›bestes

Deutschland‹«, schrieb Albrecht Goes, von dem Suhrkamp 1940 noch den Gedichtband ›Der Nachbar‹ herausbringt. Deshalb konnte Suhrkamp es wagen, immer wieder auf mißliebige oder unerwünschte Autoren hinzuweisen. Im Dezember-Heft der ›Neuen Rundschau‹ von 1940 nennt Suhrkamp bedeutende Autoren der Zeit: »Es gibt heute einige Autoren von so rangvoller Kunst, die wieder imstande sind, in der Magie der Sprache Wirklichkeit entstehen zu lassen, die unirdisch/irdisch ist; und wenn nicht Planeten, so doch Länder in einer Welt der Kunst beschwören: Ich nenne nur Hermann Hesse, Ernst Jünger und Hans Carossa; und ich glaube, daß das Dasein und die Bemühung des einen von ihnen den anderen antreibt. Solches Wetteifern ist ein stolzer Besitz unserer Zeit.«

1939 Lektorentagung auf Usedom:

»Am 24. August 1939, also kurz vor Kriegsausbruch, hatte das Propagandaministerium in ein Ostseebad auf Usedom eine Lektorentagung einberufen. Diese Tagung, wiewohl dank der persönlichen Integrität des Tagungsleiters, der diesem Ministerium nicht angehörte, auf faire Weise durchgeführt, war nicht ohne Hintergedanken zustandegekommen. Einer der Initiatoren sagte das in kleinem Kreise offen: die großen Verlage, offiziell gleichgeschaltet, kenne man zwar, aber wie es sich mit denen, die die eigentliche Arbeit täten, von denen die Planungen ausgingen, mit den ›anonymen Generalstabsoffizieren‹, eben den Lektoren verhielte, das wolle man erfahren. Die Tagung fand in merkwürdiger Atmosphäre statt. Das Bad war kaum noch besucht, wir waren in dem großen Hotel fast allein, die politischen Meldungen jagten sich, immer wieder wurde einer der ministeriellen Beobachter zu Staatsgesprächen ans Telefon gerufen. Meist kamen sie wortlos zurück, nur an ihren Mienen konnte man zu lesen versuchen, wie es stand. Einmal, als wir die Rundfunkmeldungen hörten, sagte einer von ihnen, jetzt würde es ernst. Er kenne das Vokabular, das sei nicht mehr die übliche Propaganda, das seien andere Töne. Die Tagung wurde dann vorzeitig abgebrochen, mit einem der letzten Züge, wenn nicht gar mit dem letzten regulären, fuhren wir heim.
Inmitten solcher Atmosphäre diskutierten wir über literarische

und verlegerische Fragen. Am ersten Abend wurde jeder aufgefordert – damit man sich kennenlerne –, seinen Lebenslauf zu erzählen und vor allem zu sagen, wie er zur Verlagsarbeit gekommen sei. Es zeigte sich, daß kaum einer auf geradem Wege zu seinem Beruf gefunden hatte, die Lebensläufe waren recht bunt. Als Peter Suhrkamp an der Reihe war, berichtete er ruhig, zunächst fast trocken von seiner bäuerlichen Herkunft, seinen pädagogischen Versuchen, seiner Theaterarbeit, seiner journalistischen Tätigkeit, dann fiel, und dabei ging es wie ein elektrischer Schlag durch die Zuhörer, der Name Samuel Fischer. Und nun zeichnete er – in dieser Umgebung, in dieser Atmosphäre – unbeirrt, ruhig, mit einigen sicheren Strichen das Bild des von ihm verehrten Menschen und großen Verlegers Samuel Fischer, stattete ihm seinen Dank ab und fuhr dann ebenso ruhig und selbstverständlich von seiner eigenen treuhänderischen Arbeit, die er soweit möglich im Geist Fischers weitertue, zu erzählen fort.
Keiner sagte ein Wort, jeder, auch die offiziellen Herren, war bezwungen von dieser Noblesse, Ehrlichkeit, inneren Freiheit – ein unbeirrbarer, unbeugsamer, aufrechter Mensch. Mut? Suhrkamp hätte das Wort mit einer verächtlichen Handbewegung abgewiesen. Ihm war, was er da sagte, selbstverständlich.« (Herbert G. Göpfert an Siegfried Unseld 15. 4. 1959)

1940 erscheint ›Deutscher Geist. Ein Lesebuch aus zwei Jahrhunderten‹, herausgegeben von Peter Suhrkamp und Oskar Loerke. Die Einleitung schrieb Oskar Loerke, die zahlreichen, den Beiträgen vorangesetzten Biographien Peter Suhrkamp. Das Lesebuch gilt als »eine Bastion gegen den Gedanken der Versklavung«, als ein »Buch des Widerstands«. Thomas Mann sieht in ihm »ein reiches, edles Werk, ein wahres Füllhorn schön gebildeten Geistes und ein Besitz ersten Ranges«.

Aus Oskar Loerkes Einleitung zur ersten Ausgabe 1940:

»Mit diesen beiden Bänden möchten wir den Lesern eine Arbeit abnehmen und sie zu einer anderen anregen. Was ihnen erspart bleiben soll, steckt in unserer Vorbereitung der vorliegenden Auswahl: wir haben eine recht stattliche Bücherei sorgfältig gele-

Bad Gastein, 1941

sen und wieder gelesen, eine andere, soweit es notwendig war, geprüft, eine dritte durchgeblättert. Wozu wir aber einladen, das ist eine freudige, zuweilen fröhliche Mühsal: nämlich mancher wird der Erinnerung, die das wiedergedruckte Stück weckt, weiter folgen; Neugier, Wissensdurst, Befriedigung am gut Gedachten und triftig Ausgedrückten werden viele andere aus diesen Büchern hinausführen in die weite Geisteswelt, aus der die trotz ihres Umfanges engen Bände kamen.

In solcherlei Austausch von Gabe und Verlangen, Sehnsucht und Erfüllung, in solchem Hin- und Widerschreiten vom Teil ins Ganze und vom Ganzen in den Teil, in der Vereinigung längst gelebten und künftigen Lebens zur Gegenwart, in dem Wechsel der Künste und Wissenschaften über ihre vielen offenen Grenzen hinweg behält die Sammlung selbst etwas von der ätherischen Form des göttlichen und menschlichen Anhauchs, welche, nach der Anschauung großer Denker, das Dasein ist. Die Auswahl ist, sowenig sie als Zusammenstellung vollständig sein kann, weit mehr als jede spezielle Anthologie, abhängig von dem, was sie nicht zeigt, sie darf am Ende mit keinerlei Sonderauslese überhaupt verglichen werden.

Denn es fehlt ihr der Ehrgeiz, die besten Leistungen aus der Arbeit irgendeiner Zunft zusammenzutragen, sie trachtet die menschlichen Tätigkeiten nicht nach ihren Ähnlichkeiten und Unähnlichkeiten zu unterscheiden oder gar zu werten. Es gibt neben dem Fügen und Trennen, Häufen, Verwerfen und Ordnen ja noch die glückhafte Lebensart des bloßen Aufnehmens, die dankbare Art des Weltbewohnens, vor der alles rein und trefflich Ausgeführte gleichen Ranges ist.

Wer bereit ist, wird hier frei angesprochen, wie er es gern hat. Er erfährt als Laie das Wissenswerte, weil er nicht die lange Bahn bis zu den Bänken der Hörsäle zu beschreiten hat, sondern nur auf Verstand und guten Willen, allenfalls auch auf Herz und Nieren geprüft wird. Er hört den Künstler sich deutlich und vernehmlich machen, ohne selbst ein Künstler zu sein, er darf hinter dem Feldherrn in dessen Geländekarten blicken, er darf mit dem großen Geographen gleichsam den Erdball in Händen wägen, er darf sich für eine Weile die Methoden des Physikers, Chemikers, Zoologen, Entomologen sogar, des Sprachforschers, Mediziners und Juristen zu eigen machen; der Volkswirt, Historiker, Ästhetiker, Psychologe und Musiker teilen ihm mit aus der Fülle, nicht aus den Abfällen; er darf sich unter die Weisen mischen, die Schaffenskraft und Samen des Weltalls zu durchdringen suchen,

und er ist bei ihnen nicht nur gern geduldet, sondern er wird ein Gefühl empfangen, als wäre gerade er erwartet worden und sollte angesprochen werden.
Die persönliche Ansprache ist eine der auszeichnenden Eigenschaften an den Aufsätzen dieser Bücher, auch dort, wo es sich um einsame Niederschriften handeln mag. Die Sprechenden waren ihren Mitmenschen nahe, als sie das niemals ganz ungesellige Wort bildeten.«

»Die Redaktion der ersten Ausgabe war im Sommer 1939 abgeschlossen. Als im Herbst des gleichen Jahres der Feldzug gegen Polen und damit der zweite Weltkrieg eröffnet wurde, befand sich das Lesebuch im ersten Druck. Die Veröffentlichung erfolgte im Frühjahr 1940. Ein Jahr später starb Oskar Loerke, die Jahre des Unheils hatten seinem Herzen zu viel ›bitteren Wermut‹ geboten. Es war geglückt, die Vorbereitungen des Lesebuches vor den Aufsichtsbehörden geheim zu halten; als es einmal da war und sogleich sein heimliches Leben zu entfalten begonnen hatte, wurde dem Buchhandel vom Ministerium bedeutet, es sei nicht herauszustellen; aber es konnte nicht mehr unterdrückt werden. Der dritte und letzte Neudruck, der erste in Antiquaschrift, wurde Anfang Dezember 1943 bei einem Bombenangriff in Leipzig zerstört.« (Aus Suhrkamps Vorwort zur Ausgabe 1953)

1941 erscheint die Erzählung ›Die gläsernen Ringe‹ von Luise Rinser. Luise Rinser hatte im Oktober 1938 Manuskripte an die ›Neue Rundschau‹ geschickt, Suhrkamp schrieb ihr am 31. Oktober 1938, sie möchte weitere Arbeiten einsenden. Im Frühjahr 1939 trafen sich Luise Rinser und Peter Suhrkamp in Berlin. »Ich habe nicht vergessen, was Du mir über mich gesagt hast, Du kanntest mich gut, so wie ich damals war, und auch ich habe Dich gekannt in Deiner geradlinigen Noblesse, Deiner Verletzlichkeit, Deiner Lust an der subtilen Ironie, Deinem großartigen aber oft blind verbohrten Eigensinn, Deinem Hang zu Selbstquälerei und Selbstmitleid, Deinem bäuerlich-aristokratischen Stolz, Deiner Scheu, Deiner skurrilen Hypochondrie, Deinem Charme, Deiner Verschwiegenheit und Einsamkeit. An jenem Abend hast Du mir vieles von Dir gesagt und mehr noch mich erraten lassen und ich bewahre alles in meinem Herzen.« (Aus: In memoriam Peter Suhrkamp, 1959)

Wie Suhrkamp die politischen Verhältnisse beurteilte, beweist ein Brief an Carl Zuckmayer vom 12. Oktober 1939. Suhrkamp war seit seinen Darmstädter Dramaturgentagen mit Zuckmayer befreundet, und die Freundschaft hatte sich durch Zuckmayers Beziehung zu Annemarie Seidel vertieft. Der Brief an Zuckmayer kam aus Amsterdam, und Suhrkamp konnte sich deshalb unumwunden äußern.

»Lieber Carl,
ich bin für drei Tage hier und benutze den Aufenthalt, um Dir zu schreiben. Dieser Krieg ist in keiner Weise mit 1914 zu vergleichen. Alle Welt lebt im Dunkeln, nicht nur nachts. Man weiß gerade, was in der eigenen Nachbarschaft vorgeht. Wartet und wartet auf irgendein Ereignis, das man nicht kennt und von dem man keine Vorstellung hat; macht sich Gedanken, um festzustellen, daß alle Gedanken falsch sind. Die Menschen sind blaß und in-sich-gekehrt. Dann wieder sitzen sie und wiederholen einander das letzte Propagandawort. Die täglichen Sorgen sind wie Ameisen. Die Beschränkungen vergrößern die Bedürfnisse ...
Ich selbst bin natürlich vom Verlag gefressen, der jetzt besonders schwer zu steuern ist. Außerdem kann ich damit rechnen, daß ich noch eingezogen werde. Persönlich wäre mir das nicht unangenehm. Auf den Tod bin ich seit einigen Jahren eingestellt und ich möchte am Ende lieber in der Armee stehen – Du wirst verstehen, weshalb. Das wäre noch ein Ende, bei dem man sauber bleiben kann. Denn das Ende mit Kommunismus liegt mir nicht, und ich glaube, daß dies die andere

Oskar Loerke

Alternative sein wird: das Geschenk der Russen an uns. Aber ich darf Mirls wegen doch nichts dazu tun, daß ich wegkomme. Sie hält sich ganz großartig; aber sie ist doch eigentlich solchen Zeiten nicht gewachsen. Ich mache mir große Sorgen ihretwegen. Daß sie sich von innen her verzehrt.«

Oskar Loerke, seit 1917 Lektor des S. Fischer Verlages, engster literarischer Berater und Freund Suhrkamps, stirbt am 24. Februar 1941.

Aus Suhrkamps Rede am Grabe Oskar Loerkes:

»›Größeres wolltest auch du, aber die Liebe zwingt
All uns nieder, das Leid beugt gewaltiger,
Und es kehret umsonst nicht
Unser Bogen, woher er kommt.‹

Diese Strophe Hölderlins kam mir in den Sinn, als mir die Nachricht durchgegeben wurde, daß der Freund, der Gefährte, der Helfer nicht mehr sei. Denn das alles war mir Oskar Loerke. Schon in der ersten Bestürzung meldete sich bald

Hermann Kasack

das Gefühl, daß nicht er der zu Beklagende sei, sondern wir, die wir nun unseren Weg weiter ohne ihn finden müssen. Und wenn ich das sage, denke ich gewiß auch an den unvergleichlichen Dichter und ehrfürchtigen Essayisten, gewiß auch an den Lektor des Verlages; seine prüfend-hegende und fördernde Arbeit, aber recht eigentlich gilt dieses Gefühl einem ganz seltenen Menschen.«

Nachfolger Oskar Loerkes wurde Hermann Kasack.

Suhrkamp berichtet, wie er im Frühjahr 1941 Kasack das Verlagslektorat antrug.
»Als ich Hermann Kasack im Frühjahr 1941 nach dem Tod von Oskar Loerke dessen Stellung im Verlagslektorat antrug, nahm er zu meiner Verwunderung den Antrag sehr zögernd auf. Wir waren uns vorher kaum begegnet. Als Lyriker war er mir seit 1920 eine bestimmt umrissen eingeprägte Vorstellung. In den ersten Jahren nach dem Krieg prägten sich die neu auftretenden Dichter meinem Gedächtnis unverlierbar

ein. Mein Bild von Kasack hatte darüber hinaus durch gelegentliche impulsive Freundschaftsbezeugungen Loerkes auch etliche persönliche Züge erhalten. So wußte ich von Tochter und Sohn, und daß Maria, Kasacks Frau, als Heilgymnastikerin hart arbeitete, damit die Familie ihr Auskommen hatte. Nach 1933 aus dem Berliner Rundfunk entlassen, war er selbst seit Jahren ohne Stellung und auch ohne eine Möglichkeit, seine Arbeiten zu veröffentlichen. In der ›Neuen Rundschau‹ hatte ich im Februar 1941, noch zu Lebzeiten Loerkes, den großen Essay ›Das Chinesische in der Kunst‹ herausgebracht, das war seit langem, außer einem Zyklus Maskengedichte, ebenfalls in der ›Neuen Rundschau‹, das einzige, was von ihm erschien. So hatte ich erwartet, die Mitarbeit im Verlag, zumal als Nachfolger des Freundes, müßte ihm willkommen sein.
Unser Gespräch fand im Arbeitszimmer Kasacks im ersten Stock des väterlichen Hauses zu Potsdam statt; das Erdgeschoß bewohnte damals noch seine Mutter. Wir saßen miteinander am Schreibtisch, der zwischen zwei Fenster gerückt war. Es war das Studier- und Arbeitszimmer eines Privatgelehrten, jedoch nicht düster oder grau, sondern biedermeierlich hell, das Frühlingslicht des Nachmittags in Gläsern und Möbeln, in kleinen Gefäßen, Schälchen und Gegenständen spiegelnd. Ich kann nicht sagen, woher mir die Impression von späten Arbeitsnächten in dieser Stube kam. Vielleicht war es die auffällige Stille, das Schweigen, das die Atmosphäre bestimmte. Vielleicht ging der Eindruck von dem schmalen zartgliedrigen Mann mit dem müden, dabei doch hellen Gesicht aus, in dem die Brillengläser die Augen eher abblendeten und verdeckten als konzentrierten. Erscheinung und Gesten sowie eine gedämpfte flüssige Sprechweise ließen an einen Ostasiaten denken, die ständig wache Gespanntheit im Ausdruck verriet jedoch mehr japanisches als chinesisches Wesen.

Im Moment fiel ihm offenbar die Vorstellung schwer, er solle die stille und ungestörte Webarbeit des Geistes von hier fort hinaus in die Spannungen einer offenen Werkstatt und eines öffentlichen Berufes verlegen. Wahrscheinlich stand auch Angst bei meinem Antrag in ihm auf, Ahnung von Kommendem, das sich dem sensiblen Geist in dieser Gestalt ankündigte. Von ihr sagte er schon 1932, in seiner Bielefelder Gedächtnisrede auf Walter Gramatté: ›Es ist die Erlebnisschicht des isolierten, vereinsamten Ich, das an nichts glauben kann, dieses sogar weiß und durch dieses Wissen um so einsamer wird. Das Ich sieht sich dem Nichts ausgesetzt und bleibt trotzdem ethisch und religiös gebunden.‹ Man darf dieses Zitat als ein persönliches Bekenntnis nehmen. Kasacks Organismus sträubte sich damals offenbar noch gegen die Kühnheit, die ihm später abgefordert wurde, als er die ›Stadt hinter dem Strom‹ und ›Das große Netz‹ schreiben sollte. Jedenfalls waren noch einige Gespräche notwendig, sowie das Versprechen, die Sammlung seiner Gedichte ehestens herauszugeben, bis er das Verlagslektorat antrat. Er hat es sieben Jahre in schwerster Zeit verwaltet, die Bedrohung ging damals für uns beide manchmal bis zum äußersten. Er hat viel dazu getan, daß die Tradition des Verlages fortgeführt wurde. Jungen Autoren ist er ein besonders kundiger Berater gewesen. Unsere Zusammenarbeit wurde abgebrochen, als er sich, nach seiner Flucht aus Potsdam, in Stuttgart ansiedelte.« (Aus dem Nachwort zu ›Mosaiksteine‹, Frankfurt 1956)

28. März 1941, 50. Geburtstag. Ernst Penzoldt in einem ›Selbstgespräch über Peter Suhrkamp‹:

»Der Buchverleger, über dessen Tätigkeit immer noch in der Leserwelt gar keine, unrichtige oder ungewisse Meinungen vorherrschen, ist, wie es Heimeran einmal treffend prägte, gewissermaßen der ›Architekt des Buches‹. Daraus erhellt, daß er künstlerische und rechnerische Eigenschaften besitzen muß. Er ist verantwortlich dafür, daß die Werke der Autoren (einer Vielfalt von Schriftstellern unterschiedlichen Charakters der Person und

ihrer Werke) auf möglichst artige Weise den Lesern dargebracht werden. Er baut gleichsam dem Geist sein Gehäuse. Aber er ist nicht nur Beurteiler, Ordner, Berater, er ist vor allem der große ›Initiator‹, und es sollte selbstverständlich sein, daß er der deutschen Sprache so mächtig ist wie Peter Suhrkamp. Der Verleger hat das zu haben, was im Buchhandel die ›Verlagsidee‹ genannt wird.
In diesem Sinne darf man den Verleger Peter Suhrkamp getrost eine Art Präzeptor deutschen Geistes nennen. Und er ist ganz ›er‹ in einem seiner letzten großen Verlagswerke, das er ›Deutscher Geist‹ nennt.
Man darf nicht meinen, er habe nun, gleich wie aus einem Zeughaus, die ruhmreichen Fahnen (oder die großen Kanonen) des deutschen Geistes hervorgeholt, um, auf seine Weise mit geistigen Waffen schießend, in die großen Händel der Welt einzugreifen. Die Metapher von den geistigen Waffen oder dem geistigen Rüstzeug ist ziemlich eingerostet. Denn der Geist ist etwas, was heil und ganz macht. Er ist der unsterbliche Genius im Menschen, der ihm die Eigenschaft verleiht, Göttliches zu erkennen und anzuerkennen, recht zu unterscheiden, wie es von oben gemeint ist. Er ist von dem, was uns über das Tier erhebt: Er ist, im höchsten Sinne, menschlich. Ganz klar wird der Begriff sofort durch sein Gegenteil: den Ungeist.
Pflanzer, Heger, Wahrer, Helfer im Geiste zu sein, ist Peter Suhrkamps Lebensauftrag, dem er sich mit der ihm eigenen Verbissenheit ganz und gar hingibt, unermüdlich, tapfer, treu. Nun kommen seine besten Mannesjahre. Nun wird er fünfzig, der Graukopf!« (Enthalten in: ›Causerien‹, Frankfurt 1962)

Auf Anordnung des Propagandaministeriums mußte am 1. 7. 1942 auf den Verlagsnamen ›S. Fischer Verlag‹ verzichtet werden.

»Anfang 1942 war die Verfügung gekommen, daß alle jüdischen Namen getilgt werden müßten. Diese Anordnung betraf auch den S. Fischer Verlag. Suhrkamp weigerte sich, den Verlag umzubenennen und schlug vor, ihn ›Fischer Verlag‹ zu nennen. Als dieses Ansinnen vom Propagandaministerium abgelehnt wurde, gab Suhrkamp allen Ernstes zu bedenken, den Namen ›Fische Verlag‹ zu erwägen. Erst als das Propagandaministerium daraufhin ihm förmlich die Tür vor der Nase zuschlug, entschloß er sich zu der kühnen Umbenennung ›Suhrkamp Verlag, vorm.

S. Fischer‹. Erst wesentlich später mußte auch dieser Zusatz verschwinden.« (Bericht von Suhrkamps Sekretärin Anne Mörike)

Allerdings ist am 22. November unsere Wohnung mit allem drin vollständig zerstört worden.

Die Schwierigkeiten der persönlichen Lebensbedingungen schildert Suhrkamp nach dem Bombenangriff auf die Wohnung.
»Ich war noch etwa 20 Minuten oben, um zu löschen und zu retten. Dann schlug aber noch eine Sprengbombe in das Haus, und ich mußte mir den fünf Stockwerke tiefen Ausweg durch brennende Trümmer suchen. Das Verlagshaus steht bis heute. Der Verlag hat aber am Morgen des 4. Dezember bei dem Angriff auf Leipzig gut Dreiviertel seiner Buchbestände verloren. Da auch 90% der Leipziger Buchdruckereien und Buchbindereien zerstört sind, wird der Wiederaufbau ungeheuer schwer. Es wäre noch viel zu berichten, aber ich bin nicht dafür, die Phantasie anderer zu belasten. Man soll jeden, der nicht betroffen und heimgesucht wird, vor den Eindrücken bewahren. Ändern tun sie nach meinen Beobachtungen die Menschen im Wesentlichen nicht, so daß man daraus Hoffnungen für die Zukunft haben könnte. Das kann ich nicht nachdrücklich genug sagen, gerade weil sentimentale Berichte und Reden vielfach einen anderen Anschein zu wekken versuchen.
Wir hatten gestern abend wieder einen Angriff. Es geht also, wie erwartet, weiter, wahrscheinlich bis zur völligen Zerstörung Berlins.« (Brief an Irmgard Suhrkamp vom 30. Dezember 1943)

Meiner Arbeit wurden durch Weisungen an den Buchhandel und Autoren äußerste Schwierigkeiten entgegengesetzt.

Suhrkamp erhält vom Propagandaministerium die Anweisung, eine Reihe von Autoren nicht weiter zu verlegen, so z.B. Otto Flake, Manfred Hausmann, Hermann Hesse und Oskar Loerke. Suhrkamp kam dieser Aufforderung nicht nach, er lieferte nach wie vor, solange die Verlagsbestände reichten, diese Titel aus. 1943 erschien sogar noch einmal ein neuer Roman von Otto Flake, ›Das Quintett‹.
Im April 1943 verlangte Martin Bormann, der »Sekretär des Führers« und Leiter der Parteikanzlei, die Schließung des Verlages.

»Zu der Zeit bestanden zwischen Josef Goebbels und Bormann große Spannungen, die ich benutzte, so daß Goebbels als Propagandaminister die Schließung nicht durchführte. Mir war danach klar, daß die Kräfte der Partei, die nach dem Verlag trachteten, nicht ruhen würden.«

Suhrkamp mußte versuchen, den Nationalsozialisten so wenig wie möglich Angriffsflächen zu bieten. Noch 1938 erhielt er von der Gestapo auf eine Anfrage der Reichsschrifttumskammer eine politische Unbedenklichkeitsbescheinigung. Suhrkamp mußte taktieren und Kompromisse schließen, auch im privaten Bereich; er war befreundet mit Gegnern des Regimes und mit solchen, die sich ihm angepaßt hatten oder anpassen mußten, so mit dem Bildhauer Arno Breker, mit dem Dramatiker Hans Rehberg und mit dem Staatsintendanten Gustaf Gründgens und Heinz Hilpert.
Eine besondere Rolle in Suhrkamps Leben zu dieser Zeit spielt der Kieler Bankier Wilhelm Ahlmann, der durch seine Tätigkeit im Berliner Wirtschaftsministerium über vielfältige Beziehungen verfügte. Dieser Blinde war eine einflußreiche

Gestalt, für Suhrkamp »eine Art Mentor, eine motorische Kraft für gedankliche und auf gleiche Weise taktische Information« (in den Zeitbetrachtungen, die Suhrkamp unter dem Titel ›Der Zuschauer‹ und ›Tagebuch des Zuschauers‹ für die ›Neue Rundschau‹ schrieb, ist Ahlmanns Aspekt unverkennbar; die Figur des Doktor Violett weist charakteristische Züge von Ahlmann auf, und als Freund Hektor tritt er persönlich in Erscheinung). Unmittelbar vor der Verhaftung durch den Sicherheitsdienst im Zusammenhang mit dem 20. Juli, im Dezember 1944, schied Ahlmann freiwillig aus dem Leben, »um die eigene Freiheit zu retten und um die Verschwiegenheit für seine Freunde zu wahren«.

Im Herbst 1943 wurde mir ein Agent der Gestapo, Dr. Reckzeh, in den Verlag geschickt, den ich nicht als solchen erkannte.

Manfred Hausmann erinnert sich:

»Außer dem Propagandaministerium waren noch die Reichsstelle zum Schutz des deutschen Schrifttums, die Himmlersche SS und die Bormannsche Parteikanzlei bemüht, den Verlag unter diesen und jenen Vorwänden in ihre Gewalt zu bringen. Sie alle hatten aber nicht mit Suhrkamps diplomatischer Geschicklichkeit und den vielfältigen Verbindungen gerechnet, über die er durch seinen Freund und Berater Dr. Wilhelm Ahlmann, den seit 1916 erblindeten Mitinhaber des gleichnamigen Kieler Bankhauses, verfügte. Von Ahlmann, dessen lauterer Natur das nationalsozialistische Unwesen in der Seele zuwider war, erfuhr Suhrkamp jeweils rechtzeitig, was die andere Seite plante, so daß er seine Gegenmaßnahmen treffen konnte, mit denen er fast immer Erfolg hatte. Da ließ sich im Oktober des Jahres 1943 ein Dr. Reckzeh, allerdings nicht unter diesem Namen, bei ihm melden. Er gab vor, ein Bewunderer Suhrkamps und ein Freund des in der Schweiz lebenden Verlagsautors Hermann Hesse zu sein, und erbot sich, Briefe an Hesse, die Suhrkamp der Post nicht anvertrauen könne, zu befördern. Ihm als einem Schweizer Bürger sei das ohne weiteres möglich. Außerdem schlug er vor, den Verlag als eine Verbindungsstelle zwischen einem (in Wirklichkeit nicht existierenden) Kreis von Persönlichkeiten im Reich und dem gleichfalls in der Schweiz lebenden ehemaligen Reichskanzler Dr. Wirth zu benutzen mit dem Ziel, Hitler zu stürzen und Wirth zu seinem Nachfolger zu machen. Natürlich ging Suhrkamp nicht darauf ein. Er hielt den Mann für einen Phantasten und nahm den Vorschlag nicht ernst. Das erwies sich als ein schrecklicher Fehler. Dieser Dr. Reckzeh gehörte nämlich zu den Kreaturen, die eine widernatürliche Lust daran haben, andere Menschen den Folterknechten und dem Henker auszuliefern. Er war das, was man einen Lockspitzel nennt. Wenn die damaligen Machthaber jemandem auf dem Rechtsweg nicht beikommen konnten, setzten sie diesen Mann ein. So auch im Fall Suhrkamp. In dem Augenblick, in dem er das Verlagshaus betrat, war Suhrkamps Schicksal entschieden, er mochte sich verhalten, wie er wollte. Wäre er auf Reckzehs Vorschlag eingegangen, dann hätte das selbstverständlich seinen Tod bedeutet. Wies er ihn aber ab, ohne ihn sofort bei der Gestapo anzuzeigen, dann machte er sich ebenfalls eines schweren Verbrechens schuldig. Eine Anzeige wäre für Suhrkamp aber selbst dann nicht in Frage gekommen, wenn er diesen Reckzeh ernst genommen hätte. So wurde er bald darauf vom Sicherheitsdienst verhaftet und nach Ravensbrück, einer Nebenstelle des berüchtigten Gestapo-Gefängnisses in der Prinz-Albrecht-Straße, gebracht.« (Im Spiegel der Erinnerung, Neukirchen 1974)

Am 13. April 1944 wurde ich wegen Hochverrat und Landesverrat verhaftet und unter Anklage gestellt.

»Da der Keller in der Albrechtstraße zur Zeit Bombenschaden hatte, wurde ich in das Gestapogefängnis im Konzentrationslager Ravensbrück, Mecklenburg, gebracht. Dort wurden bis zum 14. Juli Vernehmungen durchgeführt. Anschließend wurde ich zum Termin vor dem Volksgerichtshof ins Untersuchungsgefängnis nach Alt-Moabit 12 A Berlin gebracht.«

»Liebe und geschätzte Stichnotes –
ich freue mich sehr, daß ich Ihnen einen Gruß schicken kann. Die Inhalte meines Lebens bilden jetzt natürlich Sorgen, und diese liegen oft in quälenden Vorstellungen auf mir. An erster Stelle stand darin das Leben meiner Frau. Ich weiß sie so einsam, daß ihr manches geschehen könnte, und lange würde das niemand bemerkt haben. Wenn die Vorstellungen dieser Art kamen, war immer der Gedanke, daß Sie beide da sind, die einzige Beruhigung. Merkwürdigerweise – obgleich wir uns nur flüchtig kannten. Und daß ich das jetzt bestätigt bekam, das ist ein großes Glück. – Bitte, helfen Sie ihr weiter zurecht und geben Sie nicht zu, daß sie sich ganz aus dem Leben herausläßt, wozu sie neigt.« (Brief an Werner und Annemarie Stichnote, 7. 6. 1944)

»Am 26. Oktober 44 wurde ich aus dem Untersuchungsgefängnis entlassen und wieder von der Gestapo übernommen und nun in das Gestapogefängnis Lehrter Straße verbracht, wo die Angeklagten des 20. Juni konzentriert waren. Am 25. Januar 1945 wurde ich von dort nach dem Konzentrationslager Sachsenhausen gebracht. Dort erkrankte ich an einer doppelseitigen Lungen- und Rippenfellentzündung.«

Hermann Kasack, der nach Suhrkamps Verhaftung den Verlag leitete, der immer wieder mit Freunden, vor allem mit Annemarie Suhrkamp, den Kontakt zu Suhrkamp versuchte, veröffentlichte im Herbst 1944 in der ›Neuen Rundschau‹ die Erzählung ›Das Birkenwäldchen‹, um Suhrkamp Nachrichten zuzuspielen:

»Wenn ich an den nächsten Tagen am Birkenwäldchen vorüberfuhr, das auch für mich nun neu entdeckt war, öffnete sich das Herz immer mehr diesem Anblick des Lichten, das in seiner Naturkraft allen Grausamkeiten der Gegenwart nicht ausgesetzt war und den Gesetzen der einfachen Erde gehorchte. Zu dieser Zeit hatten sich die Störungen gehäuft, die bei Tag und Nacht durch feindliche Einflüge verursacht wurden, wenn sich auch unmittelbare Auswirkungen größeren Ausmaßes in gewissen Abständen hielten. Aber auch auf andre Weise wurden mir Herz, Nerv und Geist durch das Walten des Krieges angegriffen: ein lieber Freund war von der Feindfahrt nicht zurückgekehrt, das Warten auf Nachrichten von uns Nahestehenden, die an der Ostfront standen, zehrte. Auch die Sorgen um die gefährdeten Räume meines Berliner Büros blieben ständig wach. Die Nähe des Todes umgab jeden von uns und führte von selbst zu einer ernsten Haltung dem Leben gegenüber. Was Wille und Energie, was die Kräfte des Verstandes mühsam meisterten, linderte ein Gang durch die Natur, ja schon ein gläubiger Blick aus dem Zug in die Unbeirrbarkeit des Wachsens und Grünens. So gewann das Birkenwäldchen in seinem unbeschwerten Gedeihen eine tiefere Bedeutung.«

»1944, in der Isolierung der Gefängniszelle, abgeschnitten von allen Menschen, und selbst außerhalb der Tageszeiten und Jahreszeiten der Natur lebend, besann ich mich immer wieder auf die Freunde. Ich wußte sie in der ganzen Welt zerstreut: geduckt, auf der Flucht oder versteckt in Deutschland, in der Schweiz, in Dänemark, in Finnland und Schweden, in England und Nordamerika, in Kanada und Argentinien, in Australien und Neuseeland und selbst in Nordafrika ... Es war diese Gemeinschaft, an der ich mich damals vor allem aufrecht hielt. Jene Zeit, von der ich spreche, war die in der die höchste Gefahr uns beide unlöslich aneinander gebunden hat; Gefahr, habe ich erfahren, bindet noch stärker als Freundschaft.« (Darmstädter Ansprache 1956)

»Am stärksten ist diese Verbundenheit mit Menschen für mich aber lebendig gewesen, als ich gegen Ende jener bitteren Jahre in einer Gefängniszelle lebte. Und da konzentrierten sich meine Erfahrungen in einer Beobachtung: bei den Verhören im Gefängnis ging mir, nachdem ich über Wochen weidlich versucht hatte, mich zu verteidigen, eines Tages auf, daß jedes Wort, das ich sagte, mich schuldig machte. Ich brauchte nur den Mund aufzutun: was herauskam, machte mich schuldig. Mein Gesicht allein machte mich schon schuldig. Diese plötzliche Einsicht kam nicht aus Resignation oder aus Hoffnungslosigkeit. Der Grund war auch nicht, daß offenbar gegen mich schon beschlossen war: man wehrt sich selbstverständlich bis zuletzt. Ich hatte zuerst die Erklärung in meinem Herkommen, in meiner Generation, meinem Bildungsgang gesucht; aber andere Gefangene aus den gleichen Umständen wirkten nicht derart auf den Kriminalrat. Ich war sogar geneigt, den Grund in einem persönlichen Fehler zu sehen, meinem Eigensinn. Aber alles das war es nicht. Es war bei aller Angst und Schüchternheit die unbedingte Freiheit meiner inneren Person, die sich nicht verbergen ließ; und sie war gegeben durch meine Einbildungskraft, meine Phantasie, die bewahrt und lebendig erhalten worden war, durch meine lebenslängliche Berührung mit der Kunst. Sie war es, die mich selbständig und unabhängig denken, mich Mitleid nicht vergessen ließ, wenn mich auch Furcht und Haß in Versuchung führten, und auch mitten in bitteren Kämpfen und bei Verirrungen, bei Beschränktheiten, bei Härte des Herzens.«

Ich wurde am 8. Februar 1945, als die Krankheit auf ihrem Höhepunkt war, abends spät überraschend aus dem Konzentrationslager Sachsenhausen entlassen.

»Der Hintergrund dafür war eine Kontroverse zwischen dem Bildhauer Professor Arno Breker und dem Gestapoführer Müller wegen meiner Person. Müller wollte meine Liquidierung. Für diesen Fall wurde er durch Professor Breker bedroht. Müller sah darin, daß ich in diesem Stadium meiner Krankheit am Winterabend aus dem Lager geschickt wurde, den Ausweg.«

»Am 9. Februar 1945 erschien Suhrkamp morgens um 4 Uhr nach durch zwei Fliegeralarme unterbrochener Fahrt von Ora-

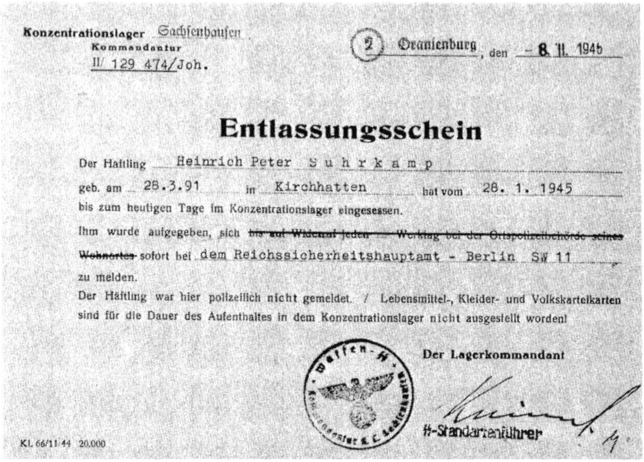

Konzentrationslager Sachsenhausen
Kommandantur
II/ 129 474/Joh.

(2) Oranienburg, den – 8. II. 1945

Entlassungsschein

Der Häftling Heinrich Peter Suhrkamp
geb. am 28.3.91 in Kirchhatten hat vom 28. 1. 1945
bis zum heutigen Tage im Konzentrationslager eingesessen.
Ihm wurde aufgegeben, sich ~~bis auf Widerruf jeden Werktag bei der Ortspolizeibehörde seines Wohnortes~~ sofort bei dem Reichssicherheitshauptamt - Berlin SW 11
zu melden.
Der Häftling war hier polizeilich nicht gemeldet. / Lebensmittel-, Kleider- und Volkskarteikarten sind für die Dauer des Aufenthaltes in dem Konzentrationslager nicht ausgestellt worden!

Der Lagerkommandant

ϟϟ-Standartenführer

KL 66/11/44 20.000

nienburg in Potsdam und klingelte an Kasacks Haustür. Frau Kasack öffnete und prallte beim Anblick eines totenkopfähnlichen Gesichtes zurück, worauf ihr ein Zettel hingehalten wurde mit den Worten: Lesen Sie, ich bin wirklich entlassen. Kasack selbst erschrak ebenfalls ob dieser ausgemergelten Gestalt. Peter Suhrkamp setzte sich in Kasacks Zimmer und entlud sich, sprach sich aus bis in den Morgen hinein. Dann brach er zusammen, hatte 40 Grad Fieber und eine Lungenentzündung. Die Ärzte glaubten nicht, daß sie diesen bis aufs äußerste geschwächten Körper würden durchbringen können, zumal aller Lebenswille erloschen schien. Aber es gelang und an diesem Gelingen sind auch Sie nicht ganz unschuldig. Suhrkamp läßt Sie grüßen und Ihnen sagen, daß es einer seiner innigsten Wünsche und ihm Kraft verleihenden Hoffnung wäre, noch einmal mit Ihnen zusammen zu sitzen und sich mit Ihnen über alles, was ist und war, zu unterhalten, auszusprechen. Das sollte ich Ihnen bestellen.« (Brief von Henry Goverts an Hermann Hesse am 1. Mai 1945)

Februar bis April 1945 Versuche zur Genesung im Städtischen Krankenhaus in Potsdam, dessen Chefarzt, Dr. Niels Poczka, Suhrkamp bekannt war.

14. 2. 1945, »Peter Suhrkamp ist sehr schwer krank. Gestern Bluttransfusion, Strophantin gegen die Herzschwäche; er darf keine Besuche empfangen. So besorgniserregend der Zustand ist, bin ich sicherer Zuversicht, daß er auch diese Krise überstehen wird.« (Hermann Kasack an seine Tochter Renate)
19./20. 2. 1945, »Peter Suhrkamps Befinden nach wie vor sehr ernst, heute die dritte Bluttransfusion. Poczka sagt, wenn die Krise der nächsten sechs bis sieben Tage überstanden ist, kann man anfangen, berechtigt zu hoffen. Hoffentlich erfolgt die in Aussicht genommene Räumung der Krankenhäuser erst zu einem Zeitpunkt, wo er wenigstens leidlich transportfähig ist. Ich fürchte indessen, daß es noch nach Monatsende hier bitter werden wird. Ich arbeite für den Verlag genau als ob nichts wäre, aber Herz und Geist sind doch betäubt.« (Hermann Kasack an seine Tochter Renate)

Das Krankenhaus wurde am 15. April 1945 bei einem Bombenangriff auf Potsdam zerstört. Suhrkamp weigerte sich, mit den Ärzten und anderen Patienten evakuiert zu werden. Später wurden der Chefarzt und viele Patienten von dieser Station aus verschleppt. Suhrkamp wohnte in Potsdam bei Werner Stichnote und danach im Arnimschen Haus. Unter den gegebenen Umständen war eine Ausheilung seiner Krankheit und eine vollständige Rekonvaleszenz unmöglich. Suhrkamp behielt eine Herzmuskelschwäche und Herzasthma; die Rückenmarkverletzung, die ihm eine Folterung beigebracht hatte, verursachte immer wieder Lähmungen der beiden Beine.
»Doch ich wollte Ihnen eigentlich nur erzählen, wie unsere Situation jetzt ist: Bis Ende September wohnten wir noch in Potsdam, seit dem ersten Oktober haben wir hier in einem vollständig heilen Hause mit fremden Möbeln wieder Wohnung. Nach über zwei Jahren sind wir endlich wieder in einer Wohnung für uns. Es sind vier ineinander übergehende Zimmer, von denen ich zwei mit für die Verlagsarbeit benutze, mein Arbeitszimmer und ein Eßzimmer, das als Warteraum und auch als Raum für meine Sekretärin benutzt wird. Unten

Nach der Entlassung aus dem Konzentrationslager

im Haus stehen drei große Zimmer leer, das heißt, sie sind Anfang November für uns geräumt worden, damit wir darin die hauptsächlichste Verlagsarbeit unterbringen. Bis jetzt sind dafür die Möbel und das Arbeitszeug noch nicht herein, aber gerade in diesen Tagen trifft es nach und nach ein. Dann ist für diese Räume noch das Heizungsproblem zu lösen. In einem Raum in der Wohnung im ersten Stock haben wir einen eisernen Ofen. Der Raum wird als Wohnraum und Schlaf-

raum für meine Frau benutzt, durch eine Tür wird von da aus auch mein Schlafzimmerchen wenigstens angewärmt. Gegenwärtig benutze ich dieses Schlafzimmerchen tagsüber auch als Arbeitszimmer. Es sitzt immer eine Sekretärin darin, sehr oft auch zwei. Ich müßte sehr viel unterwegs sein, um das zu schaffen, was für den Verlag getan sein müßte.
Wenn irgend möglich, versuche ich aber, mich davor noch zu drücken. Ich habe mich wohl ganz enorm erholt seit dem Frühjahr, aber noch immer bin ich mit einer gewissen Schwäche nicht ganz fertig; von der Lungenentzündung her belästigt mich manchmal noch ein Herzasthma, und von einem Schaden aus dem Gefängnis her fällt mir das Gehen nicht leicht. Das schlimmste für mich ist aber, daß ich feststellen muß: ich schaffe bei aller Anstrengung wesentlich aus einer inneren Starrheit und Schwerfälligkeit heraus längst nicht die Hälfte von dem, was ich früher leistete. So ist mein Zustand darin dem früheren wieder ähnlich, daß ich meist von einem schlechten Gewissen gehetzt werde. Und ich hatte mir eigentlich gewünscht, einmal ohne diesen Knecht leben zu können. Dieser Zustand ist dadurch noch verschärft, daß sich die Verlagsarbeit noch nicht organisieren läßt, sondern noch an den verschiedenen Orten in der Stadt verstreut gearbeitet wird, was dazu geführt hat, daß das Eigentliche hier von mir mit Fräulein Brumm geleistet werden muß, denn Fräulein Mörike, die Frau Imma wohl noch kennt, zog es vor, wieder zu den Ihren nach Württemberg zu gehen. Das ist ein Verlust aus meiner Gefängnis- und Krankenzeit. Die Verlagsarbeit ist jetzt besonders schwierig. Die Schwierigkeiten liegen teils im Materialmangel, teils im Zustand der Herstellerfirmen, teils in den Beschränkungen und Forderungen von seiten der Besatzungen und nicht zum geringsten Teil bei den Autoren, die verständlicherweise jetzt in allem, sei es mit ihren alten Sachen, sei es mit neuen, drängen und drängen.« (Peter Suhrkamp an Imma von Bodmershof 24. 1. 46)

Bei der Übergabe der ersten Verlagslizenz in Berlin

Am 17. Oktober 1945 erhält Peter Suhrkamp als erster Verleger in Berlin von der Britischen Militärregierung eine Lizenz für die Veröffentlichung von Büchern »unter der Firma Suhrkamp Verlag vormals S. Fischer Verlag, Berlin«.

Immerhin arbeite ich jetzt wieder.

Die Jahre 1945 und 1946 gelten der Wiederherstellung in jeglichem Sinn. Dem Versuch, die Krankheiten wenigstens so weit zu heilen, daß er wieder an Arbeit denken konnte, der Versuch, eine Wohnung zu finden für sich und seine Frau Mirl und eine Möglichkeit für ein Verlagsbüro, nachdem das Verlagshaus zwei Tage nach der Kapitulation am 10. Mai durch Bomben zerstört wurde. Die ersten Fäden zu den Autoren wurden wieder geknüpft, zu Hermann Hesse und zu Bertolt Brecht sowie Hans Erich Nossack, R. A. Schröder und Ernst Penzoldt.

»Lieber Freund, verehrter Hermann Hesse,
da sich mir wieder eine Möglichkeit bietet, eine Nachricht an Sie gelangen zu lassen, setze ich meine bisherigen vielfachen Versuche fort. Es scheint, daß nichts von allem bisher Sie er-

MILITARY GOVERNMENT-GERMANY

MILITÄRREGIERUNG DEUTSCHLAND

INFORMATION CONTROL - NACHRICHTENKONTROLLE

LICENSE

ZULASSUNG NR. C858

1. Subject to the conditions set forth in Paragraph 2, the following-named person

1. Gemäß den im Paragraph 2 festgesetzten Bedingungen, ist die folgende Person

H. SUHRKAMP

hereinafter referred to as "licensee" is authorized to engage in the following activities:

welche im Nachfolgenden als „Zulassungsinhaber" bezeichnet wird, autorisiert, folgende Tätigkeit auszuführen:

PUBLICATION OF BOOKS ONLY

AUSSCHLIESSLICH VON BÜCHERN

2. This license is granted subject to the following conditions:

2. Diese Zulassung ist erteilt unter folgenden Bedingungen:

a) That all laws, ordinances, regulations and instructions of Military Government are complied with.

a) Daß alle Gesetze, Verordnungen, Vorschriften und Anweisungen der Militärregierung befolgt werden.

b) That this license be prominently displayed on the premises of the licensee at all times.

b) Daß diese Zulassung im Betrieb des Zulassungsinhabers jederzeit öffentlich angeschlagen ist.

c) That all newspapers, books, periodicals, pamphlets, posters, printed music or other publications, sound recordings or motion picture films published or produced under this license shall bear in such manner as may be prescribed the legend: Published (or produced) under Military Government Information Control License No. C858

c) Daß sämtliche Zeitungen, Bücher, Zeitschriften, Broschüren, Plakate, Musikalien oder irgendwelche andere Veröffentlichungen, ebenso Schallplatten und sonstige Tonaufnahmen und Filme, die gemäß dieser Zulassung hergestellt oder veröffentlicht werden, folgende Aufschrift in vorgeschriebener Weise tragen: „Veröffentlicht (oder hergestellt) unter der Zulassung Nr. C858 **der Nachrichtenkontrolle der Militärregierung".**

d) That no person, not reported on the application for this license as having a financial interest in the business enterprise conducted under this license, shall be given nor shall receive any part of the profits of the business enterprise, nor shall any interest in the business enterprise be held for any such person, except with the express written permission of Military Government.

d) Daß keine Person, die nicht in diesem Gesuch als an diesem Geschäftsunternehmen finanziell interessiert eingetragen ist, irgendeinen Anteil an dem Nutzen aus dem Geschäftsunternehmen erhält; ferner, daß kein finanzieller Anteil an dem Geschäftsunternehmen für eine im Gesuch nicht erwähnte Person ohne ausdrückliche schriftliche Erlaubnis der Militärregierung zurückbehalten wird.

e) Other conditions:

e) sonstige Bedingungen:

AS LAID DOWN IN INFORMATION SERVICES CONTROL INSTRUCTIONS TO LICENSED PUBLISHERS (FORM "PUBS 1") AND ANY FURTHER INSTRUCTIONS WHICH MAY BE ISSUED FROM TIME TO TIME.

[illegible] DEN ANWEISUNGEN AN VERLEGER, DIE EINE VERLAGSZULASSUNG ERHALTEN (INFORMATION SERVICES CONTROL FORMULAR: "PUBS 1") UND SONSTIGEN ANWEISUNGEN, DIE IN ZUKUNFT VERÖFFENTLICHT WERDEN MÖGEN.

3. This license is not granted for a stated term, is not a property right, is not transferable and is subject to revocation without notice or hearing.

3. Diese Zulassung wird für keine bestimmte Zeitfrist erteilt und stellt kein Eigentumsrecht dar; sie ist nicht übertragbar und kann ohne Kündigungsfrist oder Untersuchung rückgängig gemacht werden.

CONTROL COMMISSION FOR GERMANY
17 OCT 1945

8498

reichte, denn sonst hätte ich sicher schon etwas von Ihnen gehört. Die letzte Nachricht über mich werden Sie durch Herrn Goverts bestimmt noch erhalten haben. Er war kurz vor der hiesigen letzten Katastrophe bei mir im Krankenhaus in Potsdam, wenige Tage vor der Zerstörung von Potsdam, wobei das Krankenhaus, in dem ich lag, nicht weniger als fünf Volltreffer bekam, und der Tod wieder (zum wievielten Male im letzten Jahr!) hart meinen Rücken streifte. Damals verließ ich als noch schwer Kranker das Krankenhaus, um in den kommenden Tagen bei meiner Frau zu sein. Da ich auf diese Weise keine eigentliche Rekonvaleszenz hatte, habe ich mich nur sehr schwer und auch bis jetzt nur sehr schlecht erholt. Das Leben war zu bitter und außerdem zu mühsam. Aber ich will Sie mit Einzelheiten verschonen. Immerhin arbeite ich jetzt wieder, und mehr denn je und klarer denn je steht meine Aufgabe vor mir. Ein Gefühl der tiefen Hoffnungslosigkeit als Schatten manchmal im Hintergrund will ich dabei nicht ganz verleugnen. Suchen Sie mich deswegen aber nicht unter den Kultur- und Kunstbeflissenen hier, die sofort wieder betriebsam und geschäftig aus ihren Löchern auf die Straße gekommen sind, und von deren Lärm vielleicht ein Geräusch auch in die Schweiz dringt. – Das alles deprimiert mich zutiefst. Es widert mich an und könnte einem das Leben verleiden. Aber dürfen wir aufgeben? –

Über mich dann nur noch soviel: Ich habe vor wenigen Wochen von den Besatzungsmächten die Genehmigung zur Wiederaufnahme des Verlages bekommen. Die Möglichkeiten, die mir damit gegeben sind, freuen mich immerhin. Eine meiner ersten Veröffentlichungen wird nun endlich ›Das Glasperlenspiel‹ sein. Das wollte ich Ihnen immerhin sagen, denn das geht Sie doch sehr an. Und dann dies noch: Ich fange eine Produktionsreihe ›Der Literaturbrief‹ an. Das werden Broschüren, jede im Umfang von drei bis vier Bogen, sein über ein Werk aus der zeitgenössischen Literatur. Die ersten fünf stehen fest:

Hermann Hesse ›Das Glasperlenspiel‹, Darstellung und Interpretation von Peter Suhrkamp. Charles Morgan ›Die Lebensreise‹, Darstellung und Interpretation von ... Paul Claudel ›Der seidene Schuh‹, Darstellung und Interpretation von Reinhold Schneider. Franz Kafka ›Das Schloß‹, Darstellung und Interpretation von Hermann Kasack. Hugo Ball ›Kritik der deutschen Intelligenz‹, Darstellung und Interpretation von Carl Linfert.
Jeder dieser Literaturbriefe soll enthalten eine Introduktion, eine Darstellung, eine Interpretation und eine Rezension. Damit nehme ich, wie ich glaube, eine gute Tradition wieder auf.
Auch die ›Neue Rundschau‹ soll in neuer Gestalt wieder aufgenommen werden, und zwar als ›Beiträge zur Humanität‹, 56. Jahrgang der ›Neuen Rundschau‹. Über diese Monatsschrift wäre Ausführliches zu sagen, mehr als ein Brief im Augenblick gestattet. Soviel aus der Verlagsarbeit, weil ich meine, daß es Sie besonders interessiert. Inzwischen habe ich auch wieder Verbindung mit Dr. Bermann, ich hoffe sehr darauf, ihn bald persönlich sehen zu können. Dem scheinen im Augenblick noch einige Schwierigkeiten entgegen zu stehen. Was an mir liegt, so würde ich jetzt gern wieder in seine Hände legen, was ich einmal daraus nahm und verwaltete, so gut es ging. Ich bin auch überzeugt, wir werden, sobald wir uns nur treffen, die Form dafür finden.
Aber alles, was ich Ihnen hier schreibe, ist mir nicht so wichtig als die Frage, wie es Ihnen gehen mag. Ich denke sehr viel an Sie und es hat ganze Zeiten gegeben, wo Sie hinter mir stehend mir über die Schulter geblickt haben – wo ich Sie immer wieder zu einem Gespräch zitierte. Ob Sie etwas davon geahnt haben? –
Wenn dieser Brief Sie erreicht, suchen Sie doch einen Weg, mir Nachricht von sich und Ihrer Frau und anderen Freunden zu geben. Meine Frau läßt Sie beide auch sehr, sehr herzlich grüßen.

Ich bin stets und in Freundschaft der Ihre« (Brief an Hermann Hesse vom 13. 11. 1945)

Suhrkamps Brief an Brecht ist nicht erhalten, jedoch die Antwort von Brecht. Er schrieb, daß er in der Emigration »eine Menge« geschrieben habe und hofft, »wir können einiges davon zusammen durchnehmen« ... »wir sind sehr besorgt um Ihr Wohlergehen und das der anderen Freunde und hoffen, Ihnen Pakete zukommen lassen zu können, sobald das erlaubt sein wird. Und Auf Wiedersehen Ihr Brecht. Oktober 1945.«

Über meine Pläne

»Sie wissen um meine Art, den Verlag jeweils in das Leben der Zeit einzuschalten, daß meine Arbeit niemals nur rein ästhetisch bestimmt war.« (Aus einem Brief, datiert 21. 1. 1946)

»Ich glaube, daß man, um den Menschen bei uns zu helfen, bei der Bildung einsetzen muß. Nur so können sie weltoffen werden.« (Aus einem Brief, datiert 21. 8. 1946)

»Unter meinen eigenen Plänen ist einer, dessen Thema ich Ihnen wenigstens nennen will: ›ein Jahrbuch der Weltbegebenheiten‹. Darin wären nach meiner Vorstellung die Weltbegebenheiten des Jahres 1946 in ihren Vorgängen sachlich kurz zu umreißen. Das Wesentlichste wäre eine Betrachtung, durch welche sie in den Zusammenhang einer Entwicklung zur Humanität gerückt würden. Eine Betrachtung, die über Zonen und Grenzen hinaus und vor allem jenseits der Politik Gültigkeit hätte. Bei dieser käme es ganz auf den Ton an. Die Anregung habe ich selbst aus Hebels Betrachtungen empfangen. Der Betrachter sollte darin die Position eines Boten zwischen den Menschen einnehmen.« (Aus einem Brief, datiert 24. 10. 1946)

In den ersten Nachkriegsjahren

Das erste Programm des Suhrkamp Verlages 1946 ist kennzeichnend für den Neubeginn: Hermann Hesse ›Der Europäer‹, Thomas Mann ›Vom kommenden Sieg der Demokratie‹, Ernst Penzoldt ›Tröstung‹.
Dann vor allem das von Suhrkamp herausgegebene ›Taschenbuch für junge Menschen‹. Es enthielt Suhrkamps Essay ›Über das Lesen‹, Texte von Hugo von Hofmannsthal ›Die Briefe des Zurückgekehrten‹, Wolfgang Schadewaldt ›Die Heimkehr des Odysseus‹, Josef Pieper ›Über das Schweigen‹, Reinhold Schneider ›Fausts Rettung‹ und, als zentralen Text, Peter Suhrkamps ›Brief an einen Heimkehrer‹, die Gestalt des Heimkehrers war die tragende Idee dieses Taschenbuches.

»Ich habe seit vier Wochen die Lizenz für die Weiterarbeit des Verlages. Als erste Publikation möchte ich nicht mit etwas Zufälligem kommen, obgleich dafür manches Halbfertige bereit läge. Es soll die Bekundung eines bestimmten Willens sein. Meine Arbeit ist immer bestimmt gewesen durch die Frage: Was muß ich jetzt tun? Und da die Situation der jungen Menschen im Augenblick wohl die schlimmste von allen ist, will ich mich zuerst entschieden ihnen zuwenden. Ich bereite ein ›Taschenbuch für junge Menschen‹ vor. Taschenbuch hier nicht im heutigen Charakter, sondern im Sinne der Romantiker. Ich will es aus Beiträgen von etwa zehn Autoren zusammenstellen, die Arbeiten in Form von Essays, platonischen Dialogen, Briefen usw. Die einzelnen Beiträge nicht so kurz, sondern etwa zwanzig Druckseiten lang, damit die Leser, wenn sie einmal erfaßt sind, auch länger festgehalten werden.« (Brief an Josef Pieper, 26. 11. 45)

Auszug aus ›Brief an einen Heimkehrer‹:
»... ich habe zufällig etwas ältere Erfahrungen in einem Leben unter entmenschlichten Bedingungen aus meiner Gefängnis- und Lagerzeit. An diesen Orten, wo keine Gerechtigkeit, keine Hilfe, keine Hoffnung und nicht der kleinste

Raum für die menschliche Seele war, wo Hunger, Seuchen, Ekel und Foltern den Willen und den Geist lähmten, fand ich Halt nur in der Pflege meines Menschen, durch Ordnung des Tages und regelmäßige Gewohnheiten.
... im Gefängnis war mir die Frage nach einer Schuld, derentwegen ich drin war, merkwürdig gleichgültig. Ich hatte das Gefühl, daß die wesentlichen Entscheidungen im Leben nichts mit persönlicher Schuld oder unseren guten Taten zu tun haben. Über alles ging mir die Sorge, daß ich unter Foltern andere nicht belasten dürfte und daß ich in den Abgründen von Leiden nicht das menschliche Gesicht verlieren dürfte. An den Gefährten sah ich, daß unsere Lebensumstände die Menschengestalt zur Karikatur entstellten. Der Geist aber mußte bis zum letzten Augenblick heil, unentstellt, verläßlich, wach und gesund bleiben. Vor der Sorge um die Wahrung des Menschengesichts trat der Mißerfolg des Lebens ganz zurück. In der hoffnungslosen Verlorenheit dennoch eine Hochgemutheit zu pflegen, in Bescheidenheit, ohne mich zu täuschen und ohne mich zu betrügen: wenn das nicht gelang, war der Mensch verloren, durch mein Versagen verloren. Es gibt Martern, die mit keiner angespannten Energie, keiner Härte und keiner Tapferkeit auszuhalten sind. Festigkeit, gute Vorsätze, bürgerliche und christliche Tugenden, der erprobte Charakter zerstieben in den Bränden der Schmerzen, unter den tückischen Bissen von Hunger, Frost und Wahnideen. Ein Engel muß einen an der Hand nehmen, damit man nicht das Schlechte, das Erleichterung verspricht, wählt oder das Klügste tut. Engel gibt es nur in einem bestimmten Lebensgefühl.
Kurze Zeit meines Lebens, als junger Mensch war ich in meinem ganzen Wesen ergriffen von einer zweiten, gleichsam ätherischen Wirklichkeit hinter den Dingen ... Die Dinge waren von ihrem Licht umflossen. Und ich war von der Schönheit und von der Wahrheit einfacher Dinge bezaubert ... Diese Ergriffenheit war kein Genarrtsein. Sie schenkte

meinen Augen Licht und erfüllte mich mit Klarheit, so daß ich alles verstand ... Sie gab einen Mut, in dem ich selbstverständlich durch Feuer und Wasser ging. Und das für die Menschheit. Daran erinnerte ich mich im Gefängnis und war entschlossen, alles zu pflegen, was Empfänglichkeit und Ergriffenheit fördern würde, statt mich hart zu machen, mich zu stählen ... Zu einer bestimmten Stunde des Tages rief ich im Geiste einen Bekannten zu mir in die Zelle, um eine Frage, mit der ich ins reine kommen wollte, mit ihm zu erörtern. Zu einer anderen Stunde meditierte ich über ein Dichterwort, über einen Spruch oder über ein Gleichnis in der Bibel, über die Grundsituation in einem Grimm'schen Märchen, über Gebärden in Zeichnungen von Rembrandt und in regelmäßigem Turnus über die Verse von Paul Gerhardt: ›Auf Sein Werk mußt du schauen, wenn dein Werk soll bestehen‹, und ›Mit Sorgen und mit Grämen und mit selbsteigner Pein, läßt Gott sich gar nichts nehmen‹. Mit gründlicher Sorgfalt wusch ich täglich meinen Körper und scheuerte gewissenhaft das Becken, den Schemel, den Klapptisch, den Fußboden in meiner Zelle. Vormittags studierte und schrieb ich. Denn der Geist mußte immer wieder in eine Situation versetzt werden, in der er sich rühren mußte, gepreßt werden, damit er sich erhitzte und aufschloß, sich verliebte, um alles aufzuopfern. Die Disposition für Liebe mußte dem Geist immer neu abgepreßt werden, denn bei unserer absurden Existenz lagen Haß und Nihilismus näher.« (›Taschenbuch für junge Menschen‹, Berlin 1946)

13. bis 24. 3. 1946 Reise nach Oldenburg, »um Papier zu beschaffen«. Kurzer Besuch in Kirchhatten.

4. Oktober 1946: Verlegerlizenz für die amerikanische Besatzungszone. Herbst 1947 Einzelfirma unter dem Namen Suhrkamp Verlag vormals S. Fischer in Frankfurt. Beginn der Freundschaft mit Hanns W. Eppelsheimer.

Mit Freund Eppels

Hanns W. Eppelsheimer:

»Als ich ihn kurz nach dem Zweiten Weltkrieg näher kennenlernte, als wir uns anfreundeten, da war er (in welchem Sinn immer) schon vollendet. Im Äußeren ein hochgewachsener, leicht gebeugter Herr, dessen schönes, von Geist und Leiden bedeutend geprägtes Gesicht mit seinem elegischen Ernst Autorität und Sympathie erzwang; nach seinem Charakter ein leidender, bald schwer und heillos kranker Mann, der sich unter Nichtachtung aller ärztlichen Verordnungen und Warnungen und aller Bitten seiner Freunde ein Übermaß von Arbeit auferlegte; für sich selbst asketisch, seinen Freunden gegenüber freigebig; zu Zeiten ruhelos und zu allerlei selbstmörderischen Unternehmungen, anstrengenden Reisen zu Autoren, Mithalten von Theaterproben und Besuch von Premieren aufgelegt; zu anderen Zeiten, besonders am Schreibtisch, in akkurater Haltung, schreibend, Manuskripte verbessernd und Korrektur lesend, ein Bild der Sammlung. Im Zusammensein geduldiger, geradezu dankbarer Zuhörer und beharrlicher Schweiger.« (Aus: In memoriam Peter Suhrkamp, 1959)

1947

Es erscheint in zwei Bänden Hermann Hesses ›Glasperlenspiel‹. Peter Suhrkamp schrieb dazu: »Von Hermann Hesses ›Glasperlenspiel‹ ist die Fragenkette fast die gleiche. Es ist auch ein Werk, das zunächst nur Menschen der älteren Generation ganz ausschöpfen können. Es beansprucht aber stärker Ahnung und Wissen als Geist und Gegenwart, um diese Gegenwart an ihrem Gegentyp aufzuklären, der allgemein verächtlich als schwächlich an den Rand abgedrängt ist. Ein intellektuelles Gebilde, in das der Dichter sich mit viel Geduld und allen Sinnen eingelebt hat. Die Welt der Idylle in ihrer Bedeutung für diese gehetzte und zerrissene Gegenwart wird sichtbar. Wo sind die Jüngeren, die Geduld und Heiterkeit üben wollen? Hermann Hesse ist immer deutlicher ein Heiliger der modernen Belletristik, und Heilige haben ihren besonderen Einfluß auf die Jungen.« (Aus: »Wie wird ein Buch an den richtigen Leser gebracht?« Vortrag 1947)

Es erscheinen Thomas Mann ›Deutschland und die Deutschen‹, Heinrich Schirmbeck ›Gefährliche Täuschungen‹, Hermann Kasack ›Die Stadt hinter dem Strom‹, ›Neu-Amerika, Erzähler der Gegenwart‹.
Carl Zuckmayer berichtet über die erste Wiederbegegnung:

»Am ersten Tag in Berlin, der mit der Vorstellung bei den verschiedenen Dienststellen ausgefüllt war, hatte ich Mirl und Peter Suhrkamp verständigt. Sie wohnten jetzt in einem Haus in Zehlendorf, in das auch die Reste des ehemaligen S. Fischer Verlags gerettet worden waren, den Suhrkamp bereits neu aufbaute. Gegen Abend fuhr ich mit der Untergrundbahn zu der mir von Mirl angegebenen Station. Sie stand, blaß, mager, in einem armseligen Mantel, droben am Ausgang des Treppenschachtes und streckte mir die Hände entgegen. Lange konnten wir nicht sprechen, während wir durch die stille Seitenstraße zu ihrer Wohnung gingen.
Peter Suhrkamp lag bleich, hohläugig, im Bett, das Zimmer war

Mit Carl Zuckmayer, Stillachhaus, Oberstdorf

kalt. Er war an einem Rückfall der schweren Lungen- und Rippenfellentzündung erkrankt, die ihm, außer anderen unheilbaren Gesundheitsschäden, seine lange Haft in einem der schlimmsten Konzentrationslager eingebracht hatte. Wenn man ihn anschaute, glaubte man einen Sterbenden zu sehen, doch waren seine Wolldecken von Manuskripten, Korrekturbögen und Korrespondenz behäuft, er hielt einen Bleistift in den abgemagerten, klammen Händen. Wenn ich je ein Beispiel erlebt habe, daß der Geist den Körper beherrschen kann, dann war es das seine. Mirl hantierte im Mantel, mit dicken Wollstrümpfen, in der Küche. Das einzige, was sie ihm auf einem Spirituskocher bereiten konnte, war eine dünne, aber heiße Kartoffelsuppe, kraft- und fettlos. Derartiges war damals, und noch zwei Jahre lang, die Hauptnahrung der meisten Deutschen. Höchstens Schwerarbeiter erhielten eine knappe Sonderration zugeteilt. Studenten und Intellektuelle mußten mit einem Minimum an ›Kalorien‹ für einen ganzen Monat auskommen, einer Ration, die heute in der Bundesrepublik kaum den Bedarf für einen Tag decken würde.

Peter Suhrkamp hatte trotz seines geschwächten Zustands kaum ein Bedürfnis nach Essen, aber nach Alkohol, der ihn erwärmte und dessen Nährgehalt seine Energien steigerte. Ich hatte noch keine Gelegenheit gehabt, an diesem ersten Tag Lebensmittel zu besorgen, aber ich hatte, noch aus Amerika, eine Flasche Whisky und eine Flasche Kognak mitgebracht. Damit verbrachten wir die Nacht. Mein geheiztes Zimmer im Harnack-Haus, wo man Besucher mit amerikanischem Regierungsauftrag unterbrachte, blieb leer.« (Aus: Carl Zuckmayer, ›Als wär's ein Stück von mir‹, Fischer Bücherei S. 463/464, Frankfurt 1969)

5. Februar 1947
Suhrkamp hält in der Buchhandlung Wolff in Berlin-Friedenau einen Vortrag ›Wie wird ein Buch an den richtigen Leser gebracht?‹: »Ohne eine lebendige Dichtung in der Gegenwart stirbt auch die Literatur der Vergangenheit ab, und das wird der tiefere Grund sein, weshalb die Beschäftigung mit den Klassikern in jüngster Vergangenheit wohl einem Bedürfnis entsprach, aber letztlich unbefriedigt blieb. Auf lange Sicht ist es für die Gefühlswelt sowie für das Bewußtsein, für das geistige Leben in einem Volk überhaupt, von Wichtigkeit, daß es eine lebendige, neue Dichtung hat. Dichtung klärt und erweitert das Gefühlsleben und das Bewußtsein, indem sie den Ausdruck findet für Dunkel-Vertrautes sowie für neue Erlebnisse und Erfahrungen, sie bestimmt unsere Art, die sich ständig wandelnde Welt zu erleben, das Dichten darf nicht aufhören.«

Im Sommer 1947 besucht Peter Weiss, von Hermann Hesse ermuntert, Peter Suhrkamp in der Forststraße. Weiss hatte sich im Januar 1937 als Zwanzigjähriger an Hesse gewandt und ihm Manuskripte um Beurteilung geschickt; im Sommer 1937 besuchte Weiss Hesse in Montagnola. Nach dem Krieg empfahl ihm Hesse, er möchte sich in der Verlagsangelegenheit an Suhrkamp wenden. Das sommerliche Nachmittagsgespräch verläuft angenehm. Kurze Zeit später schreibt ihm Peter Weiss aus Stockholm:

Peter Weiss um 1944

»Ich sitze hier und schreibe in deutscher Sprache und das ist, als kehrte ich in ein seit langem nicht mehr gesehenes und doch vertrautes Zimmer zurück. Während der Jahre, in denen ich eine fremde Sprache schrieb, war mir immer, als fehlte mir etwas Wesentliches, als läge unter jedem Wort ein schwer faßbarer Schatten ... Ich schreibe also auf Deutsch ... Das, worum ich mich seit einem Jahr in immer neuen Ansätzen in der fremden Sprache bemühte, entsteht nun wie von selbst, ganz leicht, trotz seines vielschichtigen Charakters. Es folgen innere und äußere Bilder in fortwährender Wechselwirkung, Vergangenes und Gegenwärtiges in geheimer Beziehung, manchmal wie Tagebuchaufzeichnungen, manchmal wie Träume, doch in dem Ganzen sehe ich eine unabweisbare Kontinuität. Das ist dies, was mir so lange vorgeschwebt hat: wie ungeheuer folgerichtig ein Leben sich aufbaut, selbst wenn es von Chaos zu Chaos taumelt und sich in hoffnungslosen Verwirrungen verstrickt sieht. Und hier den Faden zu suchen, zu fühlen, wie das seit langem Erlebte auf das Gegenwärtige einwirkt, oder wie das Gegenwärtige das Alte weckt, wie alles wiederkommt und doch immer wieder neu ist, diese Zeitlosigkeit im eigenen Innern, in dem es keine Abstände gibt, sondern alles allem nah ist, das fesselt mich jetzt und daraus hoffe ich, etwas Gutes machen zu können.« (Brief o. D. – wahrscheinlich Anfang 1948 – an Peter Suhrkamp)

Suhrkamp konnte sich nicht entschließen, die beiden Manuskripte, die Weiss dem Verlag eingereicht hat, ›Der Vogelfreie‹ und ›Horror Vacui‹, zu veröffentlichen.

Max Frisch und Bertolt Brecht 1948
auf der Baustelle Letzigraben

Suhrkamp und Max Frisch begegnen sich am 25. 11. 1947 bei der Premiere von Zuckmayers ›Des Teufels General‹ im Frankfurter Börsensaal; Heinz Hilpert führte die Regie. Kurt Hirschfeld hatte Frisch zu dieser Reise angeregt, nachdem Frisch sich kritisch über die Zürcher Uraufführung geäußert hatte, jetzt wollte er seinen Eindruck kontrollieren. Nach der Aufführung machte Zuckmayer in der Wohnung von Eppelsheimer Frisch mit Suhrkamp bekannt.
In Frischs Tagebuch, »Frankfurt, November 1947: Abend in der Bücherstube eines alten Freundes, Blick auf den Main, wir packen unsere Eßwaren aus, und alles ist selbstverständ-

lich, wir können hier schlafen, ein lebendiges und heiteres Gespräch bis drei Uhr.« (›Tagebuch 1946-1949‹, 1950)
Später lädt Suhrkamp Frisch nach Kampen ein. In Suhrkamps Zimmer findet Frisch sein ›Tagebuch mit Marion‹. Suhrkamp regt Frisch an, diese Tagebuchform weiterzuführen. Da Frischs Verleger Hürlimann sich an dieser Arbeit nicht interessiert, schickt Frisch schubweise Tagebuchaufzeichnungen an Suhrkamp. Aus Kampen schreibt Max Frisch an Suhrkamp: »... Soviel an Suhrkamp: den Verleger!
Dem anderen Suhrkamp, der mich oft so unsicher macht, daß ich in seiner Gegenwart nicht ganz frei und nicht ganz mich selber bin, und zwar unsicher gerade durch sein ungewöhnliches, sein liebevoll-forderndes Vertrauen, das mich gegen die eigne Resignation wie gegen die eigne Selbstzufriedenheit stärkt – diesem Suhrkamp meine dankbaren Grüße und alle guten Wünsche.« (Frisch an Suhrkamp von Kampen aus, 20. 7. 49)

1948

Januar: erstes Wiedersehen mit Bertolt Brecht in der Schweiz. Ende Januar/Anfang Februar erster Besuch nach dem Krieg bei Hermann Hesse in Montagnola.

Frühjahr 1948 Besuch in England:
»Ich habe also aus England wieder heimgefunden. Das ist mir nicht schwer geworden, wenn auch auf dem Rückweg einige Hindernisse lagen. Der Aufenthalt dort wird mir unvergeßlich bleiben. Wegen des Landes, wegen der Engländer und nicht zuletzt wegen der Begegnungen mit Kriegsgefangenen. Es gäbe vieles darüber zu erzählen, aber das kann ich heute nicht. Nur das Wichtigste sei hier kurz erwähnt, die Zusammentreffen mit Eliot. T. S. Eliot ist bekanntlich zur Zeit der größte Dichter Englands. Das muß hervorgehoben werden,

T. S. Eliot

damit es den richtigen Eindruck gibt, wenn ich sage, daß man ihm den Poeten gar nicht anmerkt. Alle Engländer sind so uneitel und machen sich, scheint's, kein Bild von sich. Abgesehen natürlich von Oscar Wilde und Brummell. Eliot jedenfalls begegnete mir, als wäre ich ihm riesig interessant. Er dachte offenbar gar nicht daran, ich könnte ihn wie einen seltenen Vogel bestaunen, was ich aber doch etwas tat. Schließlich haben Engländer eine wunderbare Art, alles in einer Hülle von Belanglosigkeiten zu verstecken.« (Brief an Ernst Penzoldt, 20. 5. 1948)

Es erscheinen Ernst Barlach ›Der gestohlene Mond‹, Ernst Barlach ›Seespeck‹, Ernest Hemingway ›Wem die Stunde schlägt‹, Thomas Mann ›Dr. Faustus‹, Thomas Mann ›Ausgewählte Erzählungen‹, Walt Whitman ›Demokratische Ausblicke‹, Carl Zuckmayer ›Des Teufels General‹.

Vor dem BBC-Gebäude in London, 1948

Mit Ernst Penzoldt und Margarethe und Benvenuto Hauptmann, 1949

1949

Reisen, Kuraufenthalte.

1949 erscheinen Bertolt Brechts ›Versuch, 20-21‹, ›Mutter Courage und ihre Kinder‹. Die erste Publikation Brechts in einem von Suhrkamp geleiteten Verlag. T. S. Eliot ›Der Familientag‹, deutsch von R. A. Schröder und Peter Suhrkamp, Albrecht Goes ›Von Mensch zu Mensch. Bemühungen‹, Hermann Hesse ›Krieg und Frieden‹, Hermann Kasack ›Der Webstuhl‹, Thomas Mann ›Joseph, der Ernährer‹, Thomas Mann ›Die Entstehung des Dr. Faustus‹, Wolf von Niebelschütz ›Der Blaue Kammerherr‹, Thornton Wilder ›Die Iden des März‹, Stefan Zweig ›Sternstunden der Menschheit‹.

Josef Pieper berichtet über eine Begegnung mit Suhrkamp 1949:

»Auf der Heimreise, in Frankfurt, Wiedersehen mit Peter Suhrkamp, den ich ständig verpaßt habe; seit unserer letzten Begegnung sind mehr als sechs Jahre vergangen. Ich finde ihn heiter und unerwartet frisch; doch als ich ihm das sage, winkt er elegisch ab: ›trügerischer Anschein‹. Und er berichtet, fast geniert und offenbar untertreibend, von der Zeit im Konzentrationslager. Man hat ihm das Rückgrat zerschlagen; er ist eine Zeitlang an beiden Beinen gelähmt gewesen. ›Ich werde nicht mehr lange leben‹. In Wirklichkeit hat er noch fast zehn Jahre lang intensiv geplant und gewirkt. Wir sitzen in seinem Verlagsbüro; Mr. Bermann-Fischer schaut herein; Suhrkamp macht uns miteinander bekannt; das Gespräch stockt. Das schwierige Verhältnis zwischen den beiden Männern wird sich schon bald lösen. Die Idee, billige Taschenbücher für den Massenverbrauch auf den Markt zu bringen, ist Suhrkamp fremd ... Als ich von der Aussicht berichte, im kommenden Frühjahr nach Amerika zu gehen, erzählt er von seinem Autor Thornton Wilder, der ihn vor kurzem besucht hat. Das ›Humane‹, dieses Sicheinstellen auf den Anderen – das sei offenbar etwas positiv Amerikanisches. Gerade eben habe ihm zum Beispiel Wilder einen handschriftlichen Brief geschickt, worin er, um der Leserlichkeit willen, die Buchstaben eigens und sozusagen künstlich vergrößert habe. ›Wer täte so etwas bei uns!‹ Mit Wilder sei er manches Mal durch das zerstörte Frankfurt ›gebummelt‹; diesen Ausdruck und auch die Sache selbst, für einen Weg von zwanzig Minuten zwei Stunden zu brauchen, habe Wilder besonders geliebt. Bei einem solchen ›Bummel‹, am letzten Tage, habe Suhrkamp ihn nach seinem Eindruck von Deutschland gefragt. Darauf Wilder, stehenbleibend, nach einem langen Schweigen und mit großem Ernst: ›Ich muß mein Leben ändern.‹ Suhrkamp habe auf eine nähere Erklärung gewartet und dann, als die nicht kam, gelacht, woraufhin Wilder, nun gleichfalls lachend und in völlig anderer Tonart, gesagt habe: ›Ja, natürlich kann ich mich nicht so sehr ändern, daß ich das ›Bummeln‹ lasse!‹ Diese nur scheinbare Leichtigkeit, meint Suhrkamp, sei charakteristisch; im Grunde lebe auch Wilder irgendwie verzweifelt. Ich sehe ihn fragend an. ›Nun, so wie jedermann heute in der Verzweiflung lebt! Das Glück spielt doch gar keine Rolle mehr!‹ Ich frage zurück: ›Vielleicht nicht das Glück, aber die Glückseligkeit?‹
Es kommt dann die Rede auf die ›Frankfurter Hefte‹, unter deren Redakteuren ich einige Freunde habe, mit denen ich ständig streite über die ›Richtung‹ der Zeitschrift. Meine Einwände: zu

Gesprächsrunde im Radio Frankfurt 1949
Kurt Desch, Ernst Rowohlt, Peter Suhrkamp, Dr. Hartmann Goertz

wenig Identifizierung mit dem deutschen Volk; zuviel prinzipielles Mißtrauen gegen die Tradition; romantische Überschätzung der Arbeiterschaft; spielerischer Umgang mit Radikalismen; Faszination durch das bloß ›gut Gesagte‹. Vor allem: ›Gäbe es unter den deutschen Zeitschriften einen konservativen Gegenspieler, so wäre vielleicht alles in Ordnung; der aber kann sich nicht äußern in der gegenwärtigen politischen Situation.‹ Zu meiner Überraschung stimmt Suhrkamp alledem ohne Vorbehalt zu; mit einiger Verwunderung höre ich ihn sogar sagen: ›Ich bin nichts als konservativ. Aber das ist vielleicht revolutionärer als das Fortschrittliche.‹ – Zum Abschied bekomme ich ein Rohbogen-Exemplar von T. S. Eliots ›Familientag‹ mit auf den Weg, von ihm selbst zusammen mit Rudolf Alexander Schröder verdeutscht.« (Aufzeichnung von Josef Pieper ›Gespräch mit Peter Suhrkamp Sommer 1949‹)

27. Juni 1949: Gesprächsrunde im Radio Frankfurt (Hessischer Rundfunk) mit den Verlegern Kurt Desch, Ernst Rowohlt, Peter Suhrkamp und Moderator Dr. Hartmann Goertz über die aktuelle Situation der Verlage und des Buchhandels. »Ich meine, daß in der Vergangenheit durch die Methode des

Nationalsozialismus, durch organisierte und technisierte Methoden wohl Bücher an viele Menschen herangebracht worden sind, daß diese Bücher aber nicht an tatsächliche Leser gekommen sind. Die Schicht der Leser, der wirklichen Leser, derer, die ein Verhältnis zur Literatur, zur Kunst, zum Buch haben, die ist immer und in jedem Land sehr gering gewesen. Und auf diese Schicht muß es uns in erster Linie einmal ankommen. Ich glaube, daß ein breiteres Publikum nur von dieser Schicht aus gewonnen werden kann.«

Bis Sommer 1949 gab es keine Störung im Verhältnis zur Familie S. Fischer. Silvester 1946 hatte Hedwig Fischer, die Witwe von Samuel Fischer, an Suhrkamp geschrieben: »Ich möchte Ihnen noch von Herzen danken und Ihnen sagen, wie glücklich ich bin, daß die alte Tradition des Samuel Fischer Verlages in Ihren Händen so gut und treu aufgehoben ist; ich wünsche und hoffe, daß dies noch für lange Jahre so bleiben wird.« (New York 31. 12. 46)

Dem verehrten Peter Suhrkamp mit
herzlichen Neujahrswünschen in
Dankbarkeit Hedwig Fischer.
31. 12. 46 New York

Hedwig Fischer

Gottfried Bermann Fischer, Benvenuto und Margarete Hauptmann, Peter Suhrkamp, Brigitte Fischer

Suhrkamp erhielt die von ihm gewünschten, wichtigen Lizenzen, Thomas Mann, Ernest Hemingway, Thornton Wilder, Stefan Zweig und andere.

Am 6. September 1949 erhebt Bermann Fischer den Anspruch, daß die Verlage Berlin und Frankfurt bis Ende 1949 an die Familie S. Fischer zurückgegeben werden müßten.
Am 14. November 1949 fordert Bermann Fischer von Suhrkamp, die Berliner Firma nach Frankfurt überzuführen. Das wurde von Suhrkamp abgelehnt. In den Verhandlungen konnten sich Peter Suhrkamp und Gottfried Bermann Fischer nicht einigen; vieles von dem, was Bermann Fischer for-

derte, erschien Suhrkamp als Zumutung; er selber sollte als (jederzeit kündbarer) Verlagsberater fungieren. Am 8. Februar 1950 kündigte Gottfried Bermann Fischer das angebliche Treuhand-Verhältnis, verbot Suhrkamp das Betreten der Verlagsräume und reichte in Frankfurt eine Klage vor der Wiedergutmachungskammer ein.
Thomas Mann schreibt an Suhrkamp: »Über Zürich dringt ein Gerücht zu mir, angeblich aus London stammend, daß zwischen Ihnen und Bermann ernste Zwistigkeiten ausgebrochen seien und daß das Ihr Ausscheiden aus dem Verlag zur Folge gehabt habe. Ich will sehr hoffen und glaube vorläufig fest, daß das wilde und unsinnige Gerüchte sind, wäre Ihnen aber doch recht dankbar, wenn Sie mir zu meiner Beruhigung (denn beunruhigt bin ich) sagen wollten, wie es steht und wie es zu diesen Gerüchten kommen konnte. Ich habe zu Ihnen und zu Ihrer Führung des Verlages immer besonderes Vertrauen gehabt und es würde sehr Bedenkliches und Ernstes für mich bedeuten, wenn diese Geschichten auf Wahrheit beruhten.« (Brief vom 17. März 1950)
Suhrkamp an Thomas Mann: »Das Gerücht, das zu Ihnen drang, eilt den Ereignissen voraus. Seit Oktober 1949 stand mein Ausscheiden auch aus der Leitung der Verlage und die Verabschiedung mit einem Verlagsberatervertrag alle Augenblicke bevor. Ich war auch selbst oft soweit um des Friedens und des Verlages willen. Wenn es nicht dazu kam, so deshalb, weil ich wußte, ich würde damit Autoren, die mir freundschaftlich verbunden sind, in Verlegenheit bringen. Gegenwärtig steht es so, daß alle erdenklichen Mittel von Bermanns gegen mich eingesetzt werden. Das Ende läßt sich nicht absehen; ich bin oft verzweifelt über die Perspektiven, die man sehen kann und muß. Es geht, kurz gesagt, darum, daß an meinen wiederholt geäußerten und auch unverändert bestehenden Wunsch und Willen, das Erbe von S. Fischer der Familie zurückzugeben, seitens der Familie Bedingungen und Zumutungen geknüpft worden sind, die ich im persönlichen

Gottfried Bermann Fischer und Peter Suhrkamp vor dem Hebbeltheater in Berlin

Interesse und nach meinen Einsichten in die Differenziertheit unseres Verlages sowie in die Mentalität von Herrn Dr. Bermann und seiner Kompagnons nicht annehmen konnte. Es will mir nicht richtig erscheinen, im gegenwärtigen Stadium Einzelheiten mitzuteilen. Ich will immer noch hoffen, daß eine interne Verständigung doch noch gelingt und es zu einem Prozeß vor der Öffentlichkeit, den Dr. Bermann beantragt hat, nicht kommt.« (Brief vom 23. 3. 1950)

Da Suhrkamp keinesfalls einen Prozeß wünscht, den zwei »Verfolgte des Naziregimes« gegeneinander führen, kommt es am 26. 4. 1950 zu einem Vergleich vor dem Landgericht Frankfurt.
Die Präambel des Vergleichs lautet:

»Veranlaßt durch das Bestreben nationalsozialistischer Kräfte, den S. Fischer Verlag in Besitz zu nehmen, und zur Abwehr dieser Bestrebungen haben die Herren Dr. Gottfried Bermann Fischer und Peter Suhrkamp im Jahr 1936 einen Weg gesucht und gefunden, Namen, Substanz und Tradition des Verlages rechtlich und tatsächlich zu erhalten. Als dies, teils im Ausland, teils im Inland, gelungen war, bemühten sich beide Partner nach 1945, den in Deutschland inzwischen durch Kriegsereignisse zerstörten Verlag wieder aufzubauen.
Dieses ihr Zusammenwirken betrachteten beide Partner im Sinn eines im übereinstimmenden Ziel wurzelnden Treuhand-Verhältnisses.
Die nachstehend getroffene Vereinbarung soll nunmehr als Durchführung des gemeinschaftlichen Bestrebens dazu dienen, einerseits den S. Fischer Verlag in seiner ursprünglichen Form wieder herzustellen, andererseits die unter dem Namen Peter Suhrkamp entfaltete verlegerische Tätigkeit als Peter Suhrkamp Verlag zu erhalten.«

Nach dem Vergleich konnten 48 Autoren votieren, ob sie im S. Fischer Verlag verbleiben oder in einem neugegründeten Suhrkamp Verlag veröffentlicht werden wollten; nicht votieren konnten Autoren, die von Bermann Fischer im Ausland veröffentlicht wurden, so zum Beispiel Thomas Mann. 33 Autoren entschieden sich für Suhrkamp. Das Votum Hesses für Suhrkamp war die wesentliche Entscheidung.
Gottfried Bermann Fischer hat in seinem Erinnerungsbuch »Bedroht, bewahrt«, Frankfurt 1967, eine einseitige Darstellung gegeben; er schließt das betreffende Kapitel mit dem Satz: »Einen Schlüssel zu Suhrkamps Verhalten habe ich nicht.« Dieser Schlüssel heißt Hermann Hesse. Als der resignierte und enttäuschte Suhrkamp, der nur schwer krank in

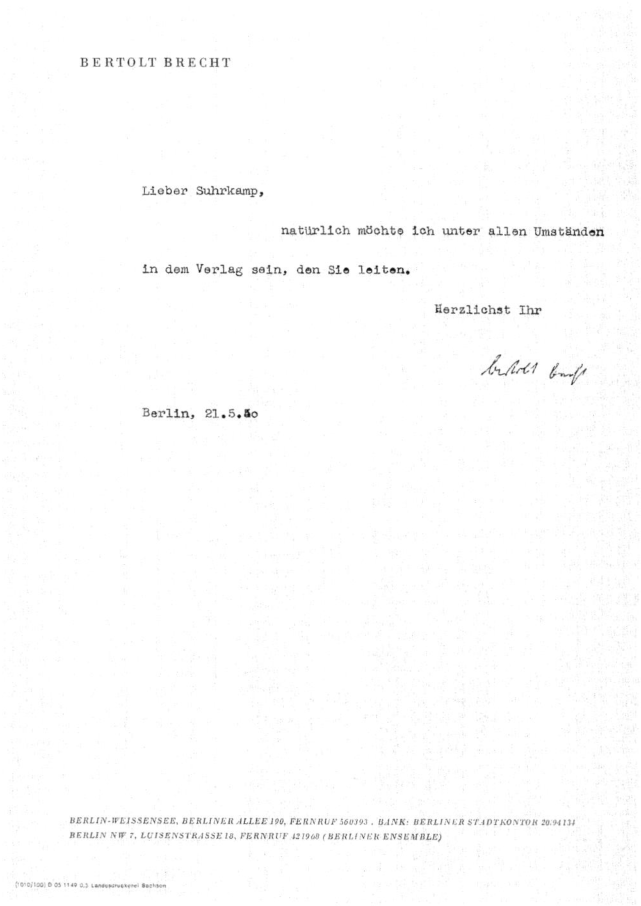

BERTOLT BRECHT

Lieber Suhrkamp,

natürlich möchte ich unter allen Umständen in dem Verlag sein, den Sie leiten.

Herzlichst Ihr

Berlin, 21.5.50

BERLIN-WEISSENSEE, BERLINER ALLEE 190, FERNRUF 560393 . BANK: BERLINER STADTKONTOR 20/94134
BERLIN NW 7, LUISENSTRASSE 18, FERNRUF 421968 (BERLINER ENSEMBLE)

(1010/100) D 05 1149 0,3 Landesdruckerei Sachsen

die Verhandlungen mit Gottfried Bermann Fischer gehen konnte, nahe daran war, alles aufzugeben, telegrafierte ihm Ninon Hesse am 6. 2. 1950: »Denken Sie an Hermann Hesse, der sich schwere Sorgen macht. Geben Sie die Verlage nicht zurück.«

Sie wissen, daß ich im Begriff bin, meinen Verlag neu zu begründen oder zu konstituieren.

Suhrkamp unternimmt Reisen zu Autoren. Am 12. Juni konnte er zum ersten Mal mit Hermann Hesse in Montagnola über die Geschichte und die Modalitäten der Trennung vom S. Fischer Verlag sprechen. Seit diesem Besuch datiert das Du in der Beziehung zwischen Hesse und Suhrkamp.

»Und da reise ich mal wieder durch die Städte, um abzutasten, wo wäre der richtige Platz für diesen Verlag.«

»Es ist nicht ganz richtig, wenn Sie sagen, daß ich einen eigenen Verlag ganz neu begründen will, sondern es ist so, daß ich einen Teil des bis jetzt von mir geführten Verlages zu mir übernehme und von dort aus weiter baue.« »... wir haben uns dahingehend verständigt, daß die Autoren, die mit mir 15 und 20 Jahre lang gearbeitet haben, wenn sie es von sich aus wünschen, mit mir gehen können. Das ist eine ganze Reihe. Es steht noch nicht fest, wer sich dazu entschließen wird. Bis jetzt hat sich beispielsweise Hermann Hesse entschlossen, mit mir zu gehen, daneben Hermann Kasack, Bertolt Brecht, Rudolf Alexander Schröder. Wenn ich diese Namen nenne, dann deute ich damit eigentlich schon ein Programm an.«

»... Ich werde auf keinen Fall den Verlag ausweiten nach dem ausgesprochenen Politischen hinüber, sondern ich werde immer einen literarischen Verlag führen.« »... ich glaube, daß ein Verlag sehr viel tun kann, um die Produktivität bei den Autoren und auch die originale Produktivität zu fördern, dahinein Impulse zu geben. Und da läge eigentlich wesentlich mein Interesse.« (Peter Suhrkamp am 10. Mai 1950 in einem Interview mit Karl Schwedhelm)

Mein Beruf –
dieser schöne Verlegerberuf

1949

1. Juli 1950: Die Einzelhandelsfirma Suhrkamp Verlag Frankfurt ins Handelsregister Frankfurt eingetragen.

In *einem* Büroraum bei dem Buchgrossisten Fleischer in der Neuen Mainzer Straße 56 arbeiteten von der ersten Stunde an Helene Ritzerfeld (als Suhrkamps rechte Hand), Andreas Wolff (als Geschäftsführer), beide von S. Fischer kommend, und Lina Roser (Buchhalterin); ab 1. Oktober, als ein zweiter Büroraum möglich war, kamen vom S. Fischer Verlag Friedrich Podszus (als Lektor), Elfriede Riepe (für den Verkauf) und Elisabeth Hamann (als Sekretärin). In der Berliner Geschäftsstelle arbeiteten Margarete Franck-Severin, Ursula Schwerin (als Sekretärin) und Friedrich Hermann (als Hersteller). Als Buchvertreter für Norddeutschland arbeitete Günther Nobis, für Süddeutschland Dr. Georg Schauer, später Bernhard Krohn (der sich besondere Verdienste in der Durchsetzung des Suhrkamp-Programms im Buchhandel erwarb).
Übrigens war die erste Zahlung, die auf dem neuen Suhrkamp-Konto einging, eine Überweisung des S. Fischer Verlages, die diesen noch irrtümlich erreicht hatte: DM 250,– für eine Hesse-Lizenz. Es war das erste Kapital des Verlages.
Am 18. 7. 1951 wurde die Einzelfirma umgewandelt in eine Kommanditgesellschaft; der erste Kommanditist Manfred Rosenthal wurde am 1. 1. 1953 von der Volkart GmbH Bremen abgelöst. Am 1. 1. 1963 schied die Volkart GmbH aus, und Balthasar Reinhart und Peter Reinhart, Winterthur, traten persönlich als Kommanditisten ein.

Natürlich muß ich versuchen, meinem neuen Verlag ein möglichst gegenwärtiges Gesicht zu geben, das auch Zukunft verspricht. So darf ich also in der Wahl meiner Autoren nicht nach rückwärts ausgreifen.

Wie Suhrkamp diese Vorstellung realisiert, zeigt das Eröffnungsprogramm der Jahre 1950 und 1951.
Die beiden ersten Bücher:
T.S. Eliot, Ausgewählte Essays
Max Frisch, Tagebuch 1946-1949

Danach erscheinen:
Theodor W. Adorno: Minima Moralia
Walter Benjamin: Berliner Kindheit um 1900
Bertolt Brecht: Versuche 10 und 11
Oscar Walter Cisek, Vor den Toren
Hermann Hesse, Späte Prosa
Halldór Laxness, Islandglocke
Bernard Shaw, Klassische Stücke
Dolf Sternberger, Figuren der Fabel

Wichtige Neuauflagen:
Hermann Hesse, Das Glasperlenspiel. In einem Band.
Hermann Kasack, Die Stadt hinter dem Strom.

An diesem Programm ist die verlegerische Intention Suhrkamps deutlich abzulesen. Sie entfaltet sich bis zu seinem Tode hauptsächlich in drei Bereiche:

Erster Bereich: Verlegerische Bemühungen um zeitgenössische Literatur, um den jungen Autor, um »das erste Buch«. Dabei war Suhrkamp nicht der Autor wichtig, der ein erfolgreiches Buch, sondern der, der ein Werk verhieß. »Es geht mir nicht um den Einzeltitel, sondern um den Autor in seiner Gesamtphysiognomie.«

Ernst Heimeran kennzeichnete einmal den Verleger als den »Architekten des Buches«. Suhrkamp war Architekt und Baumeister und Handwerker. Er hatte eine physische, magische Beziehung zur Herstellung eines Buches. Von den Pflichten des Verlegers war ihm immer die »Verfertigung« bei weitem wichtiger als die »Verbreitung« des Buches.

Joachim Kaiser: »Was gehört dazu und wann merkten Sie, daß Sie ein Verleger waren?«
Suhrkamp: »Ich glaube, jeder Verleger ist auf anderem Wege zum Verleger geworden. Was mich betrifft, hatte ich gar keine Ahnung, als ich schon weit drin war, daß ich überhaupt auf dem Wege war. Und wenn ich Ihnen ehrlich über mich Auskunft geben soll, muß ich sagen: ich weiß heute noch nicht, ob ich ein wirklicher und richtiger Verleger bin. Ich glaube nur, daß es eine Begabung bei mir gibt, die mich doch bestimmt hat, Verleger zu werden, und die mir auch die Möglichkeit gibt, einige Dinge richtig zu realisieren. Das ist allerdings nicht die Begabung, die man meistens voraussetzt, nämlich fürs Literarische. Sondern die Begabung, das, was auf Blättern geschrieben da ist, auf einem ganzen Konvolut von Blättern, in eine plastische Gestalt zu übersetzen, in die Buchgestalt. Sie können sich wahrscheinlich den Prozeß gar nicht vorstellen, den das mit sich bringt. Daß es tatsächlich so ist, daß ich ein Manuskript gelesen habe, daß es mich interessiert, daß es mich angeregt hat, es nun wirklich in ein Buch, in einen Buchkörper zu übersetzen, daß ich aber herumlaufe wie Sie vielleicht als Schriftsteller, geplagt von der Vorstellung: ja, wie kann man das machen, was muß man machen, wie muß es sein? Die Vorstellung bildet sich aus, und dann ist es sehr oft noch ein langer Weg bis zur Realisierung dieser Vorstellung. Diese Realisierung sieht nicht etwa nur rein technisch aus, besteht nicht nur in rein technischen Vorgängen, ist auch nicht nur eine Geschmacksfrage, ist auch nicht nur eine Frage des Könnens, sondern es spielen selbst dabei,

möchte ich sagen, intuitive Dinge eine Rolle mit.« (Interview mit Joachim Kaiser, März 1956)

Der zweite Bereich: In seiner Programmkonzeption dachte Suhrkamp als Lehrer. Er wollte sammeln, belehren, bilden. Charakteristisch war für ihn der Versuch der »Literaturbriefe«: in den Jahren nach 1946, als es nicht möglich war, die Originale zu veröffentlichen, sollten Arbeiten über originale Dichtungen als Ersatz dienen. Im Herbst 1951 begann Suhrkamp mit einem »groß angelegten Werk«: ›Zwischen den beiden Kriegen‹: »In einem großangelegten Werk von vier Bänden wird durch Autoren, deren generelle und spezielle geistige Physiognomie aus jener Zeit ihre Prägung empfing, das künstlerische Leben zwischen den beiden Weltkriegen dargestellt. Jeder Band bietet außerdem Material, nach dem der Leser das Bild für sich ergänzen, beleben und kontrollieren kann.«
Die vier Bände:
Max Bense: Die Philosophie, 1951
H.H. Stuckenschmidt: Neue Musik, 1951
Will Grohmann: Kunst und Architektur, 1953
Der geplante vierte Band, Peter Suhrkamp, ›Literatur und Theater‹, wurde nicht verwirklicht.
Seiner Neigung zum Sammeln hatte er schon bei Fischer genügen können, dort erschien die Reihe der ›Pantheon Ausgabe klassischer Literatur‹. 1942 begann Suhrkamp ›Das Gesammelte Werk. Ausgabe letzter Hand‹ von Gerhart Hauptmann erscheinen zu lassen, allein die erste Abteilung war auf 17 Bände angelegt. Jetzt im neuen Verlag waren es vor allem Gesamtausgaben und die ›Bibliothek Suhrkamp‹, die ihn persönlich beschäftigten. An Gesamtausgaben erschienen bis zu seinem Tode: Hermann Hesse, Gesammelte Dichtungen, 6 Bde. 1952 (später ›Gesammelte Schriften‹, 7 Bände 1957). Rudolf Alexander Schröder, ›Gesammelte Werke‹, 5 Bände 1952, Ernst Penzoldt ›Gesammelte Schriften‹, 3 Bände 1949-

1952. Beginn der ursprünglich auf 5 Bände, später auf 40 Bände anwachsenden Ausgabe Brecht mit den ›Stücken 1 und 2‹ 1953. Marcel Proust ›Auf der Suche nach der verlorenen Zeit‹, 7 Bände 1953-1957. Walter Benjamin, ›Schriften‹, 2 Bände 1955. Oskar Loerke, ›Gedichte und Prosa‹, 2 Bände 1958.

Der dritte Bereich war für die Öffentlichkeit nahezu unsichtbar: Peter Suhrkamp als »Theater-Verleger«. Auch hier unterschied sich Suhrkamp vollständig von der Vorstellung seiner Kollegen in anderen Theater-Verlagen. Auch hier war ihm die Qualität der Aufführung wesentlich wichtiger als die Quantität der Aufführungszahlen, ja manchmal verhinderte, ja verbot er mehr als er förderte und ermutigte. Das war nicht nur der frühere »Doktorregisseur« in ihm. Er war von der Theaterarbeit Brechts beeinflußt und geprägt, und er genoß das Vertrauen T.S. Eliots, dessen Stücke er ins Deutsche übersetzen ließ, von Rudolf Alexander Schröder, von anderen Übersetzern, mit denen er oft zu deren Verzweiflung »arbeitete«, und schließlich übersetzte er Eliot selbst, indem er der Rohübertragung durch Helene Ritzerfeld den letzten Bühnen- und Buchschliff gab.

Helene Ritzerfeld

Ganz charakteristisch und vollkommen der Auffassung Suhrkamps entsprechend, forderte Brecht in seinem ersten Brief aus den USA an Suhrkamp im Oktober 1945: »Fünf Jahre hielten wir uns in Dänemark auf, 1 Jahr in Schweden, 1 Jahr in Finnland, wartend auf Visa und wir sind jetzt an vier Jahre in den USA, in Kalifornien. Natürlich schrieb ich eine Menge und ich hoffe, wir können einiges davon zusammen durchnehmen. (Nebenbei: sagen Sie, wo immer Sie das können, daß ich dringend bitte, keine größeren Arbeiten von mir, alt oder neu, aufzuführen, ohne daß ich dazu Stellung nehmen kann. Alles braucht Änderungen.«*)

Das galt nicht nur für Brechts Stücke-Texte, sondern auch für Suhrkamps Auffassungen der Probenarbeit. Wesentliche Inszenierungen, an denen er sich als »kritischer Zuschauer« beteiligte: Brecht-Aufführungen in Frankfurt, Eliot-Aufführungen bei Gustaf Gründgens und Frisch-Aufführungen in Frankfurt.

Das Jahr 1950: Meine vornehmste Legitimation: Ich bin ein Leser.

16. Januar 1950: Max Frisch schickt das Manuskript ›Tagebuch 1946-1949‹ an Suhrkamp.

20. Januar 1950: Antwort auf eine Umfrage der ›Neuen Zeitung‹ wegen Einführung des Schund- und Schmutzgesetzes: »Ich bin entschieden gegen ein neues Schund- und Schmutzgesetz. In der Vergangenheit haben derartige Gesetze nach

* Die Beziehung Brechts zu Suhrkamp wird ausführlich dargestellt in: Siegfried Unseld, ›Der Autor und sein Verleger‹. Vorlesungen in Mainz und Austin. Frankfurt am Main 1978 (auch 1985: suhrkamp taschenbuch Band 1204).

meiner Beobachtung das Gedeihen von wirklichem Schund und seine Einwirkungen nicht beeinträchtigt, weil sie ihn meistens gar nicht trafen, sondern in vielen Fällen die Neugier erst auf das Vorhandensein gelenkt. Sie werden perverse und krankhafte Neigungen auch niemals verhindern oder unterbinden können. Dagegen ist manches Ungewöhnliche, Kräftige und Sinnliche beeinträchtigt worden. Jeder Mensch mit Geschmack wird an Schund und Schmutz bald von selbst die Lust verlieren. Ich bin dafür, daß von Verlegern und Publizisten alle Kräfte positiv für die Bildung von Geschmack und Urteil in der breiten Öffentlichkeit eingesetzt werden.«

Am 31. Januar 1950 liest Max Frisch beim 4. Leseabend des Suhrkamp Verlages in Frankfurt aus ›Graf Öderland‹. Suhrkamp führt ihn ein:
»Ich begrüße Sie am 4. Leseabend meines Verlages in diesem Winter. Thema unserer jetzigen Veranstaltungsreihe ist das dichterische Theater. Heute wird zum ersten Mal bei uns ein moderner Dramatiker aus seinem Werk vorlesen:

Der junge Schweizer Max Frisch.

Neben ihm gibt es in der heutigen Schweiz noch einen bemerkenswerten Dramatiker unter den Jungen: Friedrich Dürrenmatt.
Sie werden Max Frisch gleich selbst sehen und hören. Vielleicht kommen Sie auch zu dem Eindruck, den ich hatte, als ich ihn das erste Mal sah und sprach: unbedingt ein Dichter – was daraus werden mag, muß sich zeigen.«

Rede am 8. Mai 1950 in der Paulskirche, Frankfurt am Main:
»Was nun meine Legitimation betrifft, die Doppelfrage: Kann das Buch uns helfen – müssen wir dem Buch helfen? zu stellen, so liegt sie nicht so sehr darin, daß ich Verleger bin, dann das könnte in Ihren Augen bedeuten, daß ich in erster

Einführung von Max Frisch
bei der Lesung aus ›Graf Öderland‹

Linie am Buchgeschäft interessiert, und meine Antwort von da aus bestimmt wäre – nein: meine vornehmste Legitimation ist, daß ich ein Leser bin, ein Leser von solchen Graden, daß ich mir ein Leben ohne Bücher nicht vorstellen kann. Ich glaube, man ist heute damit ein altmodischer Mensch. Wenn es keine Bücher geben sollte, würde ich mir welche machen. Und meine Freude am Verlegersein liegt zu einem Teil darin, daß ich die Bücher machen kann, die ich haben und lesen möchte. Leider längst nicht alle. Und es hat sich bei manchen der Bücher herausgestellt, daß auch andere, unter Umständen sogar viele, sie haben wollten. Übrigens habe ich mir mein erstes Buch – abgesehen natürlich von den Schulbüchern, den

Lehrbüchern, der häuslichen Bibel und dem Kirchengesangbuch – als Seminarist auf dem Lehrerseminar schon selbst gemacht: es war eine Gedichtanthologie, die ich handschriftlich in einem festen Notizbuch sammelte, weil ich mir damals Benzmanns ›Moderne Lyrik‹ bei Reclam für 1 Mark noch nicht kaufen konnte.«

8. September: In einem Brief an Autoren stellt Suhrkamp sein Programm vor.
»Ich lasse Ihnen, getreu unserer Gepflogenheit, den Autoren des Verlages von der gesamten Produktion ein Exemplar zu übersenden, um sie auf diese Weise an der Arbeit des Verlages teilnehmen zu lassen, heute ›Ausgewählte Essays‹ von T.S. Eliot und ›Tagebuch 1946-1949‹ von Max Frisch zugehen. Dieser Sendung kommt insofern eine besondere Bedeutung zu, als es die beiden ersten Veröffentlichungen meiner neuen Verlagsfirma sind, die auch seit der Loslösung von S. Fischer hergestellt wurden. (Hermann Hesse, ›Gedenkblätter‹ und ›Siddhartha‹, die im Juni zur Auslieferung kamen, gehörten noch in eine Übergangsproduktion, deren Herstellung bei der Trennung schon aufgenommen war.) Am 19. September werden Richard Hughes' Roman ›Ein Sturmwind auf Jamaika‹ und Hermann Hesses ›Peter Camenzind‹ folgen. Der Büchersendung liegt ein Prospekt an: ›Neue Bücher 1950‹, aus dem die weitere Produktion zu ersehen ist, die bis Ende Oktober fertig sein wird. Nur Heft 10 der ›Versuche‹ von Bert Brecht und ›Vor den Toren‹ von Oscar Walter Cisek erscheinen von den angezeigten Büchern im Frühjahr.
Für mich stellen diese beiden ersten Bücher des eigenen Hauses ein sozusagen ›freudiges Ereignis‹ dar, und ich möchte, daß Sie die Freude darüber mit mir teilen und sie mit prüfenden und freundlichen Augen besonders ansehen.«

Das Jahr 1951: Bücher für eine Leser-Elite.

28. März: Peter Suhrkamps 60. Geburtstag.
Die Autoren schenken ihm als Privatdruck ›Ausgewählte Schriften zur Zeit- und Geistesgeschichte von Peter Suhrkamp‹. Der Druck der 31 Beiträge geschah zur völligen Überraschung Suhrkamps, der bei der Überreichung kaum Worte finden konnte.

Im Vorwort Hermann Hesses Glückwunsch für Peter Suhrkamp:
»Wenn nun das Mitleid und die Besorgtheit in meinem Verhältnis zu dir immer eine Rolle spielten und spielen, so war es doch niemals das Mitleid zweiten Ranges, das der Starke mit dem Schwachen, der Gesicherte mit dem armen Teufel zu fühlen gelegentlich fähig ist. Vielmehr war es so, daß ich überall gerade da, wo du gefährdet, geplagt und schutzbedürftig schienest, in deinem Wesen und in deinem Dulden eine meinem eigenen Wesen verwandte Art der Gefährdung und Verletzbarkeit spürte. Oft habe ich dir, mit Wut beinahe, mehr Härte, mehr Abwehrkraft und Angriffslust und weniger Duldsamkeit, weniger Ergebenheit gewünscht, und doch war es gerade dieser Mangel an Härte, diese Duldsamkeit und Leidensbereitschaft, die ich im Innersten verstand und mitfühlte, und die mein Herz für dich gewann. ›Peter, werde hart‹, habe ich manches Mal gerufen, und dabei dich gerade darum gern gehabt, weil du nicht härter warst.
Aber ich möchte nicht Psychologie treiben und des Näheren untersuchen, wie weit unsre Kameradschaft auf der Gegensätzlichkeit, wie weit sie auf der Ähnlichkeit unsrer Naturen beruhte. Wir wollen daran nicht weiter rühren. Ich wünsche dir heute aus ungetrübtem Egoismus, daß deine Kraft noch lange nicht erlahmen möge. Es gibt Verleger genug, die auch ohne Autoren leben können, während das Gegenteil nicht vorkommt.
Du führst ein Leben, dem meinen so fremd und unähnlich wie nur möglich, ein Leben der Unrast, der Unbequemlichkeit, überfüllt mit Menschen, Reisen, Besuchen, Telefonaten, fortgewirbelt wie im Schwung einer Zentrifuge. Das tun viele, das tun die meisten. Aber es geht dennoch Ruhe von dir aus, nie wirkst du auf mich aufregend, ich sah dich selten anders als gehetzt und beladen, und dennoch niemals ungeduldig. Du hast etwas tief

Peter Suhrkamp, Anfang der fünfziger Jahre

Christliches und zugleich etwas Östlich-Stilles in dir, einen Hauch von Tao, eine verborgene Verbindung mit dem Innern, dem Herzen der Welt. An diesem Geheimnis werde ich noch oft herumsinnen.«

Verleihung der Philosophischen Ehrendoktorwürde durch die Philosophische Fakultät der Johann Wolfgang Goethe-Universität, Frankfurt.

Suhrkamp an den Dekan Max Horkheimer:
»Als mir an meinem Geburtstag die Verleihung des Ehrendoktors durch die Philosophische Fakultät der Johann Wolfgang Goethe-Universität mitgeteilt wurde, war ich im Augenblick überrascht und ergriffen und konnte nur als Antwort meine verwirrten Gefühle aussprechen. Jetzt, da ich die

Urkunde in Händen halte, muß ich der Fakultät meinen Dank doch mit Bedacht zum Ausdruck bringen.
Bisher hatte ich nicht geglaubt, daß die Richtung meiner verlegerischen Arbeit nach außen Gestalt gewonnen und sich in der Wirkung abgezeichnet habe; die Anerkennung durch den Kreis so ausgezeichneter und hervorragender Männer ist mehr als ein öffentlicher Erfolg; sie bestätigt mir, daß ich Ideen nicht nur für meine Person huldigte, sondern, daß es mir auch gelungen ist, ihnen Realität zu verleihen und sie in gewissem Grade zu Ansehen zu bringen. Wobei ich mir bewußt bin, daß der Kreis, in dem das der Fall ist, eine Elite darstellt.
Ganz besonders bin ich aber durch die Tatsache beschenkt, daß ich zu einer Zeit, in der jeder seinen Ort und Zusammenhang in der natürlichen Welt und ihrer Gesellschaft verlor, in einen Kreis aufgenommen und in ihm berechtigt geworden bin, in dem jeder nach Kräften einen Teil der Tradition abendländischen Geistes verkörpert und sich gleichzeitig bewußt ist, daß die Zukunft im Heute und bei uns Menschen von heute im Nest liegt.« (Brief vom 5. April 1951)

4. April 1951: Brief an die ›Frankfurter Rundschau‹ auf die Nachricht hin, daß der Verlag das Erscheinen der Literaturseite eingestellt habe:
»Und daran bin ich nicht nur als Verleger interessiert, sondern viel mehr noch als Mensch dieser Zeit in dem gefährdeten Europa: denn wenn die geistigen Provinzen in unserem Leben aufgegeben werden, bedeutet das, daß unser Volk nicht mehr mittun wird in der abendländischen Familie. Fragen Sie die Öffentlichkeit, ob das der allgemeine Wille ist, indem Sie diesen Brief in Ihrer ›Frankfurter Rundschau‹ veröffentlichen und damit zur Diskussion stellen!
Fragen Sie Ihre Leser, ob sie einverstanden sind mit der bequemen und bisher immer so geübten Praxis, daß stets, wenn Papier knapp wird, zuerst das Literaturblatt gekürzt oder

weggelassen wird. Sie werden, glaube ich, eine für Sie sogar nützliche Belehrung erfahren: das geistige Leben mag an Kredit eingebüßt haben – das wirtschaftliche Kalkül ist zu seiner Beurteilung doch kein Maßstab. Bringen Sie die Sparten in Ihrem Blatt in das für heute stimmende Verhältnis. Leider hat die Not in unserem Land ergeben, daß der lauteste Schrei ›Wirtschaft!‹ heißt, aber das bedeutet noch nicht, daß es auch der Schrei ist, der aus der Ecke bei uns kommt, wo die Not am tiefsten ist. Fragen Sie Ihre Leser! Es könnte doch sein, daß Ihre Entscheidung nur eine Gewohnheit forterbt, die für eine nicht saturierte Zeit nicht gilt.«

1. Juni: Umzug des Verlags ins Domizil Schaumainkai 53.

Herbst 1951: Im Zentrum der Verlagsarbeit steht die Vorbereitung und Herausgabe der ersten 6 Bände der ›Bibliothek Suhrkamp‹. Hier die Ankündigung des Programms, die Titel der ersten 6 Bände und die Erläuterungstexte, die Peter Suhrkamp selbst jedem einzelnen Titel beigab:

BIBLIOTHEK SUHRKAMP

Die BIBLIOTHEK SUHRKAMP ist dem wahren Bücherfreunde zugedacht, jener Leser-Elite, der anzugehören das Bedürfnis aller ist, denen das gute oder erlesene Buch unentbehrliches Lebensgut geworden ist. In sich geschlossene Texte – Erzählungen, kleine Romane, Versdramen, Gedichte, Essays, Monographien, Biographien und Aphorismen – sollen in einem in jeder Beziehung gut ausgestatteten Bande zum Preise zwischen DM 3.50 und DM 4.50 vorgelegt werden. Die Bücher, im Umfang von 130 bis 200 Seiten, sind zu Geschenkzwecken besonders geeignet.

Band 1 HERMANN HESSE · DIE MORGENLANDFAHRT
Erzählung, 124 Seiten. Gebunden etwa 3.50 DM
Hesses inzwischen berühmt gewordene Erzählung, die Vorstufe zum ›Glasperlenspiel‹.

Band II EDITHA KLIPSTEIN · HOTEL IN KASTILIEN
Novelle, 128 Seiten. Gebunden etwa 3.50 DM
Wie gewinnt der junge Mensch in der heutigen Gesellschaft die freie, herrscherliche Persönlichkeit? Dieses von Editha Klipstein immer wieder variierte Thema kennzeichnet diese Novelle aus Spanien.

Band III R. A. SCHRÖDER · DER WANDERER UND DIE HEIMAT
Erzählung, 153 Seiten. Gebunden etwa 3.50 DM
Die einzige größere Erzählung des Dichters, so überraschend schön und meisterlich wie Hofmannsthals ›Andreas‹.

Band IV BERTOLT BRECHTS HAUSPOSTILLE
Gedichte, 164 Seiten mit Gesangsnoten.
Gebunden etwa 4.50 DM
Die nahezu legendär gewordene Gedichtsammlung von Brecht wird zum erstenmal seit 1927 wieder vorgelegt.

Band V HERBERT READ · WURZELGRUND DER KUNST
Vier Vorträge, mit 8 Abbildungen, 180 Seiten.
Gebunden etwa 4.50 DM
Der englische Dichter und Kritiker untersucht die Frage, ob im technisierten Zeitalter eine Erneuerung und Entfaltung der Kunst möglich ist.

Band VI PAUL VALERY · TANZ, ZEICHNUNG UND DEGAS
Studien, mit 8 Abbildungen, 168 Seiten.
Gebunden etwa 4.50 DM
In diesen Notizen aus Anlaß von Degas hat der große französische Skeptiker Valéry das Äußerste an Leichtigkeit und Klarheit des Stils erreicht.

August: Suhrkamp in Stuttgart, wo ihm Hermann Kasack aus dem neuen Roman ›Das große Netz‹ vorliest. Anschließend Kur in Badenweiler. Oktober: Reise nach Schweden, um Halldór Laxness zu treffen.
22. Oktober: Siegfried Unseld besucht Peter Suhrkamp in Frankfurt.
Dezember: Besuch bei Hermann Hesse in Baden.
Proben bei Gründgens' Inszenierung von Eliots ›Cocktail Party‹.

Das Jahr 1952: »Es fehlt der Mensch und darum hat er Freunde«

2. Januar: Eintritt von Siegfried Unseld in den Suhrkamp Verlag.
1952 ist dem weiteren Aufbau und Ausbau des Verlages gewidmet. Im Zentrum der Verlagsarbeit stehen Geburtstage: der 60. Geburtstag von Ernst Penzoldt, der 75. Geburtstag von Hermann Hesse und die Vorbereitung für den 75. Geburtstag von Rudolf Alexander Schröder im Januar 1953.
Januar: Suhrkamp erkrankt und liegt für Wochen in Königstein. Frühjahr 1952: Als erstes Buch der Monique Saint-Hélier im Suhrkamp-Verlag erscheint der Roman ›Morsches Holz‹. Suhrkamp hatte das Werk dieser Westschweizer Dichterin in Hesses Bibliothek kennengelernt. Im Herbst erscheint als zweiter Roman ›Der Strohreiter‹. Hermann Hesse schreibt: »Mit Saint-Helier ist eine neue Dichterin von hohem Rang in die europäische Literatur getreten.«

24. Mai: Vortrag vor der Bibliophilenvereinigung in Lindenfels.

14. Juni: 60. Geburtstag von Ernst Penzoldt. Suhrkamp bringt ›Causerien‹, den dritten Band der ›Gesammelten Schriften‹ in Einzelausgaben, ferner in der ›Bibliothek Suhrkamp‹ die Komödie ›Die portugalesische Schlacht‹ mit farbigen Zeichnungen Penzoldts, »für mich gehört sie zum Schönsten von Penzoldt ...«

»Weil es in jedem Fall fatal ist, Geburtstagsbriefe zu schreiben, fahre ich an seinem Geburtstag lieber zu Ernst Penzoldt nach München. Da braucht dann nichts gesagt zu werden, wir sitzen beieinander und reden dies und jenes,

Bei der Feier des 60. Geburtstages von Ernst Penzoldt

und ich weiß, daß ein gutes Wort in der Andeutung Ernst Penzoldt dann sehr glücklich machen kann, während er einen lobenden Aufsatz nicht recht glauben wird. Aber das ist doch nicht der eigentliche Grund, weshalb ich ihn an seinem Geburtstag besuche. Es macht mir einfach Freude, bei ihm zu sein. Ich machte durchgängig mit meinen Autoren eine Erfahrung: zunächst war ich nur an ihrem Werk interessiert; die Autoren erwiesen sich persönlich als recht schwierig; und jeder hatte seine besonderen Schwierigkeiten. Anfangs glaubte ich auch, ihnen in ihren Schwierigkeiten helfen zu müssen. Ernst Penzoldt zum Beispiel kam von der Beschäftigung mit Krankheiten nicht los. Ich veranlaßte ihn, ein Buch zu schreiben, das nur von Krankheit handelte, ›Der dankbare Patient‹. Ich glaube nicht, daß es ihm geholfen hat. Ich mußte erst lernen, daß alle Schwierigkeiten und Dunkelheiten zu einem Menschen gehören. Und heute habe ich meine besondere Freude an den Autoren, so wie sie nun einmal sind. Es kommt auf das ganze

Leben in einem Menschen an, und wenn einer es in jedem Moment für sich vollständig darstellt, deutet sich darin so etwas wie Genie an. Heute besteht der Vorrang der Dichter wie überhaupt der Künstler darin, daß sie allein die eigene Person behaupten und entwickeln und ihr eigentümliches individuelles Leben führen. An ihnen erfährt man noch, was ein Mensch ist; und das ist meine Freude.« (Brief an Ilse Urbach, 7. Mai 1952)

Aus Anlaß des 60. Geburtstags seines Freundes Ernst Penzoldt ließ sich Suhrkamp noch etwas einfallen. Wohl in Erinnerung an seine von ihm als wesentlich empfundene Zeit als Redakteur ließ er eine besondere Werbezeitung erscheinen: ›Morgenblatt für Freunde der Literatur‹ (in deutlicher Anspielung auf Cottas ›Morgenblatt für die gebildeten Stände‹). Die erste Nummer war Ernst Penzoldt gewidmet und trug ein Motto von Goethe: »Es fehlt der Mensch und darum hat er Freunde.« Die erste Nummer enthält einen Leitartikel von Peter Suhrkamp: »Was ich von einem modernen Roman erwarte.« Zehn Erwartungen werden formuliert, etwa, daß mindestens drei Figuren im Zentrum des Romans stehen müßten, sie sollten einer bestimmten Gesellschaft angehören, die Örtlichkeiten sollten konkret deutlich sein, die Sprache des Romans sollte an viele klassische Ausdrucksweisen erinnern und schließlich, als zehnte Forderung: »Daß der Roman bei allem Realismus der Darstellung insgesamt ein Märchen ist.« Das erste Morgenblatt enthält weiter Beiträge über Penzoldt von Erich Kästner, Wilhelm Diess, Hanns Braun und Annemarie Seidel.

2. Juli: Hesses 75. Geburtstag. Es erscheinen die ›Gesammelten Dichtungen‹ in 6 Bänden. Die Ausgabe, sorgfältig hergestellt, wird später als »Schönste Bücher des Jahres« ausgezeichnet. Hermann Hesse: »Schön ist die Gesamtausgabe geworden ... Untadelig und vollkommen, es konnte nicht

Hermann Hesse

besser gemacht werden. Ich gratuliere. Nur im Traum wäre mir etwas noch Hübscheres ersinnbar: ein winziges Taschenbüchlein von kaum 100 Gramm Gewicht, das durch Zauber bei jedem Aufschlagen immer grade das enthielte, was der Besitzer zu lesen wünschte (oder was ihm zu lesen nötig wäre)!« (Hesse an Suhrkamp, Ende Juni 1952)

Suhrkamp nimmt an der großen Festveranstaltung in der Oper in Stuttgart teil. Theodor Heuss hält die Festrede, eine Enkelin von Hesse zitiert aus den Werken. Suhrkamp berichtet: »Man konnte auf diese Weise den Eindruck haben, als würde der Geburtstag wirklich von der Stadt Stuttgart als Fest begangen. Aus Berichten, die ich von vielen Seiten bekommen habe, ist zu schließen, daß es in vielen Städten so war.« Suhrkamp nennt Hesse-Veranstaltungen in 30 verschiedenen Orten. Die Reden und neuen Aufsätze werden im Band ›Dank an Hermann Hesse‹ gesammelt.

20. August: Auf eine Umfrage der ›Frankfurter Rundschau‹ über die Todesstrafe schreibt Suhrkamp:
»Ich bin immer gegen die Todesstrafe gewesen, und nach Erfahrungen am eigenen Leib und Beobachtungen, die ich in mehreren Gefängnissen und einem Lager machte, bin ich es mehr denn je. Aber das wird nichts helfen. Denn wenn die Todesstrafe schon wieder diskutiert wird, wird sie auch wieder eingeführt werden, auch wenn alle, die gefragt werden, sich mit ernsthaften Gründen gegen sie aussprechen, das habe ich schon einige Male erlebt. Offenbar ist das so, weil die Regierenden sie immer wieder haben wollen.«

30. August: Die zweite Nummer des ›Morgenblatts‹ erscheint. Sie ist Wolf von Niebelschütz gewidmet aus Anlaß der Verleihung des Immermann-Preises der Stadt Düsseldorf an ihn für seine »über den Tag hinausweisende Lyrik« und seinen Barockroman ›Der Blaue Kammerherr.‹ Das Blatt ent-

Wolf von Niebelschütz

hält die Preisrede von Rudolf Alexander Schröder und einen Beitrag von Erwin Laaths über den Romancier Wolf von Niebelschütz.
Suhrkamp, der Niebelschütz oft begegnet ist, hatte 1951 den Gedichtband ›Sternenmusik‹ gebracht und 1952 eine Neubindung des ›Blauen Kammerherrn‹ vorgelegt.

Im September erscheinen die Herbstbücher: Theodor W. Adorno, ›Versuch über Wagner‹. Truman Capote, ›Die Grasharfe‹. Hermann Kasack, ›Das große Netz‹. Alfred Marnau, ›Das Verlangen nach der Hölle‹.

18. September: Suhrkamp besucht die Darmstädter Erstaufführung des ›König Oedipus‹ in der neuen Übertragung von Wolfgang Schadewaldt. Regie: Gustav Rudolf Sellner. Schadewaldt und Suhrkamp sind sich in den dreißiger Jahren begegnet, sie waren gemeinsam in Berlin und Potsdam in den Monaten vor und nach dem Mai 1945. Es war Peter Suhrkamp, der Wolfgang Schadewaldt zu den Übersetzungen der antiken Stücke angeregt hat. Im Frühjahr 1955 erscheint die Buchausgabe des ›König Oedipus‹.

Wolfgang Schadewaldt 1950

»Das Buch ist sehr schön ausgefallen, und halte ich es nun in der Hand, so gehen meine Gedanken über fast zehn Jahre in die Zeit zurück, wo Sie es waren, der mir die Anregung zu dieser Arbeit gab, die nun mein freundlich-feindlicher, mich begleitender Daimon geworden ist. Denke ich weiter an die letzten 5 Jahre der Mühsal und des oft bittren Schweißes, so war es auch immer wieder Ihr Bild, das mich veranlaßte, nicht nachzulassen, bis ich die richtige Art gefunden hätte. Wir *tun* wohl einiges in der Welt für einander, oder *versuchen* es: im geistig-unerbittlichen Bereich sind es jedoch die *stillschweigenden Forderungen*, die uns mehr als Tun und Geben fördern. Und also sage ich: haben Sie Dank.« (Wolfgang Schadewaldt an Peter Suhrkamp, 23. Juni 1955)

Schadewaldt hat den heutigen Bühnen die dramatische Kunst der Antike neu gegeben, er lieferte bei der überall angestrebten sprachlichen wie sachlichen Genauigkeit dem an dem Grundtext interessierten Liebhaber der Antike und Philologen übersetzerische Deutungen, die den Charakter von Kommentaren haben. Als 1964 der Band ›Griechisches Theater‹ mit den neuen Übertragungen von Aischylos, Sophokles, Aristophanes und Menander erscheint, widmet Schadewaldt dieses Buch »in memoriam Peter Suhrkamp«.

Bernard Shaw

25. September: Die dritte Nummer des ›Morgenblatts‹ erscheint »Aus Anlaß der Frankfurter Buchmesse«. Die Nummer enthält ›Marginalien zu meinem neuen Roman‹ von Hermann Kasack, ›Zur Entstehung meines Romans‹ von Alfred Marnau, Selbstanzeige des Essaybuches ›Versuch über Wagner‹ von Theodor W. Adorno. Das Extrablatt ist einer Zukunftsvision von Wolfgang Hildesheimer gewidmet: ›1965 – Letzte Buchmesse?‹.
Im Oktober erscheint der erste Band der ›Vorreden‹ von Bernard Shaw, dem 1953 ein zweiter folgt. Suhrkamp gibt dem Band eine ausführliche Einleitung mit, in der er sich voll zu Shaw bekennt.

Suhrkamp über Bernard Shaw:
»Shaw war kein Revolutionär, sondern ein Evolutionär. Seine Kritik entzündete sich an Bestehendem und nicht an einer Philosophie; und er glaubte an eine fortschreitende Entwicklung der Menschheit durch Aufklärung und durch Verbesserung der gesellschaftlichen Einrichtungen ...
Shaw balancierte seine geistige Existenz in einer auf Wahrheit

Besuch bei Rudolf Alexander Schröder 1957

und Humanität gerichteten ständigen Spannung. Wenn er, in dieser doppelten Spannung gehalten, redete und schrieb, trat ein Daimon aus ihm hervor. Das gilt für seine ›Vorreden‹ so gut wie für seine Stücke. Auch in seinen ›Vorreden‹ tritt Shaw in den verschiedenen Masken des Daimons vor uns auf. Shaw war einer der Großen Alten Herren unter uns, die so eindrucksvoll fremd sind und in jeder Zeit selten.«

November 1952: Als Vorreiter zum 75. Geburtstag von Rudolf Alexander Schröder erscheinen 4 Bände der ›Gesammelten Werke‹. Ein 5. Band wird zum Geburtstag im Januar 1953 erscheinen.

Das Jahr 1953: Stets auf dem Hohen Seil, und das ohne Sicherungsnetz.

1953 ist ein Höhepunkt von Suhrkamps verlegerischer Arbeit.
7. Januar: Vortrag vor der Goethe-Gesellschaft Oldenburg.

8. Januar vor der Goethe-Gesellschaft Hannover: ›Diese Zeit und ihre Bücher‹.
»Wie Sie wissen, gehöre ich vom Beruf zu den Buchmachern; ich gebe Büchern ihre Erscheinung, in der sie dann vor Ihre Augen und in Ihre Hände kommen. Dazu gehört wohl eine Ahnung vom Wesen eines Buches, aber ich bin kein Gelehrter der Literatur und ich bin kein Kritiker. Und ich bin glücklich, daß ich auf der Seite lebe, wo Bücher gemacht und nicht auf der Seite, wo Bücher kritisiert werden. Bitte, halten Sie sich das bei dem, was ich heute abend vor Ihnen sagen werde, gegenwärtig: Meine Beziehung zu Büchern besteht in einer Beteiligung an ihrer Gestalt. Und ich muß hinzufügen, daß ich als Buchmacher zu den konservativen gehöre. Was heißt das? Daß ich mich bei der Arbeit an Büchern auf die Elemente beschränke, die wesensmäßig zum Buch gehören.«

26. Januar: 75. Geburtstag von Rudolf Alexander Schröder. Der 5. Band der ›Gesammelten Werke‹ erscheint. Hermann Hesse an Schröder:

»Das schönste Geschenk, das Liebe und Verehrung irgend ausdenken konnte, ist Ihnen ja auch zuteil geworden: die köstliche Gesamtausgabe in 5 Bänden, mit denen Sie unser treuer Freund Peter Suhrkamp beschenkt und mit der er uns Freunde beglückt hat. Diese 5 gewichtigen Bände, die Ihnen ja auch in Ihrer Eigenschaft als Kenner und Förderer des schönen Buches eine Freude und Erfüllung bedeuten werden, enthalten ein Lebenswerk von großartiger Einheitlichkeit. Kein andrer lebender Dichter, glaube ich, hat sein Selbstbildnis auf einen so soliden, von vielen Zeitkrankheiten so unangegriffen gebliebenen Grund gemalt, von keinem sind die beiden heiligen Erbgüter des abendländischen Geistes, das antike und das christliche, so treu und standhaft einer ungläubigen Epoche zum Trotz bewahrt und neu belebt und in tätigen Besitz genommen worden.«

Suhrkamp berichtet Hesse von den Feierlichkeiten in Bremen:
»Nun liegen die Schröder-Tage in Bremen schon wieder eine Woche hinter mir. Es waren im ganzen recht behagliche, freundlich-bürgerliche Festtage. Das freundliche Behagen Schröders wurde besonders unterstrichen durch die Art des Bremer Bürgermeisters Kaisen, eines Bauern übrigens, über Mitte sechzig, sehr schlicht, wortkarg, aber weniger aus Verschlossenheit als aus einer Sicherheit in sich heraus, der auch als Bürgermeister noch auf seinem kleinen Hof in der Nähe Bremens weiter wohnt und arbeitet, und in seinen Ansprachen auf eine schöne Weise über seine gelegentlichen Erlebnisse beim Vortrag von Schröders Gedichten und Übersetzungen berichten konnte. Dazu eine innige Freundlichkeit von den Vertretern der Akademien in Leyden und Gent, und schließlich Theodor Heuss, dessen Wirkung Du Dir vorstellen kannst. Jedenfalls, es waren wirklich behagliche Festtage, wie sie hier nur noch in einer alten Stadt möglich sind.« (Brief an Hesse, 3. Februar 1953)

Februar: Peter Suhrkamp zur Kur in Höchenschwand.

22. Februar - 3. März: mit einer Verlegergruppe auf Einladung der französischen Regierung in Paris. »Mein Pariser Aufenthalt ist im Ergebnis zwiespältig. Einmal hat sich herausgestellt, daß eine derartige kurzfristige Exkursion für mich in meinem Alter doch schon zu anstrengend ist. Ich bin also etwas überanstrengt zurückgekommen. Andererseits waren die neuen Eindrücke doch so vielfältig und besonders, daß der Besuch doch auch eine Auffrischung bedeutete.« (Suhrkamp an Hesse, 9. März 1953)

Suhrkamp hatte sich auf Anregung seines Freundes Eppelsheimer im Théâtre de Babylon die Aufführung von Becketts ›Godot‹ angesehen (Uraufführung am 5. Januar 1953. Regie:

In Paris Februar/März 1953

Roger Blin) und war Beckett auch persönlich begegnet. Es war weniger die Aufführung als vielmehr die Persönlichkeit Becketts, die Suhrkamp veranlaßte, sich spontan verlegerisch des Werkes von Beckett anzunehmen. Schon im Herbst erschien in der Übersetzung von Elmar Tophoven ›Warten auf Godot‹. Suhrkamp faßte sofort den Plan, Becketts drei Romane, ›Molloy‹, ›Malone meurt‹, ›L'Innommable‹ in deutscher Übersetzung in einer Kassette herauszugeben. Den Plan mußte er aus Rücksicht auf »äußere Umstände aufgeben«: Erich Franzen hatte ›Molloy‹ übersetzt, doch Franzen sah sich nicht in der Lage, die Übersetzung der beiden anderen Romane zu übernehmen, »er würde sich dabei völlig verlieren und müßte fürchten, um seine Person zu kommen«. (Brief an Beckett vom 5. Januar 1954)

Im Frühjahr 1953 erscheint ein neues Werbemittel des Verlages, ›Dichten und Trachten. Jahresschau des Suhrkamp Verlages Berlin und Frankfurt‹. Suhrkamp gestaltet auch dieses

Werbemittel nach der Idee einer Zeitschrift, nach der Zeitschrift ›Der Zwiebelfisch‹, ein Werbemittel also, das zwischen einem Verlagsalmanach und einer literarischen Zeitschrift angesiedelt ist. Es wird für Jahre für die Werbung des Suhrkamp Verlages charakteristisch bleiben. Das erste Heft enthält Beiträge von Carl J. Burckhardt, Rudolf Borchardt, Konstantin Kavafis, Truman Capote, Bernard Shaw, Max Frisch u.a. ›Dichten und Trachten‹ ist ein sehr geachtetes Werbemittel, das auch die anderen Verlage nachahmen. Viel nachgeahmt, doch nie erreicht.

Mai 1953: Korrespondenz mit Hesse wegen der Einführung des Buchtypus »Suhrkamp Hausbuch«, eines Buches, das, in guter Ausstattung, zu niedrigem Ladenpreis, einmal im Jahr erscheinen sollte. »Damit soll jeweils das einzelne Buch herausgehoben werden, und dieses soll dazu dienen, neue, breitere, vor allem jüngere Leserkreise für das gesamte Werk des Autors zu erschließen. Es kommen dafür also nur Bücher in Frage, die schon eine größere Gemeinde haben und dazu Aussicht auf Verbreitung in weiteren Kreisen bieten.« Als erstes Hausbuch erscheint nach Hesses Zustimmung (»Möge der Plan gelingen und Dir Freude machen, und Dein krankes und überanstrengtes Herz stärken«) ›Narziß und Goldmund‹. Im folgenden Jahr erscheint als Suhrkamp Hausbuch Ernst Penzoldts ›Süße Bitternis‹.

Mai: Es erscheint Hermann Kasacks Erzählung ›Fälschungen‹. In der ›Bibliothek Suhrkamp‹ das erste Buch von Günter Eich im Suhrkamp Verlag: ›Träume. Vier Spiele‹.
Der Herbst bringt drei verlegerische Höhepunkte:
Die erweiterte Neuausgabe des Lesebuches ›Deutscher Geist‹.
Es beginnt die Brecht-Ausgabe zu erscheinen: ›Stücke‹ 1 und 2. Nach vielen Gesprächen und ausführlichem Briefwechsel über die Form der »Gesammelten Werke eines Klassikers«

wird die großzügige typographische Form der Ausgabe festgelegt. Brecht wollte eine größere Satztype mit sehr großzügiger Typographie, weil er doch mindestens »fünf Bände« haben wollte. Im Oktober schreibt Brecht, er habe sich »in die Ausgabe der ›Ersten Stücke‹ vergafft«. Im November schreibt er: »Die ›Ersten Stücke‹ sind sehr schön geworden, so schön, daß ich mir sehr wünschte, wir könnten die reihe schnell fortsetzen – nicht nur weil bei uns die bedeutung eines schriftstellers mit dem zentimetermaß gemessen wird. warum eigentlich nicht – anstatt der ›Versuche 1-8‹ einfach die dramen daraus drucken? mit einem theoretischen band dazu? und dazu die gedichte?« Aus diesen Überlegungen, die vom Autor aus verständlich, von der Haltung des Verlegers, den Wunsch seines Autors erfüllen wollend, begreiflich war, entstand die Anlage jener Ausgabe, die auf Grund dieses nicht auf die Zukunft hin durchdachten Prinzips zur Unhandlichkeit von 40 Bänden anschwoll.
In den fünfziger Jahren trat Peter Suhrkamp für Brecht in doppelter Hinsicht ein. Er versuchte, die Theater zu überzeugen, die Stücke Brechts nach Brechts Modellen aufzuführen. Andererseits standen die Aufführungen der Brecht-Stücke in den Theatern immer unter politischem Druck. Immer wieder mußten Bühnen angekündigte Aufführungen absetzen, weil Brechts Ausführungen zu deutsch-deutschen Verhältnissen mißliebig waren. Als Beispiel Suhrkamps Brief an Brecht:
»Ich möchte Sie doch sehr bitten, die Musik zum ›Kaukasischen Kreidekreis‹ wie für den ›Guten Mensch von Sezuan‹ von Dessau schreiben zu lassen. Hintergrund meiner Bitte ist nicht etwa, daß ich Dessau Eisler vorziehen würde. Mir scheint aber, daß wir in der gegenwärtigen Situation genötigt sind, in erster Linie praktische Gesichtspunkte sprechen zu lassen. Sie wissen, daß Wuppertal und Mannheim kürzlich Stücke von Ihnen vom Spielplan absetzten. Ob Hannover den ›Guten Mensch von Sezuan‹ spielen wird, weiß ich nicht bestimmt. Die Hintergründe (die Zeitungsnotizen aus der

Bertolt Brecht

letzten Zeit) sind Ihnen bekannt. Buckwitz ist im Moment der Einzige, der an einer Aufführung vom ›Kaukasischen Kreidekreis‹ in der nächsten Spielzeit festhält. Er legt größten Wert darauf, darin wieder mit Dessau arbeiten zu können, weil er mit ihm aus der Arbeit am ›Guten Mensch von Sezuan‹ Erfahrungen hat. Ich glaube, wir dürfen im Moment den Bogen bei Buckwitz nicht überspannen. Sie sollten also die Musik für den ›Kaukasischen Kreidekreis‹ von Dessau schreiben lassen.« (Brief vom 4. August 1953)

Herbst: Das zweite Heft von ›Dichten und Trachten‹ erscheint. Mit Beiträgen von E.R. Curtius, Marcel Proust, Hermann Kasack, Julius Overhoff, Samuel Beckett, Bertolt Brecht u.a.

Im Dezember erscheint eine der vorbildlichsten Publikationen Suhrkamps. Er sammelt unter dem Titel ›Wirklichkeit des Theaters‹ die theoretischen Äußerungen von Gustaf Gründgens. Jeden der 13 Beiträge leitet Suhrkamp persönlich, sorgsam, kenntnisreich ein. Suhrkamps Einleitung ist ein Meisterstück der Darstellung der Gründgensschen Leistung und ein Selbstporträt von Suhrkamp.

Aus der Einleitung: »Es muß jedermann, der den Weg von Gründgens verfolgt hat, aufgefallen sein, daß er in allem und überall auf dem höchsten und gefährlichsten Grat über einem Abgrund agierte. Die Hochspannung der äußersten Grenzsituation – der Gefahr – ist bei Gründgens nicht bloß eine Stimulans für seine künstlerische Produktivität, dann würde sie nicht, wie das der Fall ist, auch in seiner Theaterführung in jedem Moment bestehen; nein, sie liegt in seinem Wesen, und darin tiefer als in einer besonderen Affinität der Nerven. Und immer und überall hatte diese innere Veranlagung ihre Entsprechung in der äußeren Welt, in die Gründgens gestellt war. Nicht, weil er die gefährlichste Position in einer gefahrvollen Zeit suchte, sondern eine gefahrvolle Zeit wählte sich mit ihren äußersten Momenten ihn. Es besteht eine auffällige

Symbiose zwischen ihm und einer gefahrvollen Welt. Das ist eine gefährliche Disposition, die Anlage zur echten Tragödie. Darin besteht eine ständige Gefahr zu Katastrophen. Sie wird nur gebannt durch den Kompaß eines untrüglichen Instinkts, solange dieser vorherrscht. Und die Besinnung auf ihn ist eine ständige Notwendigkeit. Aus dieser Wesensspannung rührt die außerordentliche Gespanntheit in allen Bewegungen und in der sprachlichen Diktion des Schauspielers Gründgens her. Gründgens arbeitet also – in einem anderen Bild ausgedrückt – stets auf dem Hohen Seil, und das ohne Sicherungsnetz.« Auf dem Hohen Seil, und das ohne Sicherungsnetz, das Agieren über dem höchsten und gefährlichsten Grat, über einem Abgrund, die Hochspannung der äußersten Grenzsituation der Gefahr – all dies ist die exakteste Beschreibung von Suhrkamps lebenslangem Handeln. In der ersten Lebensstrecke das Aufbegehren gegen die Familie, das Verhalten in der Gefahr im Ersten Weltkrieg und während der Nazi-Jahre, und der Wettlauf in seiner Arbeit gegen den in der tödlichen Krankheit unausweichlich vorgegebenen Tod.

20. Oktober: Es erscheint der erste Band von Marcel Prousts ›Auf der Suche nach der verlorenen Zeit‹: ›In Swanns Welt‹ sorgfältig vorbereitet – Suhrkamp wählte auf Vorschlag von E.R. Curtius, der 1924 die erste deutsche Übersetzung vernichtend kritisiert hatte, Eva Rechel-Mertens als Übersetzerin. Sie schuf eine mustergültige Übertragung dieses Werkes, das, nach E.R. Curtius, »die substantiellste schöpferische Kraft birgt, die Frankreich seit Balzac hervorgebracht hat«, mit einer »Genialität der Konzeption, die auch die gerühmtesten Leistungen des modernen Romans weit überbietet«. Suhrkamp bringt am 24. September ein Proust gewidmetes ›Morgenblatt‹ heraus. Neben ›Marcel Prousts tragischem Lebenslauf‹ von Stefan Zweig, neben Rilkes und André Gides ›Ausführungen über Proust‹ steht ein ausführlicher Beitrag von Peter Suhrkamp: ›Mein Weg zu Proust‹: »Im November

Auf dem Balkon Schaumainkai 53

1919 erhielt Proust für ›A l'ombre des jeunes filles en fleurs‹ den Goncourt-Preis. Er war damals außerhalb von Paris völlig unbekannt. Die Nachricht drang zu mir bis in den Odenwald, und ich war von dem Titel ›A l'ombre des jeunes filles en fleurs‹ seltsam fasziniert. ›Im Schatten der jungen Mädchen in Blüte‹: das Bild beschäftigte mich anhaltend; eine Schar junger Mädchen als Blütenbaum, in dessen Schatten man tritt.« – 1957 war die siebenbändige Ausgabe abgeschlossen.

Das Jahr 1954: In uns reicher und tiefer und wirklicher werden.

»Die letzten vierzehn Tage war ich dreimal bei Professor Plügge in Heidelberg, um ihn in mein Geweste schauen zu lassen ...... Klinik oder Sanatorium, Dauer 4-6 Wochen. Als Effekt verspricht er: 2-3 Jahre Erleichterung (Heilung ist ausgeschlossen), und in dieser Zeit eine teilweise Regeneration des Herzens.« (An Hesse, 24. Januar 1954)

13. Februar - 11. April: Sanatorium Stillachhaus bei Oberstdorf im Allgäu.
Im Frühjahrsprogramm des Verlages Band 2 der Proust-Ausgabe ›Im Schatten junger Mädchenblüte‹, Rolf Becker, ›Nokturno 1951‹, Roman, und Beckett, ›Molloy‹.

24. Mai: Das Morgenblatt Nr. 5 ist Samuel Beckett gewidmet. Es enthält neben Beiträgen von George Bataille, Maurice Nadeau und Günther Anders einen großen Aufsatz von Peter Suhrkamp ›Was ist Molloy?‹
»Auch der Verlag gerät immer mehr unter die Tendenz zur technischen Perfektionierung. Diese Gefahr hat sich mir bei meinen Bemühungen als Verleger um Samuel Becketts ›Molloy‹ immer gezeigt. Kann man, oder muß man ›Molloy‹ auch in Deutschland herausbringen? Das war die Frage, während mich ›Molloy‹ durch drei Jahre beschäftigte, mich anzog und abstieß, sich meinem Verständnis zeitweilig aufschloß und mich überwältigte bei gleichzeitiger Abwehr. Dabei drängte sich mir eines Tages die Erkenntnis auf, daß es für ein Dokument der Religion, der Mystik und der Weisheit der Völker, für ein Werk echter Inspiration (nicht der eingebildeten, auf die Dilettanten sich zu berufen pflegen) heute keinen Verlag geben würde. Überlieferung und Ausbreitung der versiegelten Samen und Körner des Glaubens und der Weisheit, ursprünglich *die* Funktion der Schrift, wären ausgeschlossen

bei den Institutionen, in denen heute die Anwendung der Schrift konzentriert ist. Dafür wäre, sollte es sich um heutige Dokumentationen handeln, weder im belletristischen noch im geisteswissenschaftlichen und selbstverständlich nicht im Fachverlag Raum. Und die Gründe dafür sind nicht etwa rein geschäftlicher Natur, sondern, daß die literarischen Gattungen überall technisch derart perfektioniert sind, daß das Ursprüngliche ausfällt. ›Molloy‹ fällt als episches Werk oder Roman zunächst unter eine im belletristischen Verlag viel geläufigere Frage, die auch durch die allgemeine Perfektionierung gegeben ist: wieweit der Lektor eines Verlages oder der Verleger selbst noch in der Lage sind, ein echt originales Werk, das die ausgeprägten, gängigen Vorstellungen von Schönheit und Form sprengt, als solches zu erkennen?«

Samuel Beckett

Juni: Besuch bei Hesse in Montagnola und Besuch bei Carl J. Burckhardt in Nyon.

25. Juni: Premiere von Eliots ›Privatsekretär‹ in Recklinghausen.

Mit Max Frisch und Harry Buckwitz nach den Proben zu ›Biedermann und die Brandstifter‹

August: Hansischer Goethepreis an T.S. Eliot, Hesse in das Ordenskapitel Pour le mérite aufgenommen.
September: Im Herbstprogramm erscheinen Brecht, ›Stücke für das Theater am Schiffbauerdamm 1927-1933‹, I und II. Hesse, ›Piktors Verwandlungen‹. Penzoldts neue Erzählung ›Squirrel‹.
Im Zentrum des Programms der Roman ›Stiller‹ von Max Frisch. Suhrkamp hatte intensiven Anteil an der Entstehung dieses Romans genommen und viele Arbeitsgespräche mit Max Frisch geführt. Max Frisch an Peter Suhrkamp:

»Ich danke Ihnen noch einmal für unser Gespräch über Stiller. Es hat mir viel und wichtigen Anstoß gegeben. Ich brauche ja Anstoß, allein komme ich nie hindurch, nicht einmal zu dem mir möglichen Punkt. Das ist das Übel all meiner Arbeiten, Sie wissen's, irgendwo vor dem erstrebten Gipfel lasse ich mich nieder, raste, vergesse, erspare mir den Rest. (Genau so, natürlich, im Menschlichen!)« (30. Juni 1954)

Frischs ›Stiller‹ sollte das erfolgreichste Buch des Suhrkamp Verlages werden. Die Ausgabe in Leinen ging bis in 51000 Exemplare. Mit der Sonderausgabe und mit den Taschenbuch- und Buchgemeinschaftsausgaben erreichte der Roman als erstes Werk des Verlages die Millionengrenze.
Zwei Bücher weiblicher Autoren stehen im Programm. Monique Saint-Héliers Roman › Eisvogel‹ erscheint.

Suhrkamp an Monique Saint-Hélier: »Die letzten beiden Wochen habe ich mich Abend für Abend mit der Übersetzung beschäftigt, die jetzt fertig vorliegt. Das war für mich weniger Arbeit als vielmehr ein außerordentlicher Genuß. Es ist schade, daß Sie dabei nicht zugegen waren. Ich hätte Ihnen immer wieder gern mein Entzücken über bestimmte Dinge direkt ausgedrückt. Das Ergebnis habe ich für mich meinen Mitarbeitern gegenüber mit dem Wort zusammengefaßt: ›Endlich wieder wirklicher Stil in dem Sinne und von dem Rang, wie ich ihn nur aus den Büchern der Madame de Sévigné kenne.‹ Das brauche ich Ihnen gewiß nicht weiter zu erklären. Die Übersetzung ist Gott sei Dank geglückt, denn auch in ihr ist das erhalten geblieben.«

Hertha Trappes Roman ›Was ich wandre dort und hier‹. »Wir sind durch dieses Buch«, schrieb Friedrich Sieburg in seiner Rezension in der ›Frankfurter Allgemeinen Zeitung‹, »um eine wirkliche Liebesgeschichte reicher geworden.«
Auch dieses Buch war im Lektorat sehr lange diskutiert worden. Als Suhrkamp der Autorin das Buch übergab, drängte es ihn, über die Funktion verlegerischer Kritik zu schreiben:
Suhrkamp an Hertha Trappe: »Herr Dr. Unseld bringt Ihnen mit diesem Brief erste Exemplare Ihres Romans ›Was ich

Mit Hertha Trappe vor dem Gasthaus Messer, Königstein

wandre dort und hier‹. Leider kann ich nicht selbst nach Altena kommen. Während Dr. Unseld bei Ihnen ist, bin ich zur Untersuchung in der Poliklinik in Heidelberg. Das verhindert aber nicht, daß ich an diesem Tag, da Ihr Buch an den Buchhandel geht, nicht nur mit meinen Gedanken, doch sehr beteiligt und zugegen bin. In diesem Moment überdenke ich wieder den langen Weg bis zum Erscheinen Ihres Buches in meinem Verlag: angefangen mit unserer ersten Korrespondenz vor zwei Jahren; und dann die Tage der gemeinsamen Arbeit in Frankfurt und Königstein vor wenigen Monaten und schließlich die Ausgestaltung des Buches selbst. Ich denke an mein zeitweiliges Zögern und auch daran, daß Sie manchmal von mir den Eindruck gewinnen konnten, ich stünde ihm nicht ohne Kritik gegenüber. Dazu möchte ich auch in diesem Moment noch einmal wiederholen, daß ich zuletzt ›alle meine Kinder‹ restlos bejahe und für sie einstehe. Die Kritik ist ein Moment im Arbeitsprozeß und dabei gewiß natürlich und selbstverständlich. Heute gratuliere ich uns beiden zu dem Ergebnis. Wir wollen hoffen, daß Ihr Buch vielen Vergnügen und echte Freude bereitet.«

Oktober/November: 6 Wochen im Sanatorium Stillachhaus. »Heute vor drei Wochen kam ich abends nach hier. Ich habe oft an Dich gedacht, aber ich konnte nicht schreiben. Die Injektionen für Herz und Lunge strengten mich sehr an. Die letzten zwölf Tage hatte ich täglich drei Mal eine Kombination von Penicillin und Sulfonamiden einzunehmen, und mein ›Konrad‹ reagiert auf Sulfonamide immer wieder gräßlich. Es war oft schönes Wetter, aber ich bin kaum hinaus gekommen. Immerhin bin ich im Moment von Auswurf und Husten fast frei, und das Herz hat auch wieder Reserven. Die Ärztin ist rührend bemüht, sogar meine Lebensführung beschäftigt sie. Sie ist ein ganz tapferer Kerl, vor dem ich mich oft schäme.« (Brief an Hermann Hesse vom 3. November 1954)

6. Dezember, Berlin; 15. Dezember, Bremen, Vortrag:
»Was kann Marcel Proust uns bedeuten?«

»Als ich vorhin von unserer Angst sprach, die uns im Mechanismus der Gegenwart und der Konvention befällt, erwähnte ich auch unsere Versuche, mit Methode dieser Situation Herr zu werden. Wir alle wissen doch längst, daß uns das nie glükken wird; es macht uns nur ärmer; es führt dazu, daß wir selber im Wesen nur flacher und oberflächlicher werden. Uns kann nur helfen, wenn wir in uns reicher und tiefer und wirklicher werden, indem wir wieder in den schöpferischen Prozeß, der das Leben doch ist, eintauchen. Und darin liegt, ganz

Siegfried Unseld, Carl J. Burckhardt und Peter Suhrkamp, Buchmesse 1954

allgemein, die Bedeutung von Marcel Proust für uns: daß er einen Weg gezeigt hat, auf dem das möglich ist. Proust lesen: ihn studieren! Wieder und wieder! Denn – wie André Gide schrieb: ›Während der Lektüre von Proust hat man Prousts Blick auf die Dinge des Lebens, diesen unendlich scharfen und achtsamen Blick. Man bildet sich ein, in sich selbst zu blicken und dort Dinge, die in larvenähnlichem Zustand im Unbewußten lagen, neu hervortreten zu sehen aus dem verworrenen Chaos in eine helle Ordnung: man hat eine Art Hellsichtigkeit für das Wesen des Lebens in den realen Dingen dieses unseres Daseins.‹ Die Lektüre von Proust kann für uns eine Art Therapie für unser Leben sein. Und ich glaube, daß darin das Geheimnis der Faszination liegt, die das Werk von Proust ausübte.«

Das Jahr 1955: Nichts hat mir mehr geholfen zu leben, als eine beharrliche und variierte geistige Übung.

27. Januar: Ernst Penzoldt stirbt.

Aus Suhrkamps Gedächtnis-Ansprache:
»Zu unser aller und nicht weniger zu seiner eigenen Überraschung war Ernst Penzoldt in den letzten Jahren zu Ruhm gekommen. Das geschah nicht auf Grund eines bestimmten hervorragenden, eines besonders starken oder erfolgreichen Werkes. Der Ruhm war unversehens bei ihm angekommen. Er war nicht etwa auf München beschränkt, sondern verbreitete sich überall im Land. Er – Penzoldts Ruhm – war sogar von den Zünftigen anerkannt. Er war auch nicht etwa nur auf die ›Powenzbande‹ gegründet und von dem Orden der Powenzianer hinausgetragen. Es kam vor, daß Kenner den ›Armen Chatterton‹ oder ›Korporal Mombour‹, vor allem die ›Zugänge‹ und selbst ›Idolino‹ höher schätzten. Dabei – das kann man ruhig zugeben – bestand keines seiner Bücher vor der Kritik ohne Einschränkungen. Sogar über die kleinen schmetterlingsleicht und -bunt schwebenden ›Causerien‹ wurde geurteilt: reizend – aber er hat es sich zu leicht gemacht. Bei einer stillen Überschau über das Werk von Ernst Penzoldt, veranlaßt durch seinen Tod, bin ich zu zwei Erkenntnissen gekommen. Das verhältnismäßig schmale Werk hat wie nur wenige andere in unserer Zeit, unbeabsichtigt und ohne Vorbild im Werk eines unserer großen Dichter (wie etwa das Werk Carossas an Goethe orientiert ist), Anschluß an die deutsche Literatur und Dichtung; es ist ein eigenes neues Reis, das die deutsche Literatur trieb, wie, in anderem Ausmaße, das Werk Gerhart Hauptmanns oder das Werk von Hermann Hesse. Damit ist auch nichts über seine Größe gesagt. Über seine Größe entscheidet die Zeit. Nur bin ich überzeugt, solange deutsche Dichtung noch gepflegt wird, wird Ernst Penzoldt damit bestehen, während viele, die heute

interessanter und mutiger erscheinen, ganz vergessen sein werden.
Und meine andere Erkenntnis: ich sehe kein Werk eines anderen zeitgenössischen Schriftstellers bei uns seit Gerhart Hauptmann – und das sage ich sehr überlegt – mit soviel einzigartigen, neugeschaffenen Gestalten. Gestalten, die reine Erfindungen, Schöpfungen des Dichters und nicht nach Modellen aus dem Leben oder aus der Literatur geschaffen sind. Für die Powenze – besonders Baltus –, für Idolino, für Olifant und Charis, für Emilio und Amaryllis, für König Sebastian, für Doktor Jokim und für Squirrel, um nur einige aus ihrer großen Familie zu nennen, gibt es keine lebenden Modelle. Sie sind auch nicht etwa reine Phantasiegestalten jenseits jeder Wirklichkeit. Nachdem sie geschaffen sind, wurden sie zu gültigen Figuren der Wirklichkeit, weniger der Zeit als unseres Lebens. Sie stehen zu einem Teil diesseits, zum anderen Teil jenseits der Wirklichkeitsgrenze, ihr Originelles ist die Verwandlung durch den Dichter, sie haben teil an unserer Wirklichkeit, darin sind sie verschieden von Gestaltungen. Es sind unsterbliche Figuren. Aber nicht durch vergrößertes Maß oder durch Pathos sind sie unsterblich, sondern durch kleine seelenvolle menschliche Anlagen und einen klassischen Zug in ihrer Zeichnung.«

9. März: Monique Saint-Hélier, die ihr Bett seit 1927 nie verlassen hat, stirbt. In der 1955er Serie ›Bibliothek Suhrkamp‹ erscheint ihr Kurzroman ›Quick‹.

13.-15. April, Zürich.
24. April: Brecht in Frankfurt. »Wir sind täglich auf den Proben zu seinem Stück ›Der kaukasische Kreidekreis‹.«
1. Mai: Hans Schwab-Felisch tritt in das Lektorat des Verlages ein. Im Frühjahrsprogramm Walter Benjamins ›Einbahnstraße‹ und der dritte Band der Proustschen Recherche ›Die Welt der Guermantes‹.

Mai/Juni: Besuch bei Hermann Hesse in Montagnola.
Juli, Genf: in der Arbeitsbibliothek von Martin Bodmer. Suhrkamp sammelt Bodmers Aufsätze für einen Band ›Variationen zur Weltliteratur‹. Treffen mit Carl J. Burckhardt.

August: Georg Reinhart stirbt. »Georg Reinharts Tod ist auch mir merkwürdig nahegegangen. Es ist nicht nur die Großzügigkeit, mit der er meine Verlagsangelegenheiten behandelte, was mir Eindruck gemacht hat. Ich war zweimal bei ihm zu Hause im Tössertobel, und das eine Mal führte er mich durch das ganze Haus und den großen Garten. Wir kamen in jeden Winkel. Dabei zeigte sich überall sein so ganz persönliches Verhältnis zu den Dingen und zu der ganzen Anlage. Überhaupt war in seiner persönlichen Atmosphäre etwas, was über liebenswürdige Aufmerksamkeit hinausging: eine stille Zärtlichkeit. Er war au fond ein zarter Mensch, und diese Zartheit konnte leicht nach Zärtlichkeit hinüberspielen. Seine Augen hatten übrigens gelegentlich ein schönes Leuchten. – « (An Hermann Hesse, 3. August 1955)

September: 60. Geburtstag von Ninon Hesse.
30. September: Das erste Buch von Hans Erich Nossack erscheint im Suhrkamp Verlag. Der Roman ›Spätestens im November‹. Hans Erich Nossack hatte Peter Suhrkamp im Jahre 1942 im Berliner Verlag und in Suhrkamps Privatwohnung besucht. »Da ist mir eigentlich nur in Erinnerung, daß seine Frau, die Mirl, immer dasaß und mit Puppen spielte.« –
Nach 1945 sah Nossack Peter Suhrkamp bei seinem Besuch in Hamburg im März 1946. Suhrkamp hatte zwei Säcke mit Manuskripten, angeblich »fix und fertig zum Druck«, mitgebracht. Unter dem Eindruck dieser Manuskriptladung bot Nossack seine Manuskripte dem Verleger Krüger an, »weil ich mir sagte, da komme ich ja in 10 Jahren nicht an die Reihe«. Von der ersten Begegnung an hatte Suhrkamp »korrigierenden Einfluß« auf Nossack genommen. Jedes Manu-

Mit Bertolt Brecht bei den Frankfurter Proben zum ›Kaukasischen Kreidekreis‹, April 1955

skript wurde einläßlich diskutiert. Aus der Verbindung entstand eine gegenseitige Beziehung der Treue. »Und doch bin ich nie mit ihm intim geworden, wie man es nennt. Das hat nicht daran gelegen, weil er älter und mein Verleger war, auch nicht daran, daß wir beide Norddeutsche sind, sondern, von meiner Seite wenigstens, verbot es mir die instinktive Scheu, einen Nihilisten durch einen unzeitigen Anruf zu stören und zu gefährden. Man stoße sich nicht daran, daß ich Suhrkamp einen Nihilisten nenne; man vergesse den Mißbrauch, der von den Klageweibern um die verlorene Mitte mit der Bezeichnung getrieben wird. Ein Nihilist ist ein Mann, der bewußt seine Herkunft verlassen und die Peripherie konsequent überschritten hat, um jenseits, im sogenannten Nichts, Neuland zu gewinnen. Einem solchen Mann kann man nicht helfen, er erwartet auch keine Hilfe; man kann ihm nur nachfol-

Hans Erich Nossack

gen. Ein solcher Mann war Suhrkamp. Ich habe mich von Anfang an mit freiwilliger Selbstverständlichkeit ihm nachgeordnet gefühlt; ich habe mir seltsamerweise nie den Kopf darüber zerbrochen, was er von mir hielt. Ich sah und sehe ihn etwa hundert Meter vor mir jenseits der Grenze im Niemandsland stehen, mir den Rücken zuwendend, eine einsame Figur im Leeren mit dem Blick ins Leere, nur scheinbar lässig und herrenhaft, doch von der ungeheuerlich wachsamen Gespanntheit umwittert, die jemand ausstrahlt, der auf die gewohnten Sicherheiten verzichtet. Ein Mal, nach dem man sich richten kann.«

Das erste Buch von Martin Walser erscheint im Suhrkamp Verlag: ›Ein Flugzeug über dem Haus und andere Geschichten‹. Vorangegangen waren lange Diskussionen. Der Brief Suhrkamps an Martin Walser spiegelt dies noch wider.

»Nach eingehender Beschäftigung mit den von Ihnen hergereichten Erzählungen finden Sie mich nunmehr zu einer Ausgabe eines Bändchens noch in diesem Herbst bereit. Ich will Ihnen dazu offen sagen, daß ich mir keine Illusionen über den Erfolg mache. Nach dem Bild, das ich jetzt gewann, halte ich es aber in Ihrem Interesse für notwendig, daß jetzt ein Buch von Ihnen erscheint. Dabei spielt für mich der Preis der Gruppe 47, wenn überhaupt, nur eine periphere Rolle. Wichtiger ist, daß jetzt Arbeiten von Ihnen, aus der Schublade, aus Ihrer Werkstatt und aus Zeitschriften, für in sich geschlossene Kreise hinaus in die Luft unserer Tage, in die Winde der literarischen Kritik und vor allem an eine breitere Leserschaft kommen. Mir scheint, daß dafür jetzt der richtige Moment ist, der Versprechungen und Möglichkeiten enthält. Diesen Entschluß wollte ich Ihnen ganz unabhängig von Ihren Verhandlungen mit Luchterhand doch jetzt schon mitteilen. ... Inzwischen beste Grüße von allen Beteiligten aus dem Verlag: also von Herrn Podszus, Herrn Dr. Unseld, Herrn Schwab-Felisch und Herrn Dr. Höllerer, nicht zuletzt von mir.«

Neben Nossacks Roman, Walsers Geschichten, ein Buch mit Gedichten ›Die Botschaften des Regens‹ von Günter Eich und ein Stück von Hans Henny Jahnn ›Thomas Chatterton‹. Der vierte Band der Proustschen Recherche, ›Sodom und Gomorra‹, erscheint.

9. Oktober: Friedenspreis des Deutschen Buchhandels für Hermann Hesse. Ninon Hesse kommt nach Frankfurt und nimmt den Preis entgegen.

Weiterer Aufbau des Werkes von Hesse; es erscheinen die ›Beschwörungen‹ und ›Märchen‹.
November: Eines der bedeutendsten Verlagswerke erscheint: Walter Benjamin, ›Schriften. Herausgegeben von Theodor W. Adorno und Gretel Adorno unter Mitwirkung von Friedrich Podszus‹, 2 Bände. Suhrkamp hat einmal scherzhaft gewettet, bei Erscheinen der ›Schriften‹ gäbe es kein Dutzend

Bei der Verleihung des Friedenspreises an Hermann Hesse 1955. Ninon Hesse und Theodor Heuss, links Peter Suhrkamp

Leute in Deutschland, die die Bedeutung Walter Benjamins kennen würden. Der Ankündigungstext schreibt: »Benjamin erlebte die Zeit als moderner und passionierter Großstädter. Inzwischen sind wir alle mehr oder weniger seinen Weg gegangen; seine Schriften treffen – aktuell auch darin, daß Benjamin der Intensität des Fragens vertraute – die heutige Lebensstimmung, die heutige Verfassung von Geist und Gemüt.« Jahrelange interne Vorarbeiten und Diskussionen gingen dieser Ausgabe voraus. Suhrkamp zerstritt sich mit seinem Lektor Friedrich Podszus wegen Äußerlichkeiten der Textform. Immer wieder wurde mit Adorno der Umfang dis-

Theodor W. Adorno

kutiert. Das Wagnis der Ausgabe für den Verlag schien kaum abmeßbar. Bis zum Jahresende war keine Besprechung erschienen, der Buchhandel hatte knapp 240 Exemplare aufgenommen.

Neben der Ausgabe Walter Benjamin beschäftigte Suhrkamp in diesem Jahr immer wieder die ›Bibliothek Suhrkamp‹. Die fünfte Serie war erschienen, es lagen jetzt also 30 Bände vor, darunter als Erstausgaben Max Frischs ›Bin oder Die Reise nach Peking‹, Palinurus' ›Das Grab ohne Frieden‹, die Gedichte des Konstantin Kavafis, Günter Eichs ›Träume‹, Damaso Alonsos ›Söhne des Zorns‹ und Walter Benjamins ›Einbahnstraße‹. Das Morgenblatt vom 8. Oktober 1955 war der ›Bibliothek Suhrkamp‹ gewidmet. Walter Höllerer steuerte einen Beitrag ›Notizen zur Moderne und zu einer Bibliothek der Moderne‹ bei; Friedrich Luft einen ausführlichen Beitrag: ›Ich räume meine Bibliothek um‹. Den Leitartikel schrieb Peter Suhrkamp ›Wozu eine Bibliothek?‹. Er schließt: »In den letzten Jahren habe ich mich oft bestürzt gefragt, was es gewesen ist, das mich davor bewahrt hat, zwischen 1930 und 1940 auch in den deutschen Sumpf zu geraten. Es gibt darauf eine sehr einfache und primitive Antwort, die ich auch wiederholt geäußert habe: das Vorbild meines gläubigen Vaters, das ich in kritischen Momenten befragte. Gültiger ist eine andere Antwort: meine Bibliothek – und zwar die Begegnung mit modernen freien Geistern aus allen Ländern: mit Amerikanern, Chinesen, Engländern, Franzosen, Italienern, Indern, Niederländern, Spaniern, Russen aller Anschauungen – in meiner Bibliothek; Begegnungen, wie ich sie auf Reisen kaum gehabt hätte. Und wer in den Versuchungen jener Zeit stand, erinnere sich wieder, welche Bedeutung Bücher, im geheimen weiter genannt und auch weitergereicht, für seine Standhaftigkeit hatten; er erinnere sich auch, daß Buchhandlungen die geheimen Treffpunkte, die zufälligen Salons unabhängiger Cirkel waren, und an die Buchhändler von beinahe chinesischem Einverständnis. Nichts hat mir mehr geholfen zu leben, als eine beharrliche und variierte geistige Übung. (Nicht zu verwechseln mit einfachem Lesen, das ist etwas Passives).«

Dezember: Im Sanatorium Höchenschwand.

»Im Augenblick ist über hier nur zu sagen, daß ich in einem Zimmer moderner Architektur abgeschnitten irgendwo im Weltnebel treibe, der tags grau und nachts schwarz an den Fenstern klebt – d. h. an großen Glasscheiben. Ich liege meist zu Bett und kriege täglich eine Strophanthinspritze fürs Herz und eine antibiotische Spritze für die Lunge und überlasse mich viel Halbträumen mit wechselnden Winden und koste viel Geld, ein Sündengeld, würde mein Vater gesagt haben.« (An Hermann Hesse, 15. Dezember 1955)

Das Jahr 1956: Zum eigentlichen Ziel: die Veränderung der Welt, die Erneuerung der Welt aus der unausgesetzten, unabsehbaren Bewegung in ihrem Inneren, damit das Leben nicht verhärtet wird und gar ins Stocken gerät.

Bis 9. Januar im Sanatorium Höchenschwand.

30. Januar bis 6. Februar: Westsanatorium Berlin bei Dr. Lauer. »Nur kurz die Nachricht, daß ich gestern aus dem Westsanatorium in meine Zehlendorfer Wohnung zurückgekehrt bin, nachdem am Sonnabend, durch kombinierte Bronchoskopie und Bronchographie, festgestellt worden war, daß es für eine Operation zu spät ist, weil inzwischen nur noch zwei Lungenlappen (rechts und links oben) von Bronchiekstasen frei sind. Mir ist also weiter mein mühseliger Weg aufgegeben. Wir sollen nicht weiter davon sprechen. Heute scheint es, als hätte ich einen Fehler begangen, indem ich gestern, aus Entsetzen übereilt, das Sanatorium verließ. Jedenfalls habe ich starke Schmerzen, und ich muß mich gleich wieder hinlegen. Aber ich dachte mir, Ihr wartet gewiß angespannt und müßt ehestens Nachricht bekommen.« (An Hermann Hesse, 7. Februar 1956)

28. März: 65. Geburtstag von Peter Suhrkamp. Er erhält das Bundesverdienstkreuz und die Goethe-Plakette der Stadt Frankfurt am Main. Freunde und Autoren überreichen Suhrkamp den Privatdruck ›Ausgewählte Schriften zur Zeit- und Geistesgeschichte II von Peter Suhrkamp‹. Dieser Band enthält die Arbeiten ›Der Zuschauer‹ und ›Tagebuch des Zuschauers‹.
»Mit dem Privatdruck eines zweiten Bandes meiner ›Ausgewählten Schriften‹ zu meinem 65. Geburtstag ist die Überraschung diesmal wieder vollständig geglückt. Ich war darauf überhaupt nicht gefaßt, und so mag es gekommen sein, daß ich weder von der Redaktion noch von der Herstellung ir-

Verleihung des Bundesverdienstkreuzes durch Kultusminister Arno Hennig. 1956

gend etwas bemerkt habe. Als ich das Buch dann in die Hand bekam, war meine erste Reaktion leichte Bestürzung: hoffentlich hatte man den ›Zuschauer‹ wortwörtlich nachgedruckt; und wenn, wieviel blamable Stellen würden sich darin bei der heutigen Lektüre finden. Die Nachbemerkung beruhigte mich im ersten Punkt ... Was mein zweites Bedenken betrifft, habe ich mich darüber beruhigt, indem ich in den Ostertagen den größten Teil wieder las. Ich hatte diese Aufzeichnungen seit ihrer Veröffentlichung in der ›Neuen Rundschau‹ nicht mehr gelesen und erinnerte mich also nicht mehr an alles Einzelne. Ich wußte nur zu genau, daß es ›weiche Stellen‹ im Text geben müßte; auch ich war zu der Zeit kein Held und vor allem kein reiner Held. So empfinde ich also über diese Gabe nur Dankbarkeit und Freude. Ihr Anteil an der schönen Gabe bedeutet mir im besonderen Ihr Bekenntnis zu meiner jetzigen Arbeit, worüber ich mich in dieser für mich kritischen Zeit besonders freue.« (An Siegfried Unseld, 4. April 1956)

Im Frühjahrsprogramm des Verlages: Martin Kessels Roman ›Herrn Brechers Fiasko‹, Monique Saint-Héliers Roman ›Die rote Gießkanne‹, Jürgen Eggebrechts Gedichte ›Schwalbensturz‹.

Pfingsten 1956: In der sechsten Serie der ›Bibliothek Suhrkamp‹ erscheint der von Suhrkamp edierte Band ›Bertolt Brechts Gedichte und Lieder‹.
In der Vorbemerkung: »Meine Auswahl ist allzu persönlich orientiert, aber deshalb nicht von meinem Geschmack bestimmt. Ihr Prinzip ist den Gedichten und Liedern Brechts immanent. Sie sind Ausdruck eines Zeiterlebens. Daß Brecht als Dichter, im Gedicht und im Drama, die Historie unseres Volkes seit 1918 schreibt, wird noch viel zuwenig gesehen, es wird aber dem, der diese Zeit intensiv miterlebt hat, bei einer zusammenhängenden Lektüre seiner Gedichte sowie seiner

Das Lektorat auf dem Weg zum Mittagessen. 1953
Siegfried Unseld, Peter Suhrkamp, Friedrich Podszus

Dramen vehement deutlich. Seine Gedichte und Lieder bewahren nicht nur die Zeitatmosphäre, sie sind in Sprache und Vorgang vom Gestus bestimmter Figuren und Ereignisse der Zeit geprägt. Auch das Lyrische sagt Brecht nicht nur in seiner Person und Sprache aus, selbst nicht, wo er die Ich-Form verwendet. In Brechts Gedichten und Liedern sind die Haltungen vieler Menschen mannigfacher Art verwendet, sie machen sie in jedem Moment und immer wieder aktuell.«

30. Juni: Friedrich Podszus scheidet aus dem Lektorat des Verlages aus.

2. Juli: Der Hermann-Hesse-Preis der Förderungsgemeinschaft der deutschen Kunst Baden-Württemberg wird gestiftet. Später schließt sich eine Kontroverse an, weil Hesse darauf dringt, daß Friedrich Sieburg nicht in einer Jury sitzen darf, die einen Preis verleiht, der den Namen Hermann Hesse trägt.

24. Juli: Hermann Kasack feiert seinen 60. Geburtstag. Um

Kasack zu ehren, erscheint der Band ›Mosaiksteine. Beiträge zur Literatur und Kunst. Mit einem Nachwort von Peter Suhrkamp‹. Und es erscheint das Morgenblatt Nr. 8 mit Peter Suhrkamps Aufsatz ›Dichterische Existenz in der Gegenwart‹. Ferner Aufsätze über Kasack von Felix Stössinger, Karl Schwedhelm und Texte von Hermann Kasack.
Aus Peter Suhrkamps Aufsatz: »Mir ist im Laufe meines Lebens immer deutlicher geworden, daß Talent, Klugheit, Witz, Lebhaftigkeit der Einbildung, Bildung und Geschicklichkeit die Person eines Menschen, sein Wesen, nicht als geistig bestimmen. Bei allen geistigen Anlagen und Fähigkeiten, bei aller intellektuellen Lebendigkeit vieler Menschen kann man, paradox ausgedrückt, an ihnen den Geist vermissen. Das Wirken dieser Geistigen ist auch ›nur eine Betätigung‹. Die Fähigkeit, ganz von sich absehen zu können, ist es auch nicht; sie kommt bei Dichtern auch kaum vor. Dagegen habe ich im Eingeborensein in eine bestimmte Überlieferung eine größere Gewähr für ein geistiges Durchdrungensein der ganzen Person gefunden. Geist braucht notwendig den Boden im Weltwesen. Und je größer die Weite der Welt dabei ist, desto besser. Mit Absicht wurden zu Beginn das Milieu und die Atmosphäre Hermann Kasacks bei unserer ersten Begegnung geschildert. Sie sind bewahrt geblieben, auch unter den wechselnden Verhältnissen seither. Die dichterische Existenz braucht ihre Atmosphäre, in der die Ordnung der Dinge und das Tun versöhnt sind, und eine behutsame Aufmerksamkeit auf das Gedeihen der Dinge der Welt. Nicht zuletzt braucht sie auch die Kundgebungen des Ruhmes. Das schließt nicht aus, daß Angst, auf die zu Beginn auch schon gedeutet worden ist, über ihren Tagen liegt und selbst – wie bei Kasack außerdem – Schwermut. Leichtigkeit, Hochgestimmtheit, Helligkeit in den schöpferischen Spielen am Werk können darin zeitweilige Erlösung bedeuten. Welt, Werkstatt, Milieu, Atmosphäre, Ängste, Ruhm, schöpferisches Spiel, das alles stimuliert in der dichterischen Existenz den Drang zum

Mit Hermann Kasack, Buchmesse 1955

eigentlichen Ziel: die Veränderung der Welt, die Erneuerung der Welt aus der unausgesetzten, unabsehbaren Bewegung in ihrem Inneren, damit das Leben nicht verhärtet wird und gar ins Stocken gerät.«

Die Beziehung zwischen Kasack und Suhrkamp wurde ebenfalls zu einer Beziehung der Treue. Suhrkamp baute Kasacks Gesammelte Werke in Einzelausgaben kontinuierlich auf. Hermann Kasack über Peter Suhrkamp:

»Seine Anziehungskraft war faszinierend, sein Charme entwaffnend. Aber er blieb der Mann im Harnisch, der ihn schützte und zugleich verbarg. Wenn er das Visier öffnete, machte ihn eine spöttisch lächelnde Maske undurchschaubar. Erregend seine Erscheinung, imponierend seine Einsamkeit, legendär schon zu Lebzeiten sein Ruf. Die Verleihung des Dr. h.c. durch die Universität Frankfurt, die Ehrenmitgliedschaft der Deutschen Akademie für Sprache und Dichtung und andere Auszeichnungen konnten bittere Enttäuschungen mildern, aber nicht vergessen machen. ›Gefahr bindet noch stärker als Freundschaft‹, schrieb er mir im Gedenken an die schlimmste Zeit. ›Ich weiß nicht zu sagen, ob es ein Geschick ist, oder ob meine Natur die Wetter auf mich zieht.‹ Die Unerbittlichkeit seines Schicksals gemahnte an antike Größe. Ich sah in ihm immer etwas von einer biblischen Gestalt. Mir schien, er habe mit seinem Pfunde gut gewuchert. Frei vom Leidenspathos eines Hiob, suchte er wie ein Vater Noah in der Arche, die er selbst gezimmert hatte, vor der neuen Sintflut alles zu bergen und zu retten, was er der Überlieferung für wert hielt.« (Aus: In memoriam Peter Suhrkamp, 1959)

28. Juli: 100. Geburtstag von Bernard Shaw. In einer Neuausgabe erscheinen die ›Klassischen Stücke‹.
31. Juli: Der Lektor Hans Schwab-Felisch scheidet aus dem Verlag aus.
14. August: Bertolt Brecht stirbt.
»Brecht ist am 14. August ganz plötzlich an einem Herzinfarkt gestorben. Am selben Tage hatten wir mittags noch ein Zusammensein in München, wo er einen Arzt konsultieren wollte, verabredet, das er sich sehr wünschte. Unsere persönliche Verbindung bestand seit 1919 ununterbrochen. Ich fliege heute nachmittag nach Berlin.« (Peter Suhrkamp an Hermann Hesse, 16. August 1956)
Peter Suhrkamp schreibt in der Ankündigung des Herbstprogrammes 1956: »Das Werk Brechts zu bewahren und zu pflegen wird besonderes Anliegen des Verlages sein. Sein Tod hebt ihn aus dem Streit des Tages heraus. Viele werden nun erst die Größe dieses Dichters erkennen. Er hat sich inzwischen im Ausland eine hervorragende Stellung erobert. Von der internationalen Kritik wird Brecht durchweg als der bedeutendste zeitgenössische deutsche Dramatiker bezeichnet. Die Gesamtausgabe der ›Stücke‹ wie auch der ›Versuche‹ werden beschleunigt fortgesetzt.«
In dieser Formulierung sind noch einmal die Schwierigkeiten, ja Kämpfe zu erkennen, die Peter Suhrkamp für die Verbrei-

Bertolt Brecht. Totenmaske

tung und Aufführung der Werke Brechts gehabt hatte. In diesem Zusammenhang ist nun auch zum ersten Mal von der ›Gesamtausgabe‹ die Rede.
In ›Dichten und Trachten‹ wird ein ausführlicher Aufsatz von Werner Weber über Bertolt Brecht veröffentlicht.

Im Herbstprogramm Hans Erich Nossacks ›Spirale. Roman einer schlaflosen Nacht‹, Franz Tumlers Roman ›Der Schritt hinüber‹ (er wurde mit dem Charles Veillon-Preis ausgezeichnet); Peter Szondis ›Theorie des modernen Dramas‹ erscheint; dieses Buch wurde zu einem unerwartet großen Erfolg. Der fünfte Band der Proustschen Recherche, ›Die Gefangene‹, erscheint.
Im Frühjahr angekündigt, im Herbst erscheinend: Walter Höllerers Lyrikbuch der Jahrhundertmitte: ›Transit‹.
Der Suhrkamp Verlag versucht eines der wenigen von ihm aus dem vorigen Jahrhundert publizierten Bücher zu einem Verkaufserfolg zu machen: ›Pisana‹ von Ippolito Nievo in der Übersetzung von Charlotte Birnbaum.
»Dieser italienische Dostojewski« (DIE ZEIT) findet begei-

Auf der Buchmesse, 1956

sterte Aufnahme bei der Kritik und beim Buchhandel. Das deutsche Publikum reagiert zögernd.
19. September: Das Morgenblatt Nr. 9 ist ›Pisana‹ und ihrem Autor gewidmet. Es enthält Aufsätze von Georg Hensel, Charlotte Birnbaum, Maria Luisa Spaziani, Benedetto Croce und Siegfried Unselds Leitartikel ›Bücher und ihre Zeit‹.
1. November: Walter Maria Guggenheimer tritt in das Lektorat ein.
November: Suhrkamp weilt zehn Tage zur Kur in Montana.

In ›Akzente‹ erscheint seine Abhandlung ›Der Verleger und die Übersetzung‹.
»Ich lese ein Übersetzungsmanuskript zuerst wie ein deutsches Manuskript von Anfang bis zu Ende, ohne das Original heranzuziehen, um festzustellen, ob die Übersetzung in reinem Deutsch geschrieben ist. Reines Deutsch: das heißt nicht unbedingt ein gebräuchliches Deutsch. Es kann ein sehr kompliziertes und selbst ein literarisches Deutsch sein. Es heißt aber in jedem Fall: in einer reinen deutschen Schriftsprache.

Der Stil muß unbedingt etwas über die Sprechsprache gehoben sein. Die Hebung kann sehr gering sein. Erst sie ergibt jedoch die Geschlossenheit der Form. Die Geringfügigkeit der Hebung im Original macht Übersetzungen aus dem Englischen oft so schwierig; übrigens nicht erst aus dem heutigen Englisch.« (Akzente, Heft 6, 1956)

23. Dezember: »Morgen ist Heiligabend. Mir ist gar nicht so zumute. Dies ist auch der erste persönliche Brief. Ich werde – außer an Schröder, der seit langem nichts von mir hat – auch sonst keinen mehr schreiben. Der Weihnachtsgruß des Verlages muß sonst genügen. Ich werde hier sein und allein. Und wenn's irgend geht, bis zum 2. Januar nicht nach Frankfurt fahren. Ich legte mir Tolstois ›Krieg und Frieden‹ zum Lesen zurecht. So werde ich also viel Ruhe haben – außer im Verlag weiß man hier nicht, daß ich zurück bin – und zwischendrin meine Gedanken wandern lassen können, wie es sich ergibt.« (An Hesse, 23. Dezember 1956)

Das Jahr 1957: ... daß es verschiedene Figuren sind, als welche ich mein Leben immer gelebt habe.

Das Jahr 1957 ist für Suhrkamp immer mehr und mehr ein Jahr des verzweifelten Herumschlagens mit seiner Krankheit. Drei Ärzte, in Heidelberg, in Berlin und in Höchenschwand, bemühen sich um seine Gesundheit.

Januar: Suhrkamp zum ersten Mal im neuen Verlagsdomizil, der Verlag ist im Dezember vom Frankfurter Schaumainkai 53 zum Untermainkai 13 umgezogen. Es sollte Suhrkamps Büro bis zu seinem Tode bleiben.

»Nun stehe ich also wieder in der Verlagsarbeit. Wie Du weißt, in neuen Räumen. Ninon erinnert sich gewiß an die

Büros am Schaumainkai. Das neue Domizil liegt dem direkt gegenüber auf der anderen Main-Seite. Der große Vorteil ist für mich, daß ich nun keine Treppen mehr zu steigen habe. Sämtliche Büros liegen im Hochparterre. Der Blick aus meinem Fenster geht über eine Straße und Grünanlagen direkt auf den Main. Von da aus ist das Licht im Raum ständig bewegt, vom Main-Spiegel gewiegt. Das ist in keiner Weise störend, sondern belebend. Das Fenster hat eine Verglasung, durch die die Autogeräusche nur ganz schwach dringen. Ich habe es also auch ruhig.« (An Hesse, 8. Januar 1957)
Februar/März: Krankenlager in Königstein. Krankenhausaufenthalt im Roten-Kreuz-Krankenhaus in Frankfurt.

22. Februar: Uwe Johnson schickt Peter Suhrkamp sein Manuskript ›Ingrid Babendererde‹. »Ich bitte Sie also nachzusehen wie Sie es lesen mögen und ob Ihr Haus ein Buch daraus machen will.« Über das »Schicksal« dieses Manuskripts und über Johnsons Begegnung mit Peter Suhrkamp berichten Uwe Johnson und Siegfried Unseld.

Uwe Johnson

»›Schicksalhaft‹ war es nicht.
Bevor der alte Suhrkamp im Juli 1957 von Frankfurt a.M. nach West-Berlin flog, riet sein Mitarbeiter Siegfried Unseld ihm noch vor dem Durchgang zur Maschine dringend ab, mein Manuskript ›Ingrid Babendererde‹ anzunehmen: darin komme so viel Segeln und Natur vor, da sei die Ideologie von Blut und Boden.
Während ich in seinem Zimmer in Zehlendorf, zwischen alten Möbeln und wenig Büchern, auf ihn wartete, wußte ich einen Satz auswendig, den er mir einen Monat zuvor geschrieben hatte: Es juckt mich, ein Buch daraus zu machen, und zwar sollte das Buch möglichst noch im Herbst herauskommen.
Seine Übersetzung seines Satzes war lehrreich. Der alte Herr, der den Besucher mit ausgesuchter, verschollener Höflichkeit begrüßte, hielt den Verfasser sogleich an, an der Ablehnung

Uwe Johnson um 1959

seines eigenen Manuskriptes mitzuarbeiten. Bequem zurückgelehnt in einem korrekten grauen Anzug, mit abgetragenen Pantoffeln wippend, nahm er gerade die unsicheren Lebensumstände und die Äußerungen des jungen Menschen vor ihm zum Anlaß, dem Manuskript einen ›Mangel an Welt‹ nachzusagen; und ausdrücklich lobte er die Art, in der darin die Natur vorkam und das Segeln beschrieben war. Gegen Fragen nach solcher ›Welt‹ sträubte er sich. Mangel an Welt sei nicht zu verstehen in einem Gegensatz von Hauptstadt und Provinz, da hülfen auch nicht Aufenthalte im Ausland, da fehle Weite des Lebensbewußtseins, vielleicht sei die aber neuerdings in der europäischen Literatur nicht mehr zu erreichen …

Ich brachte es nicht fertig, nicht wieder zu ihm zu gehen. Es war eine unkritische Verehrung. Er war indiskutabel. Anfangs wohl verstellt von den Bildern, der Legende: er hatte Brecht vor den Nazis gerettet, er hatte den Verlag Samuel Fischer über die Diktatur gebracht, er würde sterben an den Folgen der Haft im Konzentrationslager, er hatte diesen Verlag zustandegebracht. Später war es sein Alter und seine Person, kostbares Muster von Erfahrungen, sein Gesicht, Einsamkeit und die Nähe des Todes, das sorgfältige Rauchen des Kranken, der würgende Husten und dabei die abwinkende Hand, die die Lebenden vorsorglich verabschiedete. Seine Art zu erziehen blieb schwierig; nach wie vor benahm er sich ungerecht und wies eigens darauf hin, fragte nach neuen Arbeiten und gab sich den Anschein nicht zuzuhören, bestellte sich Briefe und beantwortete sie nicht, gab sich dann ein Jahr lang gleichgültig. Also mag es zu einem guten Teil Trotz gewesen sein, aus dem ich ihm nach diesem Jahr das Manuskript von »Mutmassungen über Jakob« schickte; weniger als daß er es drucken ließ, wünschte ich mir, er werde es lesen, auch nur einen Satz darüber zurückgeben. Gelesen hat er es nicht mehr: von ihm gehört habe ich nichts mehr als die Todesnachricht, eine Notiz von drei Zeilen in einer Zeitung in der Deutschen Bücherei in Leipzig, im oberen Lesesaal.«

Siegfried Unseld

»Es war kein Zufall.
Hans Mayer hatte Peter Suhrkamp von einem seiner Studenten in Leipzig erzählt, der ein Manuskript geschrieben habe und es im Verlage Brechts herausbringen wolle. Dann kam das Manuskript mit dem Datum vom 22. Februar 1957, im Begleitbrief hoffte der junge Autor, daß Suhrkamp ›ein Buch daraus machen‹ möchte. Auf Empfehlung von Walter Maria Guggenheimer, der damals Lektor im Verlag war, las Suhrkamp das Manuskript. Der Roman mit dem Titel ›Ingrid Babendererde‹ gefiel Suhrkamp; ich sollte ihn ›gegenlesen‹, und mir gefiel dieser Text gar nicht. Meine Erinnerung an den Romanvorgang ist nach acht Jahren nicht ungetrübt, vielleicht ist sie außerdem durch Verdrängung geschwächt...
Doch Suhrkamp schien und war entschlossen, das Buch zu machen, und ich wußte aus Erfahrung, daß ihn keine Macht der Welt von seinem Beschluß abzubringen vermochte. Später sollte Suhrkamp den jungen Autor im Westberliner Domizil des Verlages treffen. Ich brachte Suhrkamp in Frankfurt auf den Flughafen; nochmals, freilich von der Ausweglosigkeit meines Versuches überzeugt, riet ich ihm von einer Veröffentlichung des Manuskripts ab, der Dreiundzwanzigjährige würde ja vielleicht nochmals ein Manuskript schreiben, das man dann wieder in Betracht ziehen könne...
Suhrkamp hat mir nie einen klaren Bericht von seiner Begegnung mit Uwe Johnson gegeben. Nur eines wurde deutlich: die beiden verstanden einander nicht – oder zu gut. Sie waren zu ähnlich im

Herkommen und zu verschieden in ihren Erfahrungen. Suhrkamp sagte mir, als er nach Frankfurt zurückkam, nur, der Autor sei eben doch sehr jung, er müsse erst noch Land und Leute kennenlernen, er sollte auch im Verlag arbeiten. Es blieb trotz meiner Fragen unklar, ob das Manuskript nun angenommen oder abgelehnt worden sei.
Im März 1959 erhielt Suhrkamp, schon im Krankenzimmer liegend, ein zweites Manuskript, die ›Mutmassungen über Jakob‹. Ich sehe es noch jetzt, wie er das Manuskript im Bett entgegennahm, wie er es anblätterte, wie er mich anschaute, aller früheren Diskussionen eingedenk. Doch er hat das Manuskript nicht mehr gelesen. Ich holte es am Sterbetag aus seinem Zimmer auf meinen Schreibtisch. Dort lag es einige Zeit, ich hatte nach Suhrkamps Tod anderes zu tun, als mich sofort um das Manuskript eines Autors zu kümmern, mit dem ich jetzt, ohne den Widerpart Suhrkamp in dieser Sache, doch leichter fertig zu werden hoffte.
Es kam anders.«
(In: ›Die Begegnung‹. Jahresgruß 1965/66 der Buchhandlung Elwert und Meurer)

Vom 25. März bis 23. April im Sanatorium in Höchenschwand im Schwarzwald.
4. Mai: 75. Geburtstag von Wilhelm Lehmann. Suhrkamp veröffentlicht Lehmanns ›Meine Gedichtbücher‹.

In der ›Bibliothek Suhrkamp‹ erscheint Suhrkamps Prosabuch ›Munderloh‹.
›Munderloh‹ ist ein Romanfragment, das Dezember 1944 und Januar 1945 in einer Zelle des Gestapo-Gefängnisses Lehrter Straße 3 zu Berlin geschrieben wurde. Der Roman war in drei Teilen geplant, mit einem Umfang von etwa 600 Seiten. Das Vorliegende ist ein Drittel von der ›Erzählung des Lehrers‹. Auf sie sollte als zweiter Teil die ›Erzählung des jungen Rüdebusch‹ folgen, der eines Tages von seinem Hofe aufgebrochen war, um seinen in der Zwischenkriegszeit in Berlin verschollenen Freund Wilhelm Menke zu suchen. Ein dritter Teil sollte die ›Erzählung des Kunsthandwerkers Wilhelm Menke‹

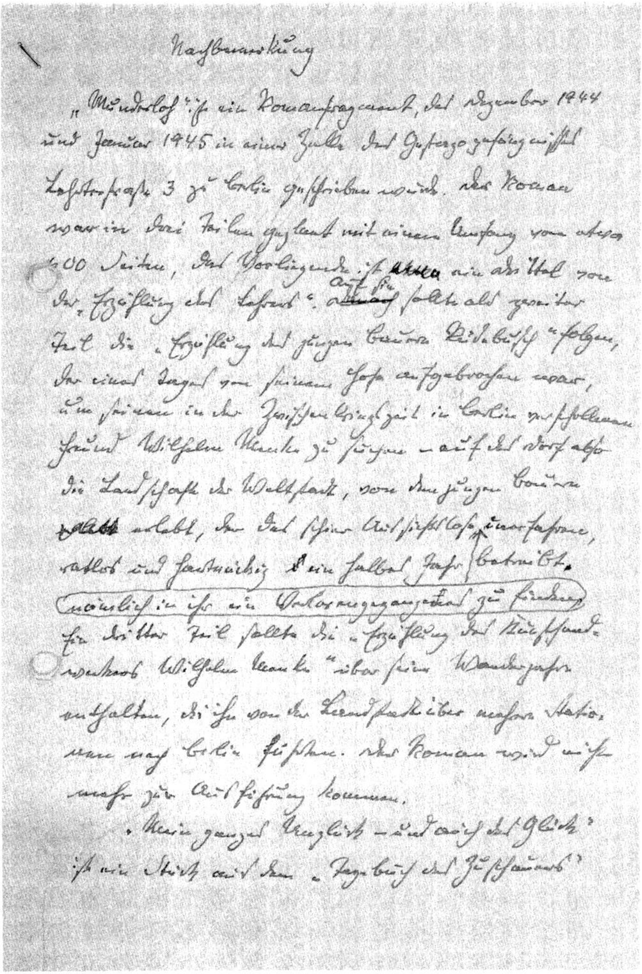
Nachbemerkung

„Munderloh" ist ein Romanfragment, das Dezember 1944 und Januar 1945 in einer Zelle des Gestapogefängnisses Lehrterstraße 3 zu Berlin geschrieben wurde. Der Roman war in drei Teilen geplant mit einem Umfang von etwa 600 Seiten. Das Vorliegende ist [illegible] ein erster Teil von der „Erzählung des Lehrers". Darauf sollte als zweiter Teil die „Erzählung des jungen Bauern Lüdebusch" folgen, der eines Tages von seinem Hofe aufgebrochen war, um seinen in der Zwischenkriegszeit in Berlin verschollenen Freund Wilhelm Mancke zu suchen – auf das Dorf also die Landschaft der Weltstadt, von dem jungen Bauern erlebt, der das schier Aussichtslose unternahm, ratlos und hartnäckig ein halbes Jahr betrieb, [illegible] zu finden. Im dritten Teil sollte die „Erzählung des [illegible] Wilhelm Mancke" über seine Wanderjahre enthalten, die ihn von der Landschaft über mehrere Stationen nach Berlin führten. Der Roman wird nicht mehr zur Ausführung kommen.

„Mein ganzes Unglück – und auch das Glück" ist ein Stück aus dem „Tagebuch des Zuschauers"

Suhrkamps Nachbemerkung zu ›Munderloh‹

über seine Wanderjahre enthalten, die ihn von der Landstadt über mehrere Stationen nach Berlin führten. Der Band enthält außer ›Munderloh‹ die Erzählungen ›Abschied‹, ›Der Apfelgarten‹, ›Schneebruch‹, und ›Der Besuch‹. Insbesondere ›Der Besuch‹ wurde auf Wunsch Hesses aufgenommen. Der Band ist »Hermann Hesse gewidmet zum 2. Juli 1957«.

Hesse über Munderloh:

»Ich muß dir berichten, daß du deine Absicht, mir mit deinem Geschenk eine ganz besondere Freude und Überraschung zu bereiten, vollkommen erreicht hast. Als du mir das kostbare Buch überreichtest, fing die Freude bei der Feststellung an, daß mein Zureden wegen einer Buchausgabe nicht erfolglos geblieben war, und daß der ›Besuch‹ und der ›Apfelgarten‹ jetzt wirklich an die Öffentlichkeit getreten sind. Hinzu kam der schöne Pergamentband, die Widmung für mich und die Erwähnung meines Zuredens im Nachwort. Und jetzt habe ich das Ganze, vor allem den Roman, gelesen, und die Freude hat sich bewährt und vertieft. Ich habe seit Hofmannsthals ›Andreas‹ kein erzählendes Fragment mehr gesehen, das mich so erfreut und gefesselt hat, und bei keinem habe ich so sehr wie bei diesen beiden es bedauert, daß es nicht zur Vollendung hat kommen dürfen. Mir war es ein richtiger Schmerz, als die Erzählung abbrach – grade im Augenblick, wo die Gestalt der Frau Lange Kern und Umriß gewann.« (Brief an Suhrkamp, Mitte Juni 1957)

6. Mai: Suhrkamp wird Ehrenmitglied der Akademie für Sprache und Dichtung. Aus seiner Ansprache aus Anlaß der Wahl: »... daß es verschiedene Figuren sind, als welche ich mein Leben immer gelebt habe ... ich will hier und jetzt nur von zweien sprechen ... Die erste Figur ist aus meinem Intellekt, meiner Bildung, meinem Planen, meinem Streben und an den greifbaren Realitäten meines Lebens und dieser Welt herangewachsen. In ihr bin ich, wie ich hier vor Ihnen stehe; der Skeptiker und der Eigensinnige, um sie kurz zu bezeichnen. Sie fügt sich mit einem Lächeln darin, daß mit den Jahren in einer bestimmten Position die Ehrungen wohl kommen. Sie war es auch, die fragte: Wer soll geehrt werden? – Der

Schriftsteller? ich bin doch wohl kein Schriftsteller. Gewiß habe ich auch mancherlei geschrieben und das so gut wie ich es konnte; meistens bei Gelegenheit. Ich will gestehen, daß ich es auch ›schreiben mußte‹, allerdings nur, um mit mir selber wieder in Ordnung zu kommen ... oder sollte der Verleger geehrt werden? Vielleicht wurde daran gedacht, daß in einer Akademie für Sprache und Dichtung die Verleger wohl nicht ganz fehlen dürften. Als Verleger bin ich zu sehr Einzelgänger, um als Vertreter des Verlegerstandes in Betracht zu kommen. Als diese erste Figur zu keinem rechten Resultat kam, meldete sich mächtig und feierlich die zweite Figur. Sie ist auch in meiner Kindheit angelegt. Gebildet ist sie aus Traum und Phantasie. In meiner Kinderzeit blickte sie in der Schulbank andächtig zu den Lehrern auf, bewegt von Worten und Bildern der biblischen Geschichten und Psalmen, der Märchen und Lieder und der Gedichte. Sie saß ehrfürchtig in der Aula des Lehrerseminars unter den Porträtbüsten der Dichter, Philosophen und Pädagogen ringsum an den Wänden. Sie sah einen lebenden Dichter mit Scheu und Verehrung, wartete vor seinem Haus auf sein Erscheinen, hätte aber nie gewagt, sich ihm zu nahen ... (6. Mai 1957)

22. Mai 1957: Wie kritisch, wie umstritten die Stellung Brechts war, zeigt Suhrkamps ›Offener Brief‹ an den Bundesminister des Auswärtigen, Heinrich von Brentano:
»Als ich davon hörte, daß Sie, geehrter Herr Dr. von Brentano, als Außenminister vor dem Bundestag in Bonn die späte Lyrik Bertolt Brechts mit der Lyrik Horst Wessels verglichen haben sollten, kam mir das zuerst unglaubhaft vor. Außer dem Sturmlied der SA sind mir Gedichte von Horst Wessel allerdings nicht bekannt, in mir lebt aber noch die Erinnerung an gemeine Züge in seinem Leben und seiner Erscheinung.
Ich war dennoch beunruhigt: hatte doch kurz vorher Ihr Staatssekretär die abfällige Prägung vom ›Aussagewert‹ von Stücken Brechts und Wedekinds in Umlauf gebracht. Ich be-

mühte mich um einen authentischen Bericht. Und da lese ich eben in dem Protokoll der Haushaltsdebatte des Bundestages am 9. Mai 1957, daß Sie tatsächlich dem SPD-Abgeordneten Kahn-Ackermann geantwortet haben:
›Sie waren der Meinung, daß Brecht einer der größten Dramatiker der Gegenwart sei. Man mag darüber diskutieren. Aber ich bin wohl der Meinung, daß die späte Lyrik des Herrn Bert Brecht nur mit der Horst Wessels zu vergleichen ist.‹
Ich will gern glauben, daß Sie, geehrter Herr Dr. von Brentano, aus der späten Lyrik Brechts nur Lieder für den politischen Gebrauch kennenlernten. In der Auswahlausgabe ›Gedichte und Lieder‹ stehen ein paar der ›Buckower Elegien‹ aus dem Sommer 1953; außerdem sind in der Februar-Nummer der ›Akzente‹, der Münchener ›Zeitschrift für Dichtung‹, einige sehr schöne Gedichte aus dem Nachlaß abgedruckt.
Ihre Beurteilung der Gedichte von Brecht hätte man stillschweigend übergangen. Darauf kam es auch Ihnen im Moment gewiß gar nicht an. Sie wollten den Menschen im anderen politischen Lager treffen. Dafür war aber gerade der Vergleich mit dem legendären Helden der Nazis unmöglich. Sie wissen, daß Brecht als Feind der Nazis ins Exil gehen mußte. In den Exiljahren stand im Zentrum seines Lebens, Denkens und Dichtens der Kampf gegen die Nazis und gegen den Krieg der Nazis. Er lebte überall isoliert von den prominenten deutschen Emigranten wegen einer an ihm auffälligen nationalen Gesinnung, die ihn Gedanken an eine Kollektivschuld des deutschen Volkes verwerfen ließ. Er lebte im Exil in jedem Moment bereit, in sein Vaterland zurückzukehren, sobald die Nazis besiegt sein würden.
Zur selben Zeit gingen Sie in Deutschland Ihrem bürgerlichen Beruf nach. Und da stellten Sie nun in einem lapidaren literarischen Urteil den Namen Brechts neben den von Horst Wessel! Da tritt zutage, daß Sie nur darauf zielten, vor einer nicht unterrichteten, leicht zu beeinflussenden Öffentlichkeit Brecht in seiner menschlichen Integrität zu erniedrigen.

Diese Wirkung Ihres Vergleichs müssen Sie beabsichtigt haben; wie hätte Ihnen sonst gerade der Name von Horst Wessel einfallen können. Sie mußten dazu noch eine Hilfskonstruktion vornehmen, indem Sie die Lyrik Brechts, um die es in der Haushaltsdebatte des Bundestages gar nicht ging, in die Debatte einbezogen.

Es ist Ihre Form des politischen Kampfes, die mich aufregt. Die allgemeine Verwilderung überall in den Kämpfen von Parteien hat, wo sie bei uns um sich greift, auf lange hinaus noch einen besonderen Akzent. Als Verleger zur Zeit des Dritten Reiches habe ich genügend Erfahrungen gesammelt, wie damals Minister Gegner ihrer Weltanschauung unter den Schriftstellern und Künstlern in demagogischer Form menschlich zu vernichten trachteten.

Ihre Äußerung hat bei mir die Erinnerung daran wieder geweckt. Und damit die ernste Frage: leben wir der Zeit des Nationalsozialismus noch so nah, daß wir noch immer nicht genug auf der Hut sind vor den schlechten Angewohnheiten von damals – oder ist es, weil unser Unglück schon so lange zurückliegt, daß man bei uns wieder anfängt, leichtfertig zu reden und auch in die allgemeine Formverwilderung gerät? – Gerade Sie, geehrter Herr Dr. von Brentano, sollten besser als ich wissen, daß man in der übrigen Welt dafür uns gegenüber ein besonders empfindliches Ohr hat.

In der übrigen Welt ist es übrigens so gut wie bei uns bekannt, daß Brecht Marxist war, ein Marxist von eigener, persönlicher Prägung; sie steht trotzdem nicht an, seine Stücke aufzuführen und ihn als Dichter zu feiern. Dazu findet man es überall, außer bei uns, auch nicht nötig, jene fatale Trennung zwischen dem Dichter und Politiker zu machen, um den Dichter ehren zu können. Es wird darüber geklagt, daß die deutsche Dichtung, die deutsche Musik und die deutsche Kunst gegenwärtig in der Welt keine Geltung haben. Wollen wir da von uns aus auch das noch schnöde verleugnen, was das Feld draußen noch behauptet?

Wie soll da noch Dichtung gedeihen, wo die Staatsmänner sie so leichtfertig abtun. Wo aber Dichtung, Kunst und Musik verkümmern, da verkümmert das Volk. Diese Wahrheit kann nicht ernst genug genommen werden.«

Juni: Besuch bei Hermann Hesse in Montagnola.

2. Juli: Hermann Hesses 80. Geburtstag.
Die Produktion des 1. Halbjahres 1957 ist auf Hesse konzentriert. Den ›Gesammelten Dichtungen‹ wird ein siebter Band hinzugefügt, der Betrachtungen, Briefe, Rundbriefe und Tagebuchblätter enthält. Die Ausgabe heißt nun: ›Gesammelte Schriften in sieben Bänden‹. Als Suhrkamp-Hausbuch 1957 erscheint eine einmalige Sonderausgabe vom ›Glasperlenspiel‹.
Zum 80. Geburtstag erscheint das Morgenblatt Nr. 10. Es enthält Texte über Hesse von Theodor Heuss, André Gide, Rainer Maria Rilke, Theodor Litt, Thomas Mann und eine Zusammenstellung ›Hermann Hesse und die Zeitgenossen‹.

Peter Suhrkamp und Siegfried Unseld fahren am Sonntag, dem 30. Juni, zur Hesse-Feier nach Stuttgart. Am Nachmittag nach Marbach zur Hermann-Hesse-Ausstellung. Am Montag Besuch in Calw. Fahrt nach Baden-Baden. Verleihung des Hermann-Hesse-Preises an Martin Walser.
»Ich fuhr am Sonntag, dem 30. Juni, früh um sieben Uhr mit Herrn Dr. Unseld in seinem Wagen hier ab nach Stuttgart. Um elf Uhr fing dort die Feier in der Liederhalle an. Das eigentliche Ereignis war natürlich der Vortrag von Martin Buber, eine selbständige Auseinandersetzung des Philosophen mit dem Dichter.
Anschließend an die Feier gab der Kultusminister Simpfendörfer ein Essen im kleinen Kreise.
Am Sonntagnachmittag fuhren wir dann noch zusammen mit Kasack hinaus nach Marbach und ließen uns von Dr. Zeller

Peter Suhrkamp und Siegfried Unseld

durch die Ausstellung führen. Sie hat wirklich Atmosphäre und einen intimen Reiz.
Am 2. Juli fuhren wir dann über Calw und Herrenalb nach Baden-Baden. In Calw saß ich lange in einem Restaurant am Ende des Marktplatzes und beobachtete die Vorgänge vor dem Hesse-Haus. Für abends 8.15 Uhr war eine Feier angekündigt.
In Baden-Baden sah ich dann zuerst die Ausstellung von Gunter Böhmer, nachmittags die Verteilung der Preise an die Primaner, wobei einer der Preisgekrönten eine übergescheite Ansprache hielt... Abends war dann die Preisverleihung. Den Preis erhielt Martin Walser für seinen gesellschaftskritischen Roman ›Ehen in Philippsburg‹. Im ganzen waren die Tage sehr harmonisch und nicht ohne eine echte Feierlichkeit im Gemüt.« (An Hermann Hesse, 6. Juli 1957)
Bei der Feier der Verleihung des Preises überbrachte Suhrkamp einen »Gruß von Hermann Hesse«: »Es war der

Bei der Verleihung des Hermann-Hesse-Preises an Martin Walser. Baden-Baden, 1957

Wunsch von Hermann Hesse, ich möchte ihn an dieser Feier mit Stücken aus unseren Gesprächen über die Dichtung der Gegenwart beteiligt sein lassen, um Ihnen, verehrte Versammelte, in dieser Form seine Grüße zu sagen. Ich fürchte, ich habe dazu schon zu lange gebraucht. So sage ich denn als Abschluß dem Preisträger noch meine herzliche Gratulation. Die Auszeichnung, die ihm von der Jury aus Kritikern, Schriftstellern und Literaturwissenschaftlern seiner Generation und einem erfahrenen Mann des Buchhandels zugesprochen wurde, soll ihm ein Ansporn sein, seinen Beitrag zur deutschen Dichtung von Werk zu Werk in fortschreitender Vollendung nach seiner Begabung zu schreiben.«

August: Suhrkamp an Rippenfellentzündung erkrankt in Königstein.

Martin Walser

Die Bücher des Herbstes 1957. Im Mittelpunkt Max Frischs Roman ›Homo faber‹.
Der mit dem Hermann-Hesse-Preis ausgezeichnete Roman ›Ehen in Philippsburg‹ von Martin Walser erscheint.

1. September: Auf Vorschlag von Siegfried Unseld beruft Suhrkamp Walter Boehlich als Lektor.

Am 4. Oktober erscheint »Zum Abschluß des deutschen Proust« Nr. 11 des Morgenblatts. Peter Suhrkamp schreibt dazu:
»Der deutsche Proust liegt jetzt komplett vor; das nach zwei mißglückten Anfängen nicht mehr Erwartete ist Ereignis geworden! Vom Vertragsabschluß bis zum Erscheinen des ersten Bandes im Herbst 1953 hat es vier Jahre gedauert; dreieinhalb davon vergingen mit Versuchen, bis ich in Eva Rechel-Mertens den Übersetzer fand. Die Warner vor dem großen Unternehmen schwiegen auch nach dem geglückten ersten Band nicht.

Und jetzt bin ich es, der sich, wie ich glaube, am meisten freut, seinen deutschen Proust zu haben. Und ich weiß, es sind viele, die sich freuen. Während der fünf Jahre, die zur Vollendung nötig waren, habe ich stets gebangt, Frau Rechel-Mertens könnte unter der Aufgabe zusammenbrechen; und es gab gefährliche Krisenzeiten. Ich bewundere nicht nur die Einheit, den eigenen Ton in ihrer Übersetzung, sondern mehr noch den persönlichen Einsatz, der eine ungewöhnliche moralische Leistung darstellt. Zu danken habe ich auch den Buchhändlern und allen Lesern, die immer wieder nach einem weiteren Proust fragten, und das waren nicht immer Literaten und Literaturbeflissene. Ich habe viele Beweise, daß der deutsche Proust gelesen wird.«

Das Morgenblatt enthält Arbeiten von Max Rychner, Walter Boehlich, E. M. Forster über Proust und eine Stellungnahme der deutschen Kritik zu der siebenbändigen Ausgabe. Eva Rechel-Mertens wurde mit dem Preis des Verbandes der deutschen Kritiker für ihre Übertragung ausgezeichnet.

Oktober und November: Suhrkamp ist viele Wochen in Berlin zur Behandlung durch seinen Berliner Arzt Dr. Lauer.

Das Jahr 1958: Damit die Kontinuität gewährleistet ist.

1. Januar: »Der Flug nach Berlin hat mir aber diesmal arg zugesetzt. Wohl, weil ich mich die letzte Woche in Frankfurt übernommen hatte. Ich wollte unbedingt noch eine Regelung für den Bestand des Verlages zum Abschluß bringen; beim Stand meiner Gesundheit in letzter Zeit erschien mir das notwendig. Damit die Kontinuität auf jeden Fall in gewissem Grad gewährleistet ist, habe ich Dr. Unseld ab 1. Januar in die Kommanditgesellschaft, die bis jetzt nur aus Reinharts (Gebr. Volkart) und mir bestand, hineingenommen und für den Ernstfall als meinen Nachfolger nominiert ... Zu den Verhandlungen und für die Verträge war Peter Reinhart, der

Mit Theodor Heuss, Buchmesse 1958

Sohn von Georg Reinhart, zweimal in Frankfurt. Nun ist das alles geordnet. Ich denke doch, diese Regelung wird auch Dir recht sein. Es wird nur gut sein, wenn ich noch einige Jahre dabei bleiben kann; das weiß ich auch. Aber es mußte doch vorgesorgt werden, daß auf keinen Fall ein völliger Stillstand eintreten kann, wenn ich ganz ausfallen sollte.« (An Hermann Hesse, 1. Januar 1958)

26. Januar: Rudolf Alexander Schröder wird 80 Jahre alt. Der Verlag veröffentlicht einen sechsten Band zu den ›Gesammelten Werken‹, dieser enthält die Übertragungen von Corneille, Racine, Molière. Eine Sonderausgabe von Vergil, ›Bucolica‹, lateinisch - deutsch mit Holzschnitten von Aristide Maillol und als Suhrkamp Hausbuch 1958 eine Auslese aus dem Werk »Fülle des Daseins«, ausgewählt von Siegfried Unseld.

Zum 80. Geburtstag von R. A. Schröder am 26. Januar 1958 erscheint Morgenblatt Nr. 12. Das Motto von Joubert: »Biene und Wespe saugen an den gleichen Blüten, aber die beiden finden nicht den gleichen Honig.« Die Zeitung enthält Aufsätze über Schröder von Theodor Heuss, Kurt Ihlenfeld, Hermann Hesse, Josef Pieper, Werner Milch. Im Extrablatt ein Essay von Rudolf Alexander Schröder »Die Kunst des Altseins« und eine Auswahl seiner Gedichte, vorgenommen von »Lyrikern der jüngeren Generation«: von Paul Celan, Ingeborg Bachmann und Walter Höllerer.
Der erste Preisträger des Rudolf-Alexander-Schröder-Preises ist Paul Celan.

14. Februar: »Hochverehrter, lieber Mr. Eliot, meine Gesundheit ist im vergangenen Jahr zunehmend schlechter geworden und hat mir zeitweise sehr zu schaffen gemacht, darin ist auch dafür der Grund zu suchen, daß ich über ein Jahr nicht mehr an Sie schrieb ... Zu Ihrem diesjährigen Geburtstag möchte ich in meinem Verlag unbedingt ein Werk von Ihnen herausbringen. Ihr letzter Essayband hat mich nun bestimmt, einen zweiten Band größerer, ausgewählter Essays von Ihnen herauszugeben.«
Im Frühjahrsprogramm Archibald MacLeish: ›Spiel um Job‹. Aus dem Nachlaß von Ernst Penzoldt der Band ›Die Liebende‹. Von Hans Heinz Stuckenschmidt ›Schöpfer der Neuen Musik‹. Als »spanisches Ereignis« sieht die Kritik das Erscheinen von Ramón Pérez de Ayalas Roman ›Belarmino und Apolonio‹.
In der ›Bibliothek Suhrkamp‹ erscheinen Adornos ›Noten zur Literatur I‹, Sherwood Anderson ›Winesburg, Ohio‹, deutsch von Hans Erich Nossack; Julien Green ›Der andere Schlaf‹, deutsch von Carlo Schmid.
»Bibliothek eines geistig interessierten Deutschen«, unter diesem Blickpunkt wird auf der Weltausstellung eine Repräsentationsausstellung von Büchern der deutschen Verlags-

Ferien »voll Hoffnung und voller Pläne«

produktion gezeigt. Insgesamt sind etwa 2000 Titel ausgestellt. In den engeren literarischen Sektor fielen Bücher von 182 zeitgenössischen Autoren, davon 69 Titel des Suhrkamp Verlages.

10. Februar: 60. Geburtstag von Bertolt Brecht. Friedrich Podszus schreibt über Brecht in ›Dichten und Trachten‹.

14. März bis 8. April: Sanatorium Glotterbad im Schwarzwald.

27. Juli: Suhrkamp reist nach Salzburg, um an der Generalprobe und am 28. Juli an der Aufführung von ›Spiel um Job‹ teilzunehmen. »Es war eine außergewöhnliche und sehr klug angelegte Aufführung. Es wäre für Sie und besonders im Hinblick auf die kommende Aufführung am Broadway gewiß sehr interessant gewesen, sie zu sehen.«
(An Archibald MacLeish, 31. Juli 1958)

Im Herbstprogramm des Verlages Becketts ›Malone stirbt‹. Günter Eich ›Stimmen‹, Max Frisch ›Biedermann und die Brandstifter‹, Nossacks Roman ›Der jüngere Bruder‹. Als Suhrkamp Hausbuch 1958 erscheint Max Frisch, ›Tagebuch 1946-1949‹.
Neu angekündigt werden Einzelausgaben der Werke Brechts, ›Die Dreigroschenoper‹ und ›Mutter Courage und ihre Kinder‹ erscheinen im Taschenbuchformat und zum Taschenbuchpreis. Es sind dies die Vorläufer der späteren ›edition suhrkamp‹.
Im Zentrum des Programmes die beiden Bände der Ausgabe von Oskar Loerke ›Gedichte‹ und ›Prosa‹. Aus diesem Anlaß erscheint Nr. 13, die vorletzte Nummer des Morgenblatts. Sie enthält eine Huldigung für Oskar Loerke von Hermann Hesse, einen Beitrag zu Oskar Loerkes Leben und Werk von Siegfried Unseld und Stimmen von Thomas Mann, Hans Henny Jahnn, Elisabeth Langgässer und Gerhart Hauptmann zu Oskar Loerke.
Die beiden Bände wurden herausgegeben von Peter Suhrkamp. Es ist Suhrkamps letzte editorische Arbeit. Im Nachwort schreibt er:
»Oskar Loerke steht als Freund und Generationsgenosse, aber auch als dichterische Erscheinung neben Gottfried Benn und Wilhelm Lehmann. Sein früher Tod im Jahre 1941 und die Unterdrückung seines Werkes während der ›Jahre des Unheils‹ haben verhindert, daß er heute einem größeren Kreis lebendig ist.

Im Sanatorium Glotterbad

Der Verlebendigung des Werkes von Oskar Loerke dient die vorliegende Ausgabe. Sie soll weder einer historisch-kritischen Ausgabe vorgreifen noch diese ersetzen. Nicht für die Archive der Literaturforschung als ein Denkmal vergangener Größe ist sie zusammengestellt worden, sondern für alle, die ein echtes Organ für Dichtung haben, als Zeugnis gegenwärtiger Wirkung.«

10. Oktober bis 15. November: Sanatorium Glotterbad im Schwarzwald.

1. Dezember bis 19. Dezember: Elisabethen-Krankenhaus in Frankfurt.

1959 – Die letzten drei Monate:

»... ein Wacht- und Wehrturm.«

Januar: Schon fast den ganzen Dezember 1958 mußte Suhrkamp im Krankenhaus verbringen, nun auch den Januar in der Frankfurter Universitätsklinik. Mit ständig steigenden Schmerzen versucht er, vom Krankenbett aus, die Verlagsarbeit zu leisten. Seine Sorge gilt dem Frühjahrsprogramm, dessen Vorbereitungen nur schleppend vorankommen. Mitte Januar tagt das Lektorat im Krankenzimmer. Walter Boehlich, Walter Maria Guggenheimer, Walter Höllerer und Siegfried Unseld plädieren für die Aufnahme Karl Krolows in den Verlag. Suhrkamp zögert, vor allem, weil er in dem einhelligen Votum der Lektoren an seinem Krankenbett eine Fronde sieht; er bricht die Sitzung ab, den Lektoren scheint Krolow abgelehnt, sie waren nicht wenig überrascht, als Suhrkamp Krolow mitteilen läßt, er würde den diskutierten Gedichtband in seine ›Bibliothek Suhrkamp‹ aufnehmen. Im Februar zögert er noch mit dem Vertrag, »weil mich der Titel Ihres Gedichtbuches weiter beschäftigte. ›Fremde Körper‹ ist für mein Gefühl zu sperrig. Vor allem wirkt er zu ausgedacht. Hinter dem Titel dürfte eigentlich keine Spekulation stehen«.

Lange Lektoratsdiskussion über Franz Tumler. Suhrkamp möchte die neu angebotene Erzählung ›Der Mantel‹ nicht aufnehmen, doch Walter Boehlich befürwortet das Manuskript dringlich, er sieht Hofmannsthalsche Züge an ihm.

Den größten Raum nimmt die Diskussion der Brecht-Editionen ein. Als neue Edition werden die ›Stücke‹ 11 und 12, die ›Bearbeitungen‹ Band 1 und 2 geplant, dann ein Neudruck der ›Versuche‹ 1 bis 8 und die Fortführung der im Vorjahr erfolgreich begonnenen Einzelausgaben zu DM 2,80.
Heftig die Korrespondenz mit Elisabeth Hauptmann. Suhr-

kamp wehrt sich dagegen, daß der Aufbau-Verlag, der in Lizenz, mit Jahresabständen, die Bände Brechts nachdruckt, dann neue Korrekturen anbringt. »Stellen Sie sich einen Brecht-Interessenten in zehn Jahren vor. Er trifft nun auf die verschiedenen Ausgaben mit den verschiedenen Fassungen aus ungefähr derselben Zeit, oder sogar aus demselben Jahr. Für ihn stellt sich doch die Frage, welches ist nun der wirkliche Brecht-Text?« (Brief an Elisabeth Hauptmann, 20. Januar 1959)

Die Diskussion in dem Punkte der Textänderung geht weiter. Am 4. März 1959 schreibt Suhrkamp an Elisabeth Hauptmann:
»Es sollte unbedingt bei der bisher publizierten Form bleiben: deshalb bitte ich Sie hiermit ausdrücklich, nicht von sich aus Änderungen zu veranlassen. Es ist ganz schlimm, wenn die verschiedenen Verlage verschiedene Texte drucken, und das ganz speziell im Falle Brecht ... Sie berufen sich immer wieder auf Wünsche von Brecht. Aus dem, was Sie dazu mitteilen, geht eigentlich hervor, daß es sich um gelegentliche Wünsche handelt. Mir gegenüber hat Brecht wiederholt betont, daß die Texte, wie sie in der Ausgabe der ›Stücke‹ gedruckt sind, nicht mehr geändert werden sollten ... Sie erwähnen ›Wortkorrekturen‹, die sich fast in jedem Fall auf Proben ergeben haben – gerade derartige Korrekturen hat Brecht mir gegenüber ausdrücklich ausgeschlossen.«
Februar: Am 30. Januar wurde Suhrkamp aus der Universitätsklinik entlassen. Kaum wieder in Königstein, überfällt ihn ein schwerer Angina-pectoris-Anfall.
9. Februar: Suhrkamp kommt wieder in den Verlag. Die Verlagsvertreter sind zur Besprechung des Frühjahrsprogramms erschienen. Es ist wenig umfangreich. Suhrkamp, der immer jedes einzelne Buch seines Programms selbst bestimmt hatte, kann sich jetzt wegen seiner Krankheit nur noch mit wenigen Titeln beschäftigen. Es werden angekündigt:

Theodor W. Adorno, ›Klangfiguren‹
Franz Tumler, ›Der Mantel‹. Erzählung
Brecht, ›Stücke‹ 11 und 12
Brecht, ›Versuche‹ 1-8
Brecht, Einzelausgaben der Stücke
Brecht, ›Die sieben Todsünden der Kleinbürger‹

Die neunte Serie der ›Bibliothek Suhrkamp‹ wird fürs Frühjahr angekündigt, aber auch sie erscheint erst im September. In dieser neunten Serie ist ein Text von Ernst Bloch angekündigt, ›Geschick und Dasein‹; es handelt sich um die beiden Mittelteile der ›Spuren‹. Walter Maria Guggenheimer hatte Suhrkamp auf Bloch aufmerksam gemacht. Suhrkamp wollte jedoch die ›Spuren‹ nicht integral bringen, sondern nur die beiden Teile.

Suhrkamp an Bloch am 4. März: »Inzwischen legte man mir (ich bin wieder ganz in der Arbeit) die Fahnen von ›Geschick und Dasein‹ vor. Dabei ist mir aufgefallen, daß alle Zwischenüberschriften in Versalien gesetzt wurden. Man hat sich darin einfach nach der ersten Ausgabe bei Paul Cassirer gerichtet. Im Cassirer Verlag wurden die Dinge rein nach ästhetischen Gesichtspunkten eingerichtet. Das halte ich für Ihr Buch aber für nicht ganz richtig. Ich habe deshalb angeordnet, daß die Zwischenüberschriften neu gesetzt werden, und zwar in der Grundschrift gesperrt, und daß sie nach links herangerückt werden. Ich werde davon aber noch Proben sehen und die letzte Entscheidung danach treffen.« (An Ernst Bloch vom 4. März 1959)
Suhrkamp sah die Proben nicht mehr; die Serie 9 der ›Bibliothek Suhrkamp‹ erschien, in neuer Ausstattung, im September mit dem integralen Text der ›Spuren‹.

Von Mitte Februar an arbeitet Suhrkamp »wieder einige Stunden täglich im Verlag«. Vielseitige Korrespondenz. Mit

Ninon Hesse wegen der Auslandsrechte der Werke Hermann Hesses. Adorno warnt er vor einem »Hans Dampf in allen Gassen« in Paris. Von Eich (»... damit möchte ich Ihnen nur zu verstehen geben, daß ich mehr in Gedanken bei Ihnen war, als Sie sich wahrscheinlich vorstellen«) erbittet er dessen Übersetzungen aus dem Chinesischen für einen Band der ›Bibliothek Suhrkamp‹. Ausführlicher, manchmal vehement der Briefwechsel mit Max Frisch. »Nach allem, lieber, lieber Max Frisch, scheint mir, daß Sie ganz auf dem Wege sind, in der Urheberrechtsfrage Ihrer Werke eine ähnliche Verwirrung entstehen zu lassen, wie Brecht sie bei seinen Werken hinterlassen hat. Wollen Sie sich nicht wirklich auf die produktive Arbeit konzentrieren und alle diese Dinge konsequent uns zuschicken? Sie sollen uns selbstverständlich Ihre Wünsche mitteilen, aber alle Anfragen und Anfrager kurz an den Verlag verweisen. Haben Sie eigentlich den Eindruck, daß bei uns nicht genug getan wird?« (An Frisch, 9. Februar 1959)

Frisch bleibt in seiner Antwort nichts schuldig und verweist auf die schlechte Qualität seiner Übersetzungen.
März: Das Arbeitspensum dieses vom Tode gezeichneten Mannes ist ungewöhnlich. Jeder einzelne Arbeitskomplex, den er in diesen letzten vier Wochen seines Lebens behandelt, würde allein schon einen gesunden Mann erfordern. Es ist, als wolle er Arbeitsvorgänge noch dringlich abschließen. Er gibt aber seiner Umgebung kein Zeichen, wie es um ihn steht, wie er sich fühlt. »Ich habe mich wieder sehr zu plagen und starke Schmerzen«, schreibt er im März an Jürgen Eggebrecht, »aber lassen wir das«, »der Frühling ist eben anstrengend«, so die Formeln in den Briefen an die Freunde. Er kommt täglich in den Verlag. Er schmiedet Pläne für die Zukunft. Für den 8. April meldet er sich im Sanatorium Glotterbad an. Er überlegt eine Reise nach Leipzig, aber »noch« sei sein Gesundheitszustand nicht so, daß er sich dies zumuten könne.

Korrespondenz mit Peter Szondi. Szondis ›Theorie des modernen Dramas‹ ist vergriffen. Suhrkamp zögert vor einer Neuauflage, denn dies würde heißen, »daß wenigstens 2000 Exemplare gedruckt werden, und diese würden, dessen bin ich sicher, selbst in einigen Jahren nicht abgesetzt werden«. Doch Suhrkamp ist ein Verleger: »Aber selbst das würde ich auf mich nehmen, wenn Aussichten bestünden, daß ein zweites Buch bald folgen könnte ... Wann etwa wäre mit einem neuen Buch zu rechnen!« (An Peter Szondi, 11. März 1959)

Korrespondenz mit Friedi Penzoldt, der Witwe von Ernst Penzoldt. Eine Schwestern-Oberin hatte die Idee, mit Schülern Penzoldts ›Chinesisches Märchen‹ aufzuführen: »Ich sehe dieses Märchen von Ernst sehr ungern in einem derartigen Konventikel. Die Tendenz des Märchens ist nicht ernst genug zu nehmen. Sie muß aber auf ganz andere Weise vertreten werden. ›Flugblättchen‹ wären bestimmt nicht im Sinne von Ernst – und er hatte doch gewiß auch eine Neigung zu einer ›pfingstlichen‹ All-Versöhnung. Du, Friedi, tätest mir einen großen Gefallen, wenn auch Du auf diesen Plan verzichten würdest.« (An Friedi Penzoldt, 11. März 1959)

Die Korrespondenz mit Helene Weigel geht bis in die letzten Tage. Gegenstand der Korrespondenz ist die Edition der Werke Brechts, »die in diesem Frühjahr in meinem Verlag mit vollem Einsatz weitergeht«. Suhrkamp erbittet nachträglich die Genehmigung, den »von Dr. Unseld ohne bei Dir anzufragen in die Neuauflage vom ›Deutschen Geist‹ eingesetzten Text von Brecht ›Fünf Schwierigkeiten beim Schreiben der Wahrheit‹ aufnehmen zu dürfen«. (An Helene Weigel, 3. März 1959)

Helene Weigel und Bertolt Brecht

Dann Schwierigkeit mit Gründgens bei der Aufführung der ›Heiligen Johanna der Schlachthöfe‹. »Ich habe den Aufführungsvertrag mit Gründgens geschlossen, ohne an die Musik zu denken«, jetzt möchte Gründgens die Musik Eislers nicht akzeptieren.« (Brief vom 3. März 1959.) Am 23. März interveniert Helene Weigel wegen angeblicher »politischer Striche«, die Gründgens vornähme. In Suhrkamps letztem Brief an Helene Weigel vom 25. März heißt es: »Also kümmere Dich gar nicht darum, gehe auch möglichst nicht auf die Generalprobe. Das ist jedenfalls mein Rat.« Und dann fügt Suhrkamp noch hinzu: »Gründgens ist klüger als wir alle.« (An Helene Weigel, 25. März 1959.)
Intensive, ausführliche, seitenlange Korrespondenz mit Max Frisch. Es geht um die Vorbereitung ausländischer Ausgaben und um Fragen der Inszenierung bei inländischen und ausländischen Aufführungen. Am 17. März meldet sich Frisch mit

einer »ersten Tipperei in der neuen Wohnung« in Uetikon; er schickt mit kritischen Einwänden die italienische Stiller-Übersetzung zurück. Er fragt nach der amerikanischen Übertragung des ›Biedermann‹ von Mordecai Gorelik. Helene Ritzerfeld antwortet ihm, daß Suhrkamp »manches« zur Gorelik-Übersetzung zu schreiben habe, aber im Moment mit starken Schmerzen in Königstein läge. »Herr Suhrkamp läßt Sie herzlich grüßen. Und Sie würden zuverlässig in den nächsten Tagen von ihm hören.« (Brief Helene Ritzerfeld an Max Frisch vom 19. März)

Über die Tage vor dem 23. März berichtet Siegfried Unseld an Hermann Hesse:

»Ich bin sicher, Sie rüsten sich zum Gedenken an Suhrkamps Geburtstag am Sonnabend, und so tut es mir doppelt leid, Ihnen schreiben zu müssen, daß er sich gar nicht wohl befindet. Vor etwa acht Tagen überfielen ihn, eben vom Verlag nach Königstein gekommen, heftige Knochenschmerzen. Der herbeigerufene Arzt diagnostizierte einen Rippenbruch, der freilich spezielle Komplikationen mit im Gefolge hatte. Suhrkamp hatte sehr rasch kaum aushaltbare Schmerzen. Der Arzt konnte sich nicht anders als mit Betäubungsmitteln helfen, die aber ihrerseits die Funktionen von Magen und Darm, besonders aber die von Lunge und Herz beeinträchtigten. Suhrkamp hatte schwere Nächte, meist mit heftigen Anfällen seiner Angina pectoris. Wir, Professor Eppelsheimer und ich, in Verbindung mit Frau Dr. Ansorge (jener mit Suhrkamp befreundeten Ärztin vom Sanatorium Glotterbad) bemühten uns, Suhrkamp zur Übersiedlung ins Krankenhaus zu bewegen. Er leistete unseren Ratschlägen mit dem ihm eigenen Eigensinn Widerstand. Sonnabend war sein Befinden besorgniserregend; ich war schon bereit, Sie anzurufen und auch Sie zu bitten, ihm telephonisch zur Klinik zu raten. Sonntag war es etwas besser, in der Nacht aber machte der Kreislauf Schwierigkeiten und schwächte ihn doch so, daß er schließlich seinen Widerstand gegen das Krankenhaus aufgab. Er ist dort heute nachmittag aufgenommen worden (Universitätsklinik Frankfurt, Abt. Prof. Hoff, Station 11, Frankfurt, Ludwig-Rehn-Str. 14). Ich besuchte ihn am Abend; er war voll Hader gegen seine Freunde, die ihn zu diesem Krankenhausaufenthalt

›gezwungen‹ hätten; er gibt sich aber der ärztlichen Behandlungsmethode, die sofort einsetzte, ohne Widersprüche hin. Ich sprach mit dem behandelnden Arzt; er bezeichnete die neue Erkrankung als sehr schwer, glaubte aber sicher zu sein, daß nach drei, vier Tagen intensiver Behandlung der allgemeine körperliche Zustand soweit gebessert sei, daß man an eine therapeutische Behandlung der einzelnen speziellen Leiden gehen könnte; akute Lebensgefahr bestünde nicht.
Das sind nun alles andere als erfreuliche Nachrichten, und ich weiß wohl, wie sehr ich Sie damit beunruhige. Wir können aber nur hoffen, daß die Ärzte recht behalten. Das Schlimme ist nur, daß Suhrkamps Energie, der Krankheit zu trotzen, gebrochen und verschwunden ist; der Lebenswille ist auf ein Minimum gesunken. Sollten Sie ihm schreiben, so versuchen Sie doch, ihm Mut zu machen!
Ich kann nicht sagen, daß dieser Rückfall für mich so ganz unerwartet gekommen wäre, obschon seine Heftigkeit mich völlig überraschte. Suhrkamp hat sich seiner Art nach nicht nur nicht geschont, sondern sich viel zu viel vorgenommen und die Zeit im Verlag bis in die Abendstunden ausgedehnt, obschon natürlich hier die Furcht, am Abend allein und zu irgendeiner Tätigkeit unfähig in Königstein zu sein, ihr Teil beigetragen hat. Vor seinem Rückfall hatten wir Pläne erwogen, sein Königsteiner Domizil, das des langen Hin- und Herfahrens wegen doch strapaziös für ihn ist, aufzugeben und in Frankfurt eine Wohnung für ihn zu nehmen. Meine Frau und ich hatten ihm mehrfach angeboten, mit uns gemeinsam eine Wohnung zu beziehen, und vielleicht wäre diese Absicht auch verwirklicht worden. Jetzt aber sind diese Pläne aufgeschoben. Selbst wenn die Klinikbehandlung von zwei, drei Wochen besonders erfolgreich sein sollte, wird ein längerer Sanatoriumsaufenthalt notwendig sein.
Sie können sich denken, in welcher Sorge und Beunruhigung wir in den letzten Tagen und Nächten waren. Jetzt ist aber wenigstens erreicht, daß Suhrkamp sich in guter ärztlicher Obhut befindet, was in Königstein ja leider nicht der Fall war.
Sie dürfen sicher sein, daß ich Sie beständig auf dem laufenden halte. Bitte seien Sie nicht allzu beunruhigt; vielleicht ist mein Bericht durch die Aufregungen der letzten Tage etwas zu grau ausgefallen.« (Siegfried Unseld an Hermann Hesse, 23. März 1959)

23. März. Montag: Suhrkamp läßt sich in einem Taxi von Königstein zur Universitätsklinik Frankfurt fahren. Er hadert mit seinen Freunden, die ihn dazu verurteilt hätten.

24. März: Auch am Dienstag empfängt er niemand, auch »Eppels« erhält keinen Eintritt.
Hanns W. Eppelsheimer über Suhrkamps Eigensinn:

»Denn Peter Suhrkamp war ja seit Jahren ein schwerkranker Mann und (gewiß nach seinem Willen, aber was ändert das daran!) allein mit seiner Krankheit, allein mit seinem Tode – in einer selbstgewählten, gleichwohl nicht aufzuhebenden stolzen Einsamkeit.
Daß er darin glücklich war, sollte man nicht glauben. Es gab seltene, sehr scheue, leise Ausbruchsversuche: als suchte ein Zartes und Sanftes den Panzer einer Selbstsicherung nach einer unbewachten Stelle ab: eine Hand, die zu einem scheuen Streicheln ansetzte, ein Blick, der sich in einem sekundenlangen Strahlen sorglos vergaß. Dann schloß sich eine weiche, sehr sensible Natur, als bedürfte sie des Schutzes, um in ihrer Zartheit zu bestehen.
Peter Suhrkamp war zart und sehr verletzlich; rührte man daran, streichelte man ihn verkehrt, konnte er auch selbst verletzen, wozu es ihm an Methoden und Improvisationstalent nicht fehlte. Die mit ihm zu tun hatten, kannten seine gelegentlichen kleinen Tücken, die, zusammen mit dem Eigensinn, die Waffen der zarten Seelen sind, sehr wohl; er hat nicht nötig, daß man sie verschweigt oder gar entschuldigt.« (Aus: In memoriam Peter Suhrkamp, 1959)

25. März. Mittwoch: Suhrkamp beauftragt Siegfried Unseld, für ihn in der Mitte Frankfurts eine Stadtwohnung zu suchen, möglichst »für sofort nach Ostern«.
Suhrkamp schließt seine Arbeit an der Gorelik-Übersetzung von ›Biedermann und die Brandstifter‹ ab. Helene Ritzerfeld schreibt an Max Frisch:

»Gestern und heute hatte ich gehofft, daß es Herrn Suhrkamp möglich sein würde, an Sie zu schreiben. Aber die vielen Spritzen gegen die Schmerzen haben ihn doch so sehr mitgenommen, daß es nicht ging. Er ist sehr unglücklich darüber. Damit die Sache aber weitergeht und nicht noch mehr Verzögerungen erhält, bat er mich heute, Ihnen einfach unsere Anmerkungen zu der Übertragung von Gorelik zu schicken. Herr Suhrkamp hätte sie an sich gerne noch näher erläutert. Aber das Wesentlichste geht doch schon daraus hervor. Auf einer weiteren Anlage sind zwei Beispiele notiert für die Kürzungen von Gorelik. Ganz generell weist Herr Suhrkamp noch darauf hin, daß keine lokale Sache aus dem Stück gemacht werden darf. Jede Komödie müsse für die Welt Geltung haben, gleichgültig wo sie spielt. Das bezieht sich auch auf die Namen Biedermann usw., für die eine entsprechende Bezeichnung gefunden werden müßte.« (Brief Helene Ritzerfeld an Max Frisch vom 25. März 1959)

26. März. Gründonnerstag: Verlagsmitarbeiter, die in den Osterurlaub fahren, verabschieden sich bei Suhrkamp im Krankenhaus. Am Abend verschlechtert sich sein Zustand.

27. März. Karfreitag: Die auswärtigen Freunde werden von der Verschlechterung im Befinden Suhrkamps benachrichtigt.

28. März. Karsamstag: Suhrkamps 68. Geburtstag. Die Freunde kommen. Max Frisch und Ingeborg Bachmann aus Zürich. Eppelsheimer und Theodor W. Adorno und Gretel Adorno.

29. März. Ostersonntag: Wieder die Freunde im Krankenzimmer. Sie sind überrascht über Suhrkamps gutes Aussehen. Jeder sieht die jetzige Erkrankung Suhrkamps wie die zahlreichen anderen vorher, er wird sie in seiner zähen Natur durchstehen. Suhrkamp spricht unter vier Augen mit Ingeborg Bachmann, dann mit Max Frisch.

30. März. Ostermontag. Siegfried Unseld berichtet:

»Suhrkamp ist am Tage leicht erschöpft von den Besuchern der vergangenen Tage. Wie an vielen Abenden seit dem 23. März besuchen meine Frau und ich Suhrkamp am Abend, wenn ihn die Besucher verlassen haben, gegen 21 Uhr. Er liebte es, noch einmal den Tag Revue passieren zu lassen. Suhrkamp führte merkwürdige Gespräche mit meiner Frau, die wegen des Todes ihres Vaters in Schwarz gekleidet war und wegen eines Skiunfalls ein eingegipstes Bein hatte. So ergaben sich ganz selbstverständlich Gespräche über Unfälle, Sterben und Tod. An diesem Ostermontagabend schien Suhrkamp aufgeräumt. Er lag mit seinem gelben seidenen Schlafanzug in seinem Bett, heiter, ironisch. Mich ermahnte er, nicht verschwenderisch zu sein. Ich hatte ihm zum Geburtstag eine Flasche Moët & Chandon geschenkt. Sekt, so meinte er, täte es doch auch. Dann bestand er darauf, daß wir nun den Champagner trinken sollten. Er rief die Oberschwester und bestellte vier Gläser. Ich schenkte ein. Der Champagner, nicht gekühlt, schäumte in den Gläsern. Wir saßen zu dritt am Tisch, die Oberschwester, meine Frau und ich, Suhrkamp im Bett. Dann sagte Suhrkamp leicht spöttisch, überlegen, weise, lächelnd, den Trinkspruch: ›Versuchen Sie nie, den Verlag so zu machen, wie ich ihn gemacht habe – das können Sie gar nicht! Versuchen Sie den Verlag so zu machen, wie Sie selbst es für richtig halten, und wenn Sie dann Glück haben, wird's gut.‹ Es war einer seiner Sätze, die er so sprach. Die man nicht ernst nahm, weil man den Todesernst seiner Situation nicht ernst nehmen konnte. Wir scherzten dann noch, tranken den Champagner, verließen gegen 10 Uhr das Krankenzimmer, in dem die Oberschwester noch das Bett für die Nacht zurechtmachte. Ein Abend wie so mancher.«

31. März. Dienstag: Während Siegfried Unseld am Morgen Suhrkamps Auftrag ausführte und Stadtwohnungen besichtigte, wurde Helene Ritzerfeld ins Krankenhaus gerufen. Als sie ins Krankenzimmer kam, war Suhrkamps Tod durch Herzversagen schon eingetreten. Suhrkamp hatte noch gefrühstückt, heiter, aufgeräumt. Er erwartete den Besuch einer Frau.

Eine Aufnahme aus den letzten Jahren

Siegfried Unseld an Ninon Hesse und Hermann Hesse:
am 1. April (1959)

»Verehrte gnädige Frau,
lieber Herr Hesse
immer noch ist alles schwer zu fassen, und doch zwingt das Leben zu Fortgang und Weiterarbeit.
Ich war heute mit dem beim Rechtsanwalt hinterlegten Testament beim Frankfurter Amtsgericht, um zu erfahren, ob im Testament schriftliche Anordnungen zur Beerdigung getroffen seien. Ich wurde aber ans Amtsgericht Königstein verwiesen, da Suhrkamp dort seinen (2.) Wohnsitz hatte. In der Zwischenzeit fand Frau Dr. Reichert, die Hauswirtin Suhrkamps, nun doch eine ›Letztwillige Verfügung‹: danach war es Suhrkamps Wunsch, daß seine Leiche verbrannt werden sollte. Vorher sollte ein Pastor die ›notwendigen Gebete‹ sprechen. Der Sarg soll dann ohne jeden Zeugen und ohne jede Beteiligung geschlossen und dem Krematorium übergeben werden. Die Benachrichtigung an Freunde, Autoren, Mitarbeiter des Verlages und Angehörige darf erst nach der Einäscherung erfolgen. Die Asche sollte westlich der Insel Sylt in die Nordsee gestreut werden. (Diese Anordnung macht rein juristisch die ganze letztwillige Verfügung unzulässig; sie ist nach deutschem Gesetz nicht ausführbar; man könnte zwar durch einen Antrag eine Bestattung der Urne an einem Privatplatz erwirken, es ist aber gesetzlich verboten, die Aschenreste zu zerstreuen.)
Ich habe nun (in Verbindung mit Frau Suhrkamp, die ja, da die Ehe nicht geschieden ist – der Scheidungstermin wäre der morgige Tag gewesen! – erste Erbin und rechtlich bis zur Öffnung des Testaments am 10. April für den Nachlaß verantwortlich ist) folgende Regelung getroffen: Morgen nachmittag, gegen 15.30 Uhr, wird in Gegenwart von Frau Franck und in Anwesenheit des Pastors der Sarg geschlossen und anschließend ins Krematorium überführt.
Die Entscheidung über die Bestattung der Urne kann nach dem Gesetz nur von Frau Suhrkamp getroffen werden. Ich habe ihr vorgeschlagen, die Urne auf einem Dünenfriedhof in Keitum in der Nähe von Kampen auf der Insel Sylt beisetzen zu lassen. Offenbar gehörte Suhrkamps Liebe doch dieser Insel. Der Friedhof liegt nahe am Wattenmeer: Mit der Zeit verweht der Dünenwind die Gräber, und allmählich geht die Erde dort in Watten und Meer über. Das scheint mir eine sinngemäße Auslegung von

Suhrkamps Willen zu sein, da seine eigentliche Anordnung nun einmal legitim nicht auszuführen ist. –
Später, in vier oder sechs Wochen, wollen wir dann hier in Frankfurt eine Gedenkfeier veranstalten.
Ich hoffe, diese Regelungen sind auch in Ihrem Sinne. Es ist ja alles anders geworden, seit er nicht mehr sein Ja oder Nein sagen kann, und jede, noch so kleine Entscheidung, die man sonst mit Leichtigkeit getroffen hätte, ist mit Gewichten behaftet.« (Siegfried Unseld an Hermann Hesse, 1. April 1959)

Hermann Hesse antwortet:

Lieber Herr Dr. Unseld
Daß mein Freund Peter nicht mehr zu leiden und zu kämpfen hat, gönne ich ihm von Herzen. Daß er mir im Sterben zuvorgekommen ist, tut mir freilich sehr weh. Daß ich ihm nach dem Martyrium der Hitlerzeit und der schweren Enttäuschung mit dem alten Verlag beim Aufbau des neuen helfen konnte, rechne ich zum Positiven in meinem Leben.
Sie treten jetzt an seine Stelle. Da wünsche ich Ihnen Kraft, Geduld und Freudigkeit, es ist ja eine schöne und edle Art von Arbeit, in der Sie stehen. Es ist auch eine schwierige und verantwortungsvolle. Der Verleger muß »mit der Zeit gehen«, wie man sagt. Er muß aber nicht einfach die Moden der Zeit übernehmen, sondern auch, wo sie unwürdig sind, ihnen Widerstand leisten können. Im Anpassen und im kritischen Widerstehen vollzieht sich die Funktion, das Ein- und Ausatmen des guten Verlegers. So einer sollen Sie sein.
Herzlich trauere ich mit Ihnen über unsern Freund, und herzlich wünsche ich uns beiden ein gutes Zusammenarbeiten. Ihr Hermann Hesse. (April 1959)

1960 erschien, von Hermann Kasack herausgegeben, ein Band mit Suhrkamps essayistischen und kulturkritischen Arbeiten unter dem Titel ›Der Leser‹. Unter den 19 Beiträgen des Bandes befindet sich eine Landschaftsbeschreibung aus dem Jahre 1943 ›Die nordfriesische Insel‹. Aus ihr stammt der nachfolgende Abschnitt.

Keitum von Peter Suhrkamp

... Jetzt fahren wir offenbar am Grunde eines flachen Bekkens, denn der Spiegel des Wattenmeers ist überall hinters Land getaucht. Rechts führt ein Weg zwischen Hecken von der Bahn fort und mündet in eine Allee hoher Bäume. Am Ende derselben beginnt ein geschlossenes Dorf unter Eichen, Ulmen, Eschen, Platanen und Erlen, mit Weißdorn und Haselnußhecken an planlos verlaufenden Wegen, in Grasgärten große Obstbäume, Maispflanzen und hohe Sonnenblumen an den Rändern von Gemüsebeeten. Der Ostrand des Dorfes Keitum liegt übers Wattenmeer gehoben, das hier in einer stillen Bucht mit einem breiten Gürtel von hohem Schilfdikkicht auf den Sand stößt. Die alten Häuser stehen um eines Gartens Länge vom Rande zurück, dichte Dornenhecken schließen die Gärten hart über dem Rand der Höhe ab. Nördlich des Dorfes steigt das Bodenbecken noch höher, die Dorfbäume und Gartenbüsche bleiben zurück, und auf der äußersten Höhe steht, wie ein ausfahrendes Schiff, hoch hinaufgehoben und mit einem steilen Giebeldach des breiten Turmes gegen das Inselinnere und die offene Nordsee, die Kirche; nur in dem Windschatten ihrer weiß getünchten Mauer wuchert noch stellenweise ein Gebüschdickicht, kaum an den untern Rand der frühgotischen Fenster hinaufreichend. Den Kirchhof faßt ein Feldsteinwall im Rechteck ein, hinter dem östlichen Wall überm Abhang zum Watt bildet das Gebüsch noch eine geduckte Hecke. Die Kirche steigt in Stufen von einer gerundeten Apsis mit nur einem Rundbogenfenster zu einem kurzen frühgotischen Chor, zu einem gestreckten Langschiff und zum gegiebelten breiten Turm. Dieser hat nichts von einem Glockenturm, sondern ist ein Wacht- und Wehrturm, kahl und massig, nur mit der dünnen Zeichnung der eisernen Mauerklammern ragen die Mauern aus Granit, Ziegel und Quaderstein aufgeführt ...

Grab an der Wattmauer auf dem Keitumer Friedhof

In memoriam

Theodor W. Adorno

Max Frisch

Hermann Hesse

Hermann Kasack

Hans Erich Nossack

Rudolf Alexander Schröder

Martin Walser

THEODOR W. ADORNO

Dank an Peter Suhrkamp

Etwas vom Inkommensurablen des Menschen Suhrkamp, von jenem äußerst Bestimmten, das doch schamhaft und widerborstig vor seiner Benennung zurückzuckt, läßt an seinem Werk sich entnehmen. Das war durch keine Schule oder literarische Richtung definiert und dennoch weitab von der Zufälligkeit einer Erfolgschancen zusammenraffenden Verlagspolitik. Erst recht reicht der erbärmlich wichtigtuerische Begriff des Niveaus nicht aus zu bezeichnen, was diese Produktion in der glücklichen Hand zusammenbrachte. Am ehesten war es die Kraft zarten, unausgesprochenen Widerstandes gegen den in allen Ländern und Zonen sich gleichschaltenden, nach Kommunikation begierigen Geist. Was nicht mitspielte, spürte er als Gemeinsames im Unvereinbaren auf, noch in Schröder und Brecht. Der zum unwägbaren Lächeln sublimierte Widerspruchsgeist war aber Suhrkamps eigener Gestus, in jedem Augenblick des Weltlaufs und seines Grauens eingedenk, in keinem willens davor zu kapitulieren. So tief war das zu seiner spirituellen Verhaltensweise geworden, daß es der Gesinnung spottete; ihrem Abgeschlossenen, dinghaft Fixierten hätte er mißtraut. Daß er gegen die Nationalsozialisten aushielt, war keine Sache von Moral, sondern eine von Charakter im genauesten Sinn: Idiosynkrasie, in seine Natur eingegraben. Er hätte schlechterdings nicht mitmachen können. Das verurteilte ihn zum Konzentrationslager, zur Zerstörung seiner Lunge, zu dem langen, mit klaglosem Unwillen wie eine Belästigung getragenen Siechtum. Er starb als eines der letzten Opfer.

Selten fehlt der Hinweis darauf, daß er ein oldenburgischer Bauer war. Er hat das weder verschwiegen, noch viel Wesens daraus gemacht; doch hätte er jederzeit den väterlichen Hof übernehmen und führen können. Aber wie sehr unterschied er sich von jenen, die aus ihrem Bauernblut ein Verdienst machen, für sich die Stimme des Ursprungs beanspruchen. Er hat von seiner Herkunft sich emanzipiert, sich standhaft losgemacht, ohne die leiseste Konzession an die Ideologie von Blut und Boden, auch nicht an die kulturkonservative der »höheren Scholle«, die jene überlebte. In einem schönen Prosastück, dessen Worte lange Strecken von Schweigen mitkomponieren, hat er die Unmöglichkeit der Rückkunft gestaltet. Das Element seines Wesens aber, das man, wenn man große Worte nicht scheut, das chthonische nennen könnte, bewährte sich gerade daran, daß er es stolz verschmähte, jemals, sei es auch mittelbar, darauf zu pochen. Seine Erscheinung strafte alle Stereotypen des Bäuerlichen Lügen: überschlank, von einer Fragilität, die in den letzten Jahren dem Bilde des Todes sich anähnelte, dabei mit abgründigen, steinern blauen Augen wie aus Brunnentiefe. So wie die wahrhaft Nordischen oft wohl gegen den Kult des Nordischen gefeit waren; wie Theodor Storm eine der schönsten Verteidigungen der Juden gegen den Antisemitismus schrieb, so mochte Suhrkamp vor den nationalsozialistischen Versuchungen bewahren, daß in ihm gegenwärtig war, was jene in ohnmächtiger Wut vergebens beschworen. Es überlebte in ihm kraft rückhaltloser Vergeistigung. Gewiß ist es fragwürdig, Eigenschaften aus der Gruppe zu erklären, der ein höchst individuierter Mensch angehört, aber die Erinnerung ans Dorf ließ sich im Umgang mit ihm nicht unterdrücken. War nicht das Mißtrauen, Ferment seines Qualitätssinns, das des Hufenbesitzers gegen windige Leute? Waren nicht der Eigensinn und die Hartnäckigkeit, die ihn schwierige Projekte über Jahre hin verfolgen ließen, gebildet nach dem Modell eines, der im Großrhythmus der Jahre und Generationen empfindet? Ländlich aber war vor allem seine oberste und irrationale Tugend. In einer bedeutenden Novelle von Annemarie Seidel ist er einmal in der leichten Verkleidung des Gärtners dargestellt worden. Er hatte, was in Amerika ein green thumb, ein grüner Daumen, heißt, der wachsen läßt, was er anfaßt. Durch dies hegende Vermögen verband er das Verschiedenste gleichwie zu einem Pflanzenteppich. In ihm wurde Kultur ihrer selbst als eines Naturverhältnisses inne; in seinem Umkreis verlor sie etwas von ihrer Gewaltsamkeit. Dies Versöhnliche hat der sonst heruntergekommenen Idee der Kultur noch einmal sich mitgeteilt, wo er ihr diente.

Er galt für verschlossen, aber er war es kaum im üblichen Sinn: gesellig, gastfrei, mit Freude am Trinken und am Gespräch. Noch als Schwerkranker konnte er, der nur mit äußerster Anstrengung zu einer Verabredung sich geschleppt hatte, über dem Erörterten die Krankheit vergessen; dann hustete er nicht einmal, und er verführte einen dazu, sich einzureden, es sei alles gar nicht so schlimm. Nie verlor seine Spiritualität das Gedächtnis ans sinnliche Glück: das behütete ihn vor der Inhumanität des Geistes. Tröstender Materialismus war seiner schwermütigen Skepsis beigemischt. Frauen gab er genau zu dem Augenblick, auf den es ankam, Blumen oder Pralinés. Nicht anders muß der Holsteiner Liliencron mit Mädchen umgegangen sein: »Und allerlei schenkt ich dem jungen Blut, natürlich zuerst einen neuen Hut.« Sonst ist den Intellektuellen das Schenken zum bloßen Symbol für Inwendiges geworden und darüber verblaßt, so daß sie es schließlich gern vergessen. Bei ihm aber streifte das Schenken noch, auf die subtilste Weise, die Armut des Beschenkten, etwas von der Bedürftigkeit des nackten Lebens. Der außerordentliche Reiz, den er auf Frauen ausübte, entsprang wohl in der Konstellation des Asketischen und der Fülle. Der seinen Verlag betreute wie ein sorgender Hausvater, war bei großen Entwürfen bedenkenlos large. Dabei war seine eigene Lebensform, auch zur Zeit der großen Erfolge und der öffentlichen Anerkennung, ungemein bescheiden; er hat in den letzten

Jahren sogar auf eine eigene Wohnung verzichtet. Einmal sagte er, um seines Vaters willen vermöchte er nicht, sehr teure Restaurants zu besuchen. Aber die psychologische Klugheit, welche dafür die rasche Erklärung zur Hand hätte, wäre wohl töricht. Wenn die Kantische Moralphilosophie den Hedonismus verpönt, weil er der Freiheit zuwider sei, das Subjekt abhängig mache von anderem als seinem vernünftigen Willen, dann war etwas von dieser Freiheitsidee in sein Lebensgefühl gedrungen. Zu einer Zeit, da die Gassen und Ätherwellen vom Lob der Bindungen widerhallen, hat er alle verschmäht und, nach Gides Wort, eine Existenz ohne Koffer geführt, eigentlich die eines Studenten. Das verlieh dem fast Siebzigjährigen ein Altersloses, ohne daß doch der Diskrete und Disziplinierte dem versunkenen Typus des Bohemiens sich zugeneigt hätte. Vielmehr bewegte er sich, geisterhaft zuweilen, bei aller Verflochtenheit in vielfache konkrete Verhältnisse unberührt fast und unberührbar, als hätte keine soziale Ordnung Macht über ihn. Von selbstverständlicher Treue und Zuverlässigkeit, war doch der Wandernde nicht zu fassen. Nur Wanderschaft verbürgt die Wahrheit des Chthonischen, die des Heimwehs. Unwiderstehlich war an Peter die Rätselfigur aus dem nicht zu Bannenden und dem Versprechen von Heimat. Allein Hermann Hesse hat wohl, aus Wahlverwandtschaft, den Bann gelöst.

Was hat er nicht alles in seinem Leben getan. Er war Bauer, Schullehrer und Reformpädagog; Dramaturg und Spielleiter, Soziologe – er wirkte wesentlich an einer ungemein wertvollen Berufskunde mit –, Redaktor, Schriftsteller, Verleger. Arbeitsteilung, den Zwang zum Fachmenschentum hat er unwillkürlich und beharrlich sabotiert. Ihn belohnte eine helle Erfahrenheit, um die jeder Romancier ihn hätte beneiden können, und sie ist nicht zuletzt seinen Autoren zugute gekommen. Literarisch höchst sensibel, stand er zugleich quer zu den immanenten Maßstäben der Literatur, zu den Spielregeln, und reagierte darum primär und unabhängig, ohne Rücksicht auf Standards, welche die Qualität deckten. Er ist damit, wie man so sagt, für seine Autoren kein bequemer Verleger gewesen. Unbeirrbar spürte er die Schwäche eines jeden heraus, wandte auch die darin liegende Macht an. Aber er hat sie niemals dazu mißbraucht, zu Konzessionen zu verleiten, zu dämpfen, nie auf welchen Umwegen auch immer der Produktion gegenüber die Partei des Marktes ergriffen. Sondern er hat, schroff zuweilen, gegen den Autor diesen selbst vertreten, ihn veranlaßt, dem eigenen Potential, unabgelenkt von der eigenen Schwäche, nachzukommen. Vielleicht war es sein Geheimnis – niemals sprach er davon –, daß der heute zum äußersten bedrohte Kontakt zwischen dem sich selbst verantwortlichen Buch und seinen Lesern nicht durch Anpassung hergestellt werden kann, einzig durch gesteigerte Verantwortung hindurch. Zwischen dem Buch und dem Leser gibt es, im Zeitalter sogenannter Kommunikationsforschung, keine Kommunikation mehr, sondern bloß noch den Funken zwischen den Extremen, die Berührung im Schock. Suhrkamp, der Verleger, hat in die Praxis übersetzt, daß kein Allgemeines mehr möglich ist, es sei denn inmitten des selbstvergessenen Besonderen.

Peter Suhrkamps Leistung war paradox: Unverkäufliches verkaufen, dem den Erfolg finden, das ihn nicht sucht, das Fremde ins Nahe wenden. Diese Leistung konnte nur gelingen um ihrer verborgenen objektiven Bedingung willen: daß heute, was den Menschen fremd dünkt, das ist, was ihnen zum Laut verhilft, und daß sie das Entfremdete, Verdinglichte, das sie selber zu Dingen herabsetzt, als das Nahe verkennen. Mit List hat er getrachtet, diesen Schein zu durchbrechen und die auf den Kopf gestellte Wahrheit im Verhältnis von Sache und Rezeption wiederherzustellen. Kompromißlos steuerte er hindurch zwischen dem über die ganze Welt sich ausbreitenden Typus des Massenverlags, der das eigene

Interesse hinter der Nachfrage des Konsumenten verschanzt, und der Haltung der intransigenten Avantgarde, die vorweg der Öffentlichkeit und Wirkung gegenüber resigniert und damit tendenziell, ohne ihren Willen, der Arbeitsteilung wiederum sich unterwirft, sich zur Branche macht. Der eingefrorenen Alternative hat er nicht pariert; hat bewiesen, daß heute noch die Spontaneität eines Einzelnen gesellschaftlich Unmögliches ermöglichen kann. Das Modell, das er damit aufrichtete, überragt weit alles Einzelne, das selbst er vollbrachte. Gesichert durch den Bestand einiger großen Autorennamen hat er in kalkuliertem Risiko anderen, verlegerisch Exponierten ihre Autorität erwirkt durch Einsatz der eigenen. So dem Werk von Benjamin, das er nach abenteuerreicher Vorgeschichte so publizierte, daß es aus der deutschen Philosophie nicht mehr getilgt werden kann. Auch von dem Unstern, der über den früheren Versuchen stand, Proust in Deutschland durchzusetzen, hat er sich nicht abschrecken lassen, und es ist ihm gelungen.

Am 28. März wurde er achtundsechzig Jahre alt. Er bat die erreichbaren Freunde zu sich, um Abschied zu nehmen. Obwohl die Ärzte ihr Verdikt bereits gesprochen hatten, schien er kein dem Tod Verfallener. Zwar sprach er von furchtbaren Ängsten, wie sie wohl den Chthonischen am Ende ergreifen. Sie hefteten sich vor allen an das helle, angenehme Zimmer, in dem er kaum mehr atmen konnte, aber er berichtete auch, höchst detachiert wie von etwas Bemerkswertem, daß er sich fühle, wie wenn er lebendig in ein Bild eingelassen wäre und doch er selber. Doch schien er die Versicherung, er sei überm Berg, zu glauben, diskutierte sogar Pläne, darunter einen, der sich auf seine Übersiedlung in ein ihm vertrautes Sanatorium bezog. Wir tranken noch zusammen. Plötzlich, nach vielleicht einer Viertelstunde, bat er uns, unter freundlichen Entschuldigungen, zu gehen. Dann überflutete ihn Güte. Das letzte, was wir von ihm hörten: »Es war gut, euch noch einmal gesehen zu haben.« So klar war er, daß die quälende Krankheit als ein ihm durchaus Äußerliches erschien, das kaum mit ihm selber zu tun hatte. Unvorstellbar, daß er, an den der eigene Tod nicht heranreichte und der ihn in seinen Geist noch aufnahm, nicht mehr da sein soll. Daß man aber den Tod des gänzlich Bewußten nicht nachzuvollziehen vermag, sagt wohl, daß man überhaupt nicht den eines sehr nahen Menschen realisieren kann. Nichts anderes ist Treue.

MAX FRISCH

Peter Suhrkamp

Daß ein Mensch, den wir überleben, unersetzbar bleibt, beruht weniger auf der nennbaren Leistung, die er hinterläßt, als auf dem Geheimnis, das er mit sich nimmt, und das Geheimnis läßt sich nicht rühmen.

Wir begegneten uns 1947.

Als ich Suhrkamp zu seinem letzten Geburtstag besuchte, wußte er, daß er das Krankenhaus diesmal nicht eigenmächtig verlassen würde. Noch hoffte er aber, daß er es verlassen und sich in den Schwarzwald zurückziehen dürfte, wenigstens zeitweise; er wollte leben. Er freute sich über jeden Besuch in jenen Ostertagen. Es ist schön, sagte er zu jedem, sich noch einmal zu sehen. Ich blieb drei Tage; unser Abschied aber fand in den ersten fünf Minuten statt. Dabei kam es zu einer Geste von meiner Seite, die mich mehr überraschte als ihn; Suhrkamp nahm sie an, es blieb bei unserem Sie, das wir vor Jahren als endgültig beschlossen hatten, einem Sie, das kostbar war in seiner Richtigkeit und offen aller Herzlichkeit, sogar Zärtlichkeit, richtig für die persönliche Anteilnahme, die nie in Anbiederung überging. Später, nach einigem Schweigen, erkundigte sich Suhrkamp nach dem Stand der Dinge, vor allem der persönlichen, und wenn er Luft genug hatte zum Sprechen, äußerte er seine Meinung kurz und blank, fast grob. Sein Tisch war voller Geburtstagsgaben; Suhrkamp bat die Krankenschwester, die nur noch mit der Miene widersprach und auch mit ihrer Miene nur so, daß Suhrkamp es nicht sah, um zwei Gläser, und wir tranken einen Sherry. Zwar erkundigte er sich auch nach der Arbeit, aber um eine Nuance anders als bisher; er gab sich Mühe, und als es um Daten ging, setzte sein Zuhören aus. Mit einer wegwerfenden Geste der Hand, als wollte man ihn hinters Licht führen, sagte er: Zählt nicht mehr auf mich! In Hinsicht auf mein Leben hingegen wollte er alles wissen, als müßte er es noch ordnen, und sagte einmal mehr: Machen Sie's bloß nicht wie ich! Aber er redete nicht von sich. Ein einziges Mal, früher, hatte Suhrkamp erzählt vom Bauernhof seines Vaters, von seinem Leiden unter der Gestapo auch nur ein einziges Mal und sehr wenig. Suhrkamp hatte ein Bauernschweigen. Einmal in einem Gespräch über Selbstmord, einem Arbeitsgespräch, erfuhr ich ohne Ausschmückung, wie er im ersten Weltkrieg, seinen Tod suchend, Stoßtruppführer geworden war. Etwas von seinem Drang nach Selbstgefährdung erlebten alle, die um Suhrkamp besorgt waren. Er tat mit Vorliebe, was die Ärzte ihm verboten. Auf seinen leichten Stock gestützt, schweratmend mit gepreßtem Mund, so daß er für Augenblicke nicht antworten konnte, dabei freundlich aus blauen Augen, mehr als freundlich, auf männliche Weise zärtlich erwartete er am Bahnhof seine Freunde, die nicht immer wußten, wie viele Spritzen diesen Gang zum Bahnhof, den er sich nicht nehmen ließ, ermöglichen mußten. Wenn ich vernünftig wäre, sagte er gerne, wäre ich tot! Viele haben Suhrkamp geliebt, auch wenn sie mit ihm haderten. Man konnte nervös werden vor so viel Undurchschaubarkeit, aber nicht einen Augenblick daran zweifeln, daß dieser Mann, wo immer er wahrnehmbar wurde, nicht nur Charakter hatte, sondern Größe. Eigentümlich waren sein Mut und seine Treue. Als der Boykott gegen Brecht im Gange war, wenn nicht ausgerufen so doch gebilligt von manchen Leuten, die heute diesen selben Brecht als ihren Klassiker zitieren, zeigte Suhrkamp die Schriftproben für eine neue Brecht-Ausgabe, unbekümmert um die Tagesbörse der Meinungen. Suhrkamp hatte den stillen und langen Mut, er hielt gar nichts von Radau-Mut. Er hatte den Mut zum Zögern, wo alle Welt entschieden war, und zur Entscheidung, wo viele zögern. Man sagt, Suhrkamp war eigensinnig; er war nicht starrköpfig, schien mir. Suhrkamp hatte die Treue, die nicht durch Versteifung auf ein bequemes Einverständnis und unter Verzicht auf Verwandlung unfrei und unlebendig wird, eine sehr geheimnisvolle Treue. Er konnte ein anderes Mal sehr anders sprechen, aber was seine Sprünge und Widersprüche veranlaßte, war nie ein Anschlußbedrüfnis; er konnte mit seinem Urteil lange allein sein. Das einzige, womit Suhrkamp schmeichelte: er hatte immer Zeit. Sonst schmeichelte er kaum. Er hatte Zeit für Manuskripte, auch für die unbefriedigenden, Zeit für Gespräche, Zeit für Proben im Theater, Zeit für Briefe, die nichts unter den Tisch fallen ließen, was für den Partner von Interesse sein konnte; unter den Tisch fielen Erfolgsmeldungen, Polemiken und alles, was zum Jahrmarkt der Eitelkeit gehört. Ob ein Buch oder ein Stück zu einem Erfolg wurde oder nicht, änderte nichts an seiner Skepsis, nichts an seiner Zuneigung, und Suhrkamp erwartete auch vom Schriftsteller, daß ihn das Eintreffen oder Ausbleiben öffentlicher Ehren nicht veränderte. Er hatte Sinn für Ruhm, aber nicht für Erfolg. Er arrangierte keine Erfolge. Er sträubte sich gegen die Auswertung von Erfolgen. Alles Modische war ihm zuwider, was nicht heißt, daß er konservativ oder gar reaktionär war. Suhrkamp redete von Beckett, als der Name noch in keiner deutschen Zeitung stand. Er hatte Vertrauen zum Versuch, aber nur zum Versuch des Einzelnen, zum wirklichen Abenteuer, nicht zum Abenteuer als Mode. Vor allem aber: Suhrkamp liebte die Produktion. Suhrkamp gehörte zu den seltenen Menschen, deren Verzicht auf die eigene Produktion nicht zur Ranküne wird; seine Kritik, der es nicht am großen Maßstab fehlte, wurde nie lähmend, auch wenn sie zu einem Nein führte. Er liebte die Produktion der andern und nicht nur der Meister. Jene seltsame Herablassung, daß sich ein Kritiker, nur weil er auf eine Produktion unsres Formates verzichtet hat, im trauten Bund mit den Großen fühlt, wenn er zu uns spricht, war bei Suhrkamp nie zu finden; er hatte eine innere Geste, die den Dünkel verwies und Mut machte zugleich. Dabei glaube ich, daß es nicht seine Urteilskraft war, was uns das Vertrauen zu Suhrkamp gab, nicht in erster Linie. Er hatte einen Halt, dem Irrtümer nichts anhaben konnten, einen Halt jenseits der Thesen. Im Aussehen alles andere als ein Bauer, grazil, auch kein Intellektueller, ein Grandseigneur, der als möblierter Herr lebte und unbequem, hatte er im Umgang mit der Welt, die ihn nie betörte, wohl die Geduld und die Zähigkeit eines Bauern, sonst nichts Bäuerisches, aber auch nichts Städtisches, er hatte in jeder Lage, noch in der bedrängtesten, die stille Unabhängigkeit eines Mannes, der sich allein verantwortlich weiß für seinen Hof – auch wenn es ein andrer war als der zugedachte – und eine patriarchalische Besorgtheit um alle, die einmal zu diesem Hof gehörten.

Man gehörte zu ihm –

Aber wer war er selbst?

Ich wußte es nie.

Am Ostersonntag, als es Suhrkamp schlechter ging, bat er mich, im Zimmer zu bleiben, die Zeitung zu lesen. Er hatte Angst vor dem Alleinsein. Ich nahm mir einen Whisky, wie er befohlen hatte, und ließ ihn in Ruhe. Nach einer Weile hörte ich, wie sein Röcheln zunahm, dann aussetzte, und sein Gesicht mit den geschlossenen Augen zerfiel in wenigen Augenblicken fast zur Unkenntlichkeit. Ich glaubte, daß die Agonie begonnen habe, und wagte Suhrkamp nicht anzusprechen; der Vorname paßte plötzlich nicht. Als ich aufstand, um den Arzt zu holen, vor allem weil es mir nicht zukam sein letzter Begleiter zu sein, hörte er aber das Rascheln der Zeitung, und sein Gesicht war wieder da. Nachdem er ganz sicher war, daß alle Fenster offen standen, wollte er wissen, wovon wir gesprochen hatten, und beharrte darauf, daß wir von mir gesprochen hätten. Wieder hatte er seine Phase der befehlerischen Ansichten, mit denen ich nichts anzufangen wußte, so daß ich sie ohne Zustimmung und ohne Widerspruch anhörte; sie erschienen mir immer wie Abfallprodukte einer wirklichen Ahnung, die früher oder später ganz anders zum

Vorschein kam. Am Ostermontag, als wir Suhrkamp zum letzten Mal besuchten, setzte er das Gespräch genau da, wo wir es hatten abbrechen müssen, fort. Suhrkamp saß im Sessel, wie immer sehr gepflegt, und freute sich am Besuch der jungen Frau, die sich auf sein Bett setzen und Ostersachen kosten mußte. Es war ein blauer sommerlicher Tag. Eine Weile lang glaubte man wieder, von seiner Wachheit bestochen, an die tröstliche Unsterblichkeit eines Hypochonders. Es war, nachdem Suhrkamp zuerst mit der Besucherin allein unter vier Augen gesprochen hatte, ein heiteres und galantes Gespräch. Als die Ärzte eintraten, war plötzlich keine Zeit mehr da. Ich wußte, daß ich ihn jetzt, hier in diesem Sessel neben dem offenen Fenster, zum letzten Mal sehen würde. Wir machten es kurz, kein Händeschütteln, eine lasse Berührung der Hand nur, Suhrkamp nickte sein Jaja, um Eile bittend, und als ich in der Türe stand, als hätte ich noch etwas vergessen, winkte er mit der rechten Hand nicht anders als so manches Mal auf den Bahnhöfen von Frankfurt oder Zürich. Er war sehr schön.

Nach dem Gespräch mit den Ärzten, die wir im Korridor draußen erwartet hatten, trat ich – obschon man nur hätte klopfen müssen, um nochmals sein Ja zu hören – nicht mehr ins Zimmer, sondern wir fuhren sofort nach Hause, wo uns am andern Morgen, rascher als erwartet, die Todesnachricht einholte.

Ich habe Peter Suhrkamp geliebt.

HERMANN HESSE

Freund Peter

Am 28. März war der 68. Geburtstag von Peter Suhrkamp. Er beging ihn in einem Frankfurter Spital, todkrank. Ich schenkte ihm mein letztes Gedicht, die »Morgenstunde«, mit einem Aquarell geschmückt. Er zeigte es den Freunden, die ihn besuchten, trank auch einen Schluck Champagner. Drei Tage später, am Morgen des 31. März, ist er gestorben. Ich habe den treuesten meiner Freunde verloren, und auch den unentbehrlichsten.

Wenn einem ein Freund gestorben ist, merkt man erst, in welchem Grade und welcher besondern Färbung man ihn geliebt hat. Und es gibt ja viele Grade und viele Färbungen der Liebe. Und meistens zeigt sich dann, daß Lieben und Kennen nahezu dasselbe sind, daß man den Menschen, den man am meisten liebte, auch am besten kennt. Der Grad des Schmerzes, den man im Augenblick des Verlustes empfindet, ist nicht entscheidend, er hängt zu sehr von unsrem augenblicklichen Zustand ab. Es gibt Zeiten, Tage, Stunden, in denen wir mit der Vergänglichkeit und dem Gesetz des Welkens und Sterbens einverstanden sind, da trifft uns eine Todesnachricht nur so, wie ein Windhauch im Herbst den Baum trifft: er schaudert leicht und seufzt ein wenig, läßt eine Handvoll welken Laubes dahinwehen und sinkt in seine träumende Ruhe zurück. Zu andern Stunden würde der Schmerz über den selben Tod wie Feuer brennen oder wie ein Axthieb treffen. Es ist auch nicht dasselbe, ob ein Tod uns überrascht oder ob wir ihn erwartet, oft gefürchtet, oft in der Phantasie voraus erlebt haben. So war es bei Freund Peter. Durch manche Jahre liebten ihn seine Nächsten als einen Leidenden, schwer Gefährdeten, in ständiger Todesnähe Weilenden. Er mochte im lebhaften, zuweilen leiden-

schaftlichen Gespräch noch so viel Leben und Energie ausstrahlen – wenn man ihn dann nachher vor dem Haus ein paar vorsichtige Krankenschritte tun sah, die hohe Gestalt leicht nach vorn geneigt, die Arme schlaff hängend, mit starrem Gesicht und müden Augen in die Landschaft blickend, oder wenn mitten im angeregten Sprechen eine Hustenattacke ihn überfiel, jener von uns allen gefürchtete, grausige, bellende, schüttelnde Husten, bei dem sein liebes Gesicht sich verzog und rot anlief, wenn er langsam und mühsam sich vom Stuhl erhob und uns mit abwinkender Gebärde verließ, dann wußte man Bescheid, und bei jedem Abschied fürchtete man, es möchte der letzte sein.
So kam mir die Nachricht von Peters Ende weder überraschend noch erschreckend. Der Schmerz zuckte und brannte nicht, er ließ sich Zeit, er ist auch jetzt nicht zu Ende erlitten. Aber sehr bald hat das Bild des Freundes in mir jene Verwandlung, Festigung und Klärung erlebt, welche nur den Bildern der uns sehr teuren und wichtigen Vollendeten zukommt, ja welche in unsrem Gedächtnis und inneren Bildersaal eigentlich erst Tote zu Vollendeten macht. Denn wir kennen ja so manche Tote, die wir nie als Vollendete empfinden und benennen. Mein Freund war seit Jahren an der Grenze des Lebens gewandelt und war schon in manchem Augenblick für mich in jene Distanz gerückt, die unsern Lieben sonst erst der Tod verleiht. Er war dann aus dieser Distanz wieder zurückgekehrt, aus der Würde des Todgeweihten in den Alltag des Lebenden und Tätigen, aus der Überlegenheit dessen, der überwunden hat, in die Atmosphäre des Augenblicks und des Zufalls. Aber nun, da keine solche Rückkehr mehr möglich war, sah und spürte ich, daß Peter schon lange für mich mehr zu den Vollendeten, Überwirklichen (ich mag nicht sagen »Verklärten«) als zu den mit mir auf gleicher Ebene Lebenden gehört hatte. Ein wenig spielte dabei mein Wissen um die Zeit seiner großen Prüfung mit, war er doch in der finstersten Zeit Deutschlands zum Tod verurteilt und wie

Dostojewski nur knapp der Hinrichtung entronnen. Dazu seine hoffnungslose Krankheit.
Wir hatten uns zwar bei jedem Abschied mit den unausgesprochenen Fragen in die Augen geblickt: »Ob wir einander noch einmal wiedersehen?« und: »Wirst du es sein oder ich, der zuerst verschwindet?« Aber im Innersten hatte ich ihn, den viel Jüngeren, doch stets in größerer Todesnähe gesehen als mich. Er war, der Jüngere und oft so knabenhaft und beinah allzu jung Erscheinende, der Reifere und Ältere von uns beiden gewesen. Von den beiden Lebenstemperaturen und Haltungen, die sein kühnes und beinah abenteuerliches Leben wechselnd bestimmt haben, hatte die passive und resignierende die Oberhand gewonnen. Denn zwischen den beiden Polen einer kühnen Aktivität, eines schöpferischen und erzieherischen Wirkenwollens und einer Sehnsucht nach Weltflucht, Stille, Verborgenheit hat sein ganzes Leben sich abgespielt.
Seit Peter Suhrkamps Martyrium in Gefängnis und Konzentrationslager, dem er nur durch Zufall und im Wirrwarr des deutschen Untergangs entkam, war seine schon im ersten Krieg sehr erschütterte Gesundheit gebrochen, das Herz schwer angeschlagen und von der Lunge nur noch Reste lebendig. Wenn er trotzdem manche Jahre nicht nur vegetierte, sondern intensiv lebte und Großes leistete, so tat er es aus dem Erbe an alter dauerhafter Bauernrasse, das er mitbekommen hatte. Auch als das Individuum schon eigentlich verbraucht und aufgezehrt war, hielt dies zähe Erbe den Schatten noch aufrecht und erlaubte ihm beinah unbegreifliche Anstrengungen.
Dieser Vorrat an Zähigkeit, an Erdnähe, an Ordnungssinn und duldender Kraft lag zeitlebens im Streit mit seinem individuellen Temperament und Charakter, die ihn gezwungen haben, das väterliche Bauernerbe auszuschlagen, die Heimat zu meiden, öfter den Beruf zu wechseln und als Lehrer, Soldat, Offizier, Dramaturg, Redakteur, Verleger und Schrift-

steller sich allein und unabhängig die Welt zu erobern. Kehrte er einmal zu Besuch auf den väterlichen Hof zurück, wie er es in einem vorbildlich schönen Prosastück beschrieben hat, dann war er dort ein Fremder und völlig Unverstandener. Saß er aber im Gespräch einem aufgeregten jungen Literaten, einem nervösen Geschäftsmann, einem Regisseur oder Schauspieler gegenüber, dann wirkte schon seine bedächtige oldenburgische Sprache zähmend, beruhigend, zu Besinnung mahnend, und es sprach in guten Stunden die ganze geduldig-zähe Bauernweisheit seiner Väter aus ihm.

Seine Freude am Lesen wie am Schreiben litt in den letzten Jahren sehr und erstarb beinahe unter dem Druck der dauernden Überbürdung im Beruf. Seine Leidenschaft fürs Erziehen und die fürs Theater aber blieb bis zuletzt lebendig. Sein glühendes Interesse für die Bühne, für das Sichtbarmachen und Hörbarmachen der Dichtung war dem Gestaltungstrieb des passionierten Erziehers ebenso nah verwandt wie dem des Verlegers, das Schöne herzustellen, es so überzeugend, so einfach, so dauerhaft wie möglich herzustellen.

In unsrer Freundschaft gab es, wie in jeder, ein Fundament von Verwandtschaft, von Ähnlichkeit der Anlagen und der Einstellung zur Welt: beide hatten wir die Empfänglichkeit und den Eigensinn des Künstlers, das starke Bedürfnis nach Unabhängigkeit, beiden hatten die Vorfahren eine genaue, strenge Ordnung und Moral vererbt, die auch nach ihrer freiheitlichen Durchbrechung geheim aber mächtig fortwirkte. Aber wie in jeder Freundschaft waren es dann, über diesem gemeinsamen Boden, gerade die Verschiedenheiten, an denen das Interesse und die Liebe sich immer wieder neu entfachte. Jeder von uns hatte Eigenheiten, Neigungen und Gewohnheiten, die zu bemängeln der andre beständig Lust spürte und die ihm doch anziehend, lustig oder rührend waren. Doch bestand zwischen uns eine gegenseitige Achtung, die es nie zu anderer als freundschaftlicher und schonender Kritik kommen ließ. Als Peter mich kennen lernte, war ich der Ältere,

Arrivierte, den er als Knabe schon gelesen hatte, und später am entscheidenden Wendepunkt seiner Laufbahn nach dem Kriege, als er zwischen völliger Resignation und zögernder Bereitschaft zu Neubeginn schwankte, war ich die kräftigste seiner Stützen gewesen. Ich dagegen verehrte in ihm, noch mehr als den hochbegabten Verleger und Schriftsteller, den Dulder und Helden, den Mann, der unendlich viel mehr Furchtbares und Feindseliges ertragen und bestanden hatte als ich und als jeder meiner andern Freunde.

Freund Peter ist viel geliebt worden, sein Charme war groß, und nicht nur wenn er ihn bewußt spielen ließ. Auch in seinen finstern und selbstmörderischen Stunden, während man ihn vielleicht schalt oder doch zu schelten große Lust hatte, mußte man ihn lieben. Besonders gern hatte ich seinen Anblick bei der Arbeit, vormittags in meiner Bibliothek oder auf der Terrasse. Er hatte dann seine Papiere und Drucke samt Feder und Bleistift so anständig und ordentlich vor sich auf dem Tisch liegen und saß so still, aufmerksam, gesammelt und vertieft über der Arbeit wie ein Hieronymus. Viel gäbe ich dafür, das noch einmal sehen zu dürfen.

Nach seinem Tod bekam ich von Freunden, Kollegen und Lesern viele teilnehmende Briefe, den schönsten von Rudolf Alexander Schröder. Es wurden mir auch manche Zeitungen mit Nachrufen zugesandt, alle des Lobes voll für den vorbildlichen Verleger sowohl wie für den tapferen Kämpfer und Dulder der Greuelzeit. Viel weniger war von seinem Werk als Schriftsteller und Dichter die Rede, ach viel zu wenig und viel zu ahnungslos! Sein literarisches Werk ist nicht sehr umfangreich. Wir, seine Autoren und Freunde, haben seine »Ausgewählten Schriften« in zwei schönen Bänden herausgebracht, es geschah in zweien Malen, zu seinem 60. und seinem 65. Geburtstag, es war ein schönes Festgeschenk und hat ihm Freude gemacht. Aber diese beiden Bände sind nur in einer kleinen, nicht käuflichen Auflage erschienen, die in ihnen wiedergedruckten Schriften sind euch also nicht zugänglich,

sofern ihr nicht etwa Besitzer der alten Jahrgänge der »Neuen Rundschau« seid.
Aber zum Glück konnten wir Suhrkamp dazu bewegen, die paar schönsten und am meisten dichterischen seiner Schriften im Jahr 1957 in einer hübschen und wohlfeilen Ausgabe herauszubringen. Ich habe damals manchen von euch das kleine liebenswerte Buch geschenkt. Es heißt »Munderloh«, dies war der Titel eines Romans, den Suhrkamp während der Untersuchungshaft als politischer Gefangener Ende 1944 zu schreiben begann. Er ist Fragment geblieben, aber die etwa hundert Seiten dieser bedeutenden Dichtung, die von Peters Leben als jungem Dorflehrer erzählen, sind mir lieber als manche berühmte Bücher unserer Zeit und als manche avantgardistische Bücher, denen Peter als Verleger sich mit rührender Hingabe gewidmet hat. Und weiter enthält der kostbare Band einige Prosastücke, die ich für schlechthin klassisch halte und die in jedes deutsche Lesebuch gehören, namentlich den »Besuch« und den »Apfelgarten«. Bessere Prosa hat in unsrer Zeit niemand geschrieben.
Es ist nicht schwer, der Lebensleistung eines Mannes, der vorwiegend in der Öffentlichkeit gewirkt hat, annähernd gerecht zu werden. Viel verborgener und letztlich nur der liebenden Ahnung zugänglich bleibt das, was er gelitten hat. Je größer und tiefer das Leiden, desto weniger wird er davon reden. Nun, Peter hat von dem vielen Furchtbaren, das er erlebt hat, einiges auch den nahen Freunden erzählt, heiter und überlegen, etwa den Untergang seines schönen und geliebten Berliner Heims in einer Bombennacht oder die phantastische Odyssee seiner Rückkehr aus der Gefangenschaft. Es waren Leiden, Verluste, Prüfungen, die er bestanden hatte, mit denen er fertig war. An die schlimmsten Erlebnisse und Qualen in der Hitlerschen Hölle rührte er selten und scheu mit einem Wort, dorthin kann nur die Phantasie mitleidender Liebe ihm folgen. Vom schweren körperlichen Leiden seiner letzten Jahre wissen wir alle.

Aber das war nicht alles. Er, der so viel geliebt wurde und so mühelos Autorität zu wahren wußte, hat alle die Jahre seit dem letzten Krieg in einer großen Einsamkeit gelebt, ohne Familie, ohne Behagen und Fürsorge, in einer nur zum Teil gewollten asketischen Primitivität, einer verzweifelt trotzigen Verlassenheit. Und dieser Vereinsamung und Verlorenheit, dieser äußern Heimatlosigkeit entsprach eine innere, die wir wenige Male im vertrautesten Gespräch nur tastend berührt haben. Er hatte Deutschlands unheimliche Geschichte miterlebt, die ruhmrednerischen »großen Zeiten«, die Kriege, die Niederlagen, die Revolution, die Barbarei, die Zerstörungen, und zuletzt den Wiederaufbau, er hatte in dem strebsamen, erfolgreichen, amerikanisierten Deutschland selber mit aufgebaut, mit gezaubert, mit Erfolg gehabt, und hatte doch mit seinen hellblauen traurigen Augen mit jedem Tage tiefer diesen Jahrmarkt des Fleißes, der Vergeßlichkeit, der Streberei und Großmannssucht durchschaut, er glaubte längst nicht mehr an die innere Wirklichkeit, an die Echtheit der Welt, in der er lebte und eine bedeutende Rolle spielte, es wurde ihm nicht warm und nicht wohl in dieser Welt, und er, der so gern lebte, der so wohlbeschaffen für den Genuß des Lebens gewesen wäre, ist vermutlich am Ende doch gern gestorben und hat den Kram hinter sich gelassen.
Ich wage die Indiskretion und zitiere einen Satz aus R. A. Schröders Brief: »In welcher Einsamkeit hat Suhrkamp die Erdenhölle seiner letzten, qualvollen Jahre durchleiden müssen, dabei immer wieder den Mut zu wohlwollender, großmütiger, auch in ihren Irrtümern ehrwürdiger Haltung aufbringend.«
Wenn ich irgendwo in Gespräch oder Lektüre der zum Cliché gewordenen Phrase vom »wahren« oder »echten« oder »heimlichen« Deutschland begegne, dann sehe ich Peters hohe, hagere Gestalt. Und auch Schröder gehört dazu.

HERMANN KASACK

Gedenkwort

In dem Traktat »Über das Lesen« bekennt Suhrkamp 1947: »Ich bin wirklich der Ansicht, daß Lesen Erfahrungen und Wissen gibt, wie selbst ein erfolgreiches Leben sie niemals schenkt. Allerdings will ich nicht behaupten, daß Lesen Menschen auch glücklicher machte.« Die Kulturgeschichte wird Peter Suhrkamp einmal einordnen als einen der markanten Verleger individueller Prägung; sie wird die Standhaftigkeit seines Charakters unter der nazistischen Diktatur hervorheben; sie wird vielleicht sein schriftstellerisches Werk rühmend erwähnen. Suhrkamp war eine Persönlichkeit von geschichtlichem Rang. Welches Bild aber überliefert sich für uns, die seine Gegenwart geteilt haben? Mit dieser Frage rühre ich an das Geheimnis seiner Natur.

Als Sohn eines Bauern wurde er am 28. März 1891 in einem oldenburgischen Dorf geboren. Sein Taufname lautete Johann Heinrich. Nachdem er sich vom väterlichen Hof gelöst hatte (er sprach darüber nur in herben Andeutungen), nahm er den uns vertrauten Namen Peter an – ohne zu ahnen, welche juristischen Schwierigkeiten damit einmal, etwa bei Eintragungen der Verlagsfirma, verbunden sein würden. Ahnte er überhaupt etwas davon, Verleger zu werden? Natürlich nicht. Zwar hatte er als reiner Autodidakt von Jugend an Umgang mit Büchern – »als wären in ihnen Heilkräfte oder das Reinigende« –, aber bei aller »ununterbrochenen Beschäftigung mit der Literatur« trieb ihn zunächst das Abenteuer, sich selbst zu finden, auf andere, vielfältig verschlungene Wege.

Bisweilen hat er erzählt, wie ihn als Volksschullehrer auf dem Lande seine eigenwillige Natur in allerlei Konflikte brachte. Im ersten Weltkrieg stand er vier Jahre im Feld, erhielt als

Kompanieführer eines Sturmtrupps höchste Auszeichnungen: die er kaum erwähnte. Seine pädagogische Neigung führte ihn während der Universitätsstudien zur Odenwaldschule. Von 1921 bis 1925 unter Hartung als Dramaturg und Regisseur am Theater in Darmstadt und anschließend bis 1929 in leitender Stellung in der Freien Schulgemeinde Wickersdorf. Dann ging er nach Berlin, und Berlin wurde sein Schicksal.

Von Ullstein, wo er einige Jahre in der Zeitschriftenredaktion tätig war, holte ihn der alte S. Fischer zum 1. Januar 1933 in seinen Verlag; zunächst als Herausgeber der »Neuen Rundschau«. Bald wurde er zum Vorstandsmitglied bestellt und übernahm die fast unlösbare Aufgabe, die ehrwürdige Tradition des vom Boykott bedrohten Verlages unter eigener Verantwortung fortzusetzen. Bei der sogenannten »Arisierung jüdischer Firmen« hat er sich, wie Dr. Bermann-Fischer schrieb, »über alle Maßen bewährt. Es gibt gar keine Worte dafür, mit welchem persönlichen Mut er sich für uns eingesetzt hat«. In den Tagebüchern Oskar Loerkes werden die schlimmen Augenblicke jener Tage lebendig.

Nach Loerkes Tod trug mir Suhrkamp im Frühjahr 1941 dessen Stellung als Cheflektor des Verlages an. Fünfzehn Jahre später hat Suhrkamp im Nachwort zu meinem Essaybande »Mosaiksteine« diese Begegnung ebenso hinreißend wie mich beschämend aufgezeichnet – eins der vielen Beispiele seiner Gedächtniskraft und Beobachtungsgabe. Als wir den Vertrag miteinander schlossen, der mich im Falle seiner Behinderung als Vertreter in der Verlagsleitung vorsah, sagte er, als durchschaue er die Zukunft: »Auf Gedeih und Verderb!«

Das Verderben kam. Er spürte es schon herannahen, als er 1936 zum fünfzigsten Bestehen des Verlages, zwei Jahre nach dem Tod S. Fischers, erklärte: »Seine Geschichte seitdem ist nicht mehr die Geschichte seiner Ausbreitung, sondern sie ist eine einzige große Probe, die der Verlag vor der deutschen Gegenwart zu bestehen hatte; die Probe ging wie ein echtes

Schicksal bis nahe an die Existenz.« Kühne Worte, die ihm die Machthaber ebensowenig verziehen haben wie seine unerschrockenen Betrachtungen zur Zeit, die er unter dem Titel »Der Zuschauer« 1942-1943 in der »Neuen Rundschau« veröffentlichte und die vom Propagandaministerium hämisch als Zeugnisse der Selbstvernichtung registriert wurden. Aber das Material reichte nicht aus, ihn zu Fall zu bringen. Als alle Anstrengungen, den Verlag auf kalte Weise zu schließen, an Suhrkamps unermüdlicher Wachsamkeit scheiterten, setzte man einen Lockspitzel ein. Obwohl ihm Suhrkamp nicht erlag, wurde er im Frühjahr 1944 verhaftet. Als er todkrank nach zehn Monaten aus dem Konzentrationslager entlassen wurde, gab uns die Erschütterung über das nicht mehr geglaubte Wiedersehen das brüderliche Du ein. Die erregenden Phasen dieser Zeit, die makabren Hintergründe sind in den »Mosaiksteinen« beschrieben. Genug, zu wissen, daß Suhrkamp die Folgen politischer Haft, in der es um seinen Kopf ging, niemals überwunden hat und schließlich daran gestorben ist.

Was hielt ihn aufrecht? Woher nahm er seit eh und je die Kraft zu der fast an Besessenheit grenzenden Aktivität? War es die Anspannung des Willens? – »Eine Tyrannis des Willens«, so schrieb er aber in dem Aufsatz von 1939 »Über das Verhalten in der Gefahr«, »paralysiert alle Gaben und schaltet damit den Reichtum des Wesens aus«. Und er beantwortet die Frage nach dem richtigen Verhalten des Menschen: »Er wird nicht handeln, wie es seiner Erhaltung, sondern wie es seiner Bedeutung zukommt«. Jede dieser Formulierungen kann als Schlüsselwort für ihn selber gelten. Er hat nichts getan, um sein privates Leben zu erhalten. Sein Handeln wurde durch die Aufgabe bestimmt, der er sich verpflichtet wußte. Aus der präzeptorischen Anlage seiner Natur entwickelte sich das Herrscherliche seines Wesens. Er war aus bäuerlichen Gnaden ein Edelmann, ein Herr. Daher das Unbeugsame seines Charakters. Ein Herr beugt sich nicht.

Diesem organischen Zug der Persönlichkeit entsprach es, daß sein Verhalten zur Umwelt nicht vom Willen geregelt, sondern vom Instinkt geleitet wurde. Er nährte den Reichtum dieser Begabung; denn im Instinkt zeigen sich mediale Witterungskräfte, jenseits des Verstandes. Ihnen zu folgen bedarf es wohl eines abwartenden Zögerns; eine Eigenschaft, die Suhrkamp mit den Verlegern alten Schlages teilt – im Gegensatz zu den Geschäftemachern, die zugreifen, um keine Chance zu verpassen. Suhrkamp ließ sich nach 1945 manche Gelegenheit entgehen, weil ihm Literatur keine Handelsware, sondern anvertrautes Geistesgut war.
Diese innere Verpflichtung in die Tat umzusetzen, bedurfte es noch einer dritten Voraussetzung: des Eigensinns. Nicht jene Form des Eigensinns ist gemeint, der nach Hesses ironischem Wort »Spaß macht«. Suhrkamps Eigensinn war ein Selbstschutz. Er sicherte ihn ab gegen Beeinflussung von außen, gegen landläufige Meinungen. Ohne ihn hätte er auch niemals jene psychische und physische Zähigkeit aufgebracht, in mehr als einer Gefahr sein Leben dem Tode zu neuer Intensität abzutrotzen.
Wie er mitunter seinen Eigensinn durchsetzte, der sich bis zum Starrsinn verbocken konnte, hat seiner Umgebung und ihm selber keine geringen Unbequemlichkeiten verursacht. Er kannte diesen »persönlichen Fehler«, diesen »Feind im eignen Lager«, und er war sich der »Härte des Herzens« und seiner menschlichen Grenzen stärker bewußt, als es Außenstehenden scheinen mochte. Wie dem auch sei: der Eigensinn bildete nun einmal im Zusammenspiel mit der Herrschernatur und der Sicherheit des Instinkts das Grundelement seines Tuns und Handelns. Nur durch diese Form konnte er dem Leben seinen Sinn aufprägen. Er war kein Mann der Kompromisse. Für ihn gab es kein Sowohl-Als-auch, nur ein Entweder-Oder. Diese Haltung hat immer wieder leidenschaftliche Auseinandersetzungen über seine Person herausgefordert. In seinen besten Zeiten schaute er diesem Spiel des

Lebens mit einer souveränen Gelassenheit zu, die nur selten seine Verachtung und weidliche Empörung durchscheinen ließ; auch seine Abgründe – und darin Stifter, den er liebend verehrte, nicht unähnlich. Er glaubte an eine moralische Ordnung der Welt. Er war ein Moralist aus Gewissensnot, ein unentwegter Mentor und Erzieher.

Was ließ ihn »so selbständig und unabhängig denken?« Viel einfacher als jede Deutung seiner Wesenszüge sagt er von sich: »Es war die bei aller Angst und Schüchternheit unbedingte Freiheit meiner inneren Person, die sich nicht verbergen ließ.« Aus dieser Haltung entstanden auch seine Aufsätze, die mehrere Bände füllen würden, Geleitworte zu den von ihm herausgegebenen Pantheon-Ausgaben von Claudius und Stifter, zu dem »Taschenbuch für junge Menschen«, Vorträge, Ansprachen und Reden. Dazu gehört auch das Kompendium der Kurzporträts in dem Sammelband »Deutscher Geist«, die fast alle von ihm stammen und durch eine aller Sekundärliteratur spottende Selbständigkeit frappieren. Auch hier: die unverstellte Natürlichkeit der Sicht.

Sicht und Sehenkönnen, scharfsichtig beobachten, hellsichtig das Eigentliche des andern erfassen: das Auge war es, das ihn zum ordnenden »Zuschauer« machte. Man habe nicht immer recht verstanden, notierte er im Februar 1943, »daß der Zuschauer vom ganzen Menschen, vom Menschenbild alles ansehen will«. Schon damals beschäftigte ihn »das Bild des Europäers in einem Verlagsprogramm, wie es in Deutschland zu gestalten sei«.

Nach der Rückgabe des von ihm hier geretteten Verlagsteils an die Erben S. Fischers gründete er 1950 einen eignen Verlag in Berlin und Frankfurt a. M. Die Summe der Erfahrungen, die Fülle des Wissens, der Glaube an seine Aufgabe rechtfertigten das Wagnis. Wenige Verlage haben ein Profil. Suhrkamp vermochte es, in den nur acht Jahren des Aufbaus seinem Verlag ein unverwechselbares geistiges Gesicht zu geben. Der weite Bogen spannte sich von Hesse, Schröder,

Lehmann, Eliot und Proust bis zu Eich, Nossack, Brecht, Frisch und Adorno. Mit der Herausgabe des lyrischen und essayistischen Werks Loerkes löste Suhrkamp eine letzte »Liebesverpflichtung« ein: ein gültiges Beispiel für seinen unbeirrbaren Mut.

Seine Anziehungskraft war faszinierend, sein Charme entwaffnend. Aber er blieb der Mann im Harnisch, der ihn schützte und zugleich verbarg. Wenn er das Visier öffnete, machte ihn eine spöttisch lächelnde Maske undurchschaubar. Erregend seine Erscheinung, imponierend seine Einsamkeit, legendär schon zu Lebzeiten sein Ruf. Die Verleihung des Dr. h. c. durch die Universität Frankfurt, die Ehrenmitgliedschaft der Deutschen Akademie für Sprache und Dichtung und andere Auszeichnungen konnten bittere Enttäuschungen mildern, aber nicht vergessen machen.

»Gefahr bindet noch stärker als Freundschaft«, schrieb er mir im Gedenken an die schlimmste Zeit. »Ich weiß nicht zu sagen, ob es ein Geschick ist, oder ob meine Natur die Wetter auf mich zieht.« Die Unerbittlichkeit seines Schicksals gemahnte an antike Größe. Ich sah in ihm immer etwas von einer biblischen Gestalt. Mir schien, er habe mit seinem Pfunde gut gewuchert. Frei vom Leidenspathos eines Hiob, suchte er wie ein Vater Noah in der Arche, die er selbst gezimmert hatte, vor der neuen Sintflut alles zu bergen und zu retten, was er der Überlieferung für wert hielt.

Als er mitten in der Arbeit, kurz nach dem achtundsechzigsten Geburtstage, am 31. März 1959 starb, war der Tod, nach einem Wort Loerkes, das er an dessen Grab zitiert hatte, auch für ihn »die mildeste Form des Lebens«: er bedeutete die völlige Anonymität. Das Ungewöhnliche seines Lebens kam aus der Strahlungskraft der »inneren Person«. Und da er mit seinem Teil den geheimen Zeitgeist inspiriert hat, bleiben Mühe und Opfer nicht vergeblich.

HANS ERICH NOSSACK

In memoriam

Peter Suhrkamp hat vom ersten Tage unserer Bekanntschaft einen korrigierenden Einfluß auf mich gehabt, allein durch seine Existenz, möchte ich sagen, da ich verhältnismäßig selten mit ihm zusammengewesen bin und sicher weniger mit ihm korrespondiert habe als mancher andere. Jedesmal, wenn ich ihn in den letzten Jahren, nach einem allzu einsamen Winter etwas aus den Fugen geraten, in Bad Königstein besuchte, fühlte ich mich durch ihn sozusagen zur Ordnung gerufen und wieder auf mich selbst hingewiesen, und zwar ohne daß wir über besonders gewichtige oder gar intime Dinge geredet hätten. Seine Persönlichkeit wirkte so stark, daß sich alle nur eingebildeten Unzufriedenheiten und müden Zweifel in Nichts auflösten; man schämte sich in seiner Gegenwart, ihnen überhaupt verfallen zu sein. Mit der Zeit genügte es für mich, nur an ihn zu denken, um alles mir nicht Gemäße oder nur Affektierte abzuschütteln. Eines seiner letzten Worte zu mir war übrigens: »Werden Sie bloß nicht fromm.« Ich weiß nicht mehr, wie es dazu kam; wir hatten, glaube ich, über Bernanos gesprochen. Aber der wahre Grund für die Äußerung, bei der Suhrkamp mahnend die Augenbrauen hochzog, so daß ich lachen mußte, war wohl ein anderer. Es schien ihm bedenklich, daß ich als Großstädter aufs Land übergesiedelt war. Der Rat sollte eigentlich heißen, und so verstand ich ihn auch: »Bilden Sie sich um Gotteswillen nicht ein, daß Ihnen Frommwerden auch nur so viel nützen kann«. Mit dem Akzent auf dem »Ihnen«.

Ich überlege mir, wovon ich ausgehen würde, wenn ich die Gestalt Suhrkamps sinnenhaft wahrnehmbar zu erschaffen gedächte, für einen Schriftsteller die einzige legitime Form, sich einem Verstorbenen gegenüber anhänglich zu erweisen, und vielleicht die einzige Möglichkeit, über den Verlust hinwegzukommen. Das Schildern der äußeren Erscheinung führt zu nichts, und alles Anekdotische, was einem zufällig zu Ohren gekommen ist, dient höchstens nachträglich zur Illustrierung des Bildes. Auch das, was unbedingt in einen regulären Nachruf gehört, der die Verdienste einer Persönlichkeit in ihrer Zeit zu würdigen unternimmt, zeigt sich nach dem Tode als bereits nur historisches Beiwerk für den nicht brauchbar, dem es auf die lebendige Figur ankommt, die weiterwirken soll. Man muß versuchen, zu dem rein menschlichen, ja, kreatürlichen Kern des Wesens vorzudringen, das man ins Leben zurückrufen will.

Das ist bei Suhrkamp alles andere als leicht, denn noch im Tode zeigt er sich als ein Meister in der Kunst des Ausweichens, wie André Gide es genannt haben würde. Suhrkamp faszinierte und wollte faszinieren, aber wehe dem armen Sterblichen, der für Wärme hielt, was wie Wärme aussah und für Wärme gehalten werden sollte – ihm wären die Fingerspitzen erfroren. Das hinreißende, leicht irisierende Blau der Augen war bei Suhrkamp kaum mehr als der Strahlungsreflex einer schützenden, allerdings einzigartig spiegelfähigen Oberfläche, nicht wirklicher und nicht greifbarer als die Farbenpracht des Nordlichts in einer einsamen Polarnacht, die dem staunenden Betrachter sowohl die eigene Verlassenheit zum Bewußtsein bringt als auch die erbarmungslose Vereinzelung dessen, der die Faszination ausübt.

Der reale und schon fast unpersönliche Kern Suhrkamps hat sich mir stets in etwas Akustischem offenbart und tut es auch in der Erinnerung. Und zwar in dem Nebengeräusch, das seine erkrankten Atmungsorgane in den letzten Jahren verursachten. Dies Geräusch brachte ihn mir immer ganz nahe. Vernahm man es zum ersten Mal, bestürzte es durch die unerwartete Intimität, und die Unterhaltung drohte ins Stocken zu geraten, doch sobald man sich daran gewöhnt hatte, dachte man nicht mehr daran, daß es mit körperlichem Leiden zusammenhing, sondern nahm es als ein für den Typus Suhrkamp charakteristisches Hm! Hm! Es paßte nämlich so haargenau zu ihm, daß ich mir einbilde, dies Hm! Hm! schon 1941 gehört zu haben, als er noch gesund war und ich ihm zuerst im Berliner Verlagshaus gegenübersaß. Er lehnte sich damals im Schreibtischstuhl zurück, anscheinend nur auf mich konzentriert, und forderte mich auf: »Nun erzählen Sie mir mal, wie Sie es sich denken.« Ein solches Verhalten und dazu das Hm! Hm! gibt Sicherheit und macht zugleich unsicher; sich durch Schwindelei aus der Affäre zu ziehen, ist nicht möglich, man muß sich schon zu sich selbst bekennen, wenn man bestehen will. Im vergangenen Sommer besuchte mich Suhrkamp. Welch eine Ehre für mich! Und welch ein außerordentlicher Glückszufall! Denn die kulturelle Einöde, in der ich hause, ist mir durch seine kurze Anwesenheit mit einem Schlage vertraut und beinahe heimatlich geworden. Ich brauche mich nur auf die Bank vor dem Haus zu setzen, auf der er neben mir saß und schwieg. Ach, und wie er zu schweigen verstand und wie man mit ihm gemeinsam schweigen konnte! Eine ganz selten gewordene Gabe. Er blickte über das Tal auf die schwarzen Wälder, aus denen die Mutter Bertolt Brechts den armen B. B. in die Städte trug, und ab und zu erklang das Hm! Hm! Es gehörte zur Landschaft; es bestätigte und beruhigte, es entwertete jede nur klimatische Aufgeregtheit. Es war das Hm! Hm! des Oldenburger Bauern, der abends über die natürliche, und des Weisen, der über die geistige Landschaft blickt. Auch von einem alleinstehenden Baum, dessen Zähigkeit ihn den Stürmen seiner Jugend standhalten ließ und der nun mit überlegener Gleichgültigkeit den Zugvögeln im Frühjahr und Herbst als kurzer Rastplatz dient, hört man zuweilen dies Hm! Hm!

Und doch bin ich nie mit ihm intim geworden, wie man es nennt. Das hat nicht daran gelegen, weil er älter und mein Verleger war, auch nicht daran, daß wir beide Norddeutsche sind, sondern, von meiner Seite wenigstens, verbot es mir die

instinktive Scheu, einen Nihilisten durch einen unzeitigen Anruf zu stören und zu gefährden. Man stoße sich nicht daran, daß ich Suhrkamp einen Nihilisten nenne; man vergesse den Mißbrauch, der von den Klageweibern um die verlorene Mitte mit der Bezeichnung getrieben wird. Ein Nihilist ist ein Mann, der bewußt seine Herkunft verlassen und die Peripherie konsequent überschritten hat, um jenseits, im sogenannten Nichts, Neuland zu gewinnen. Einem solchen Mann kann man nicht helfen, er erwartet auch keine Hilfe; man kann ihm nur nachfolgen. Ein solcher Mann war Suhrkamp. Ich habe mich von Anfang an mit freiwilliger Selbstverständlichkeit ihm nachgeordnet gefühlt; ich habe mir seltsamerweise nie den Kopf darüber zerbrochen, was er von mir hielt. Ich sah und sehe ihn etwa hundert Meter vor mir jenseits der Grenze im Niemandsland stehen, mir den Rücken zuwendend, eine einsame Figur im Leeren mit dem Blick ins Leere, nur scheinbar lässig und herrenhaft, doch von der ungeheuerlich wachsamen Gespanntheit umwittert, die jemand ausstrahlt, der auf die gewohnten Sicherheiten verzichtet. Ein Mal, nach dem man sich richten kann. Und daß mir und manchem von uns das Mal jetzt fehlt, daß wir keinen mehr vor uns sehen, sondern nur noch andere neben uns auf der gleichen Linie wissen, das ist der große Verlust.
Ein solcher Mann ist nicht nur gefährdet, er ist auch gefährlich. Die Kunst des Ausweichens war keineswegs nur eine Maßnahme, um sich vor täppischen Berührungen zu schützen, sondern galt vor allem der Verhinderung unkontrollierbarer Explosionen, die in einem weniger wachsamen Moment durch die Berührung eines bloßliegenden Nervs hervorgerufen werden konnte. Wir können die Gefährlichkeit der jederzeit möglichen Explosionen, die durch ritterliche Selbstzucht und Askese vermieden wurden, nur ahnen. Es dürfte kaum zu viel gesagt sein, daß sie sowohl Selbstvernichtung als auch Vernichtung der töricht Nahebei-Stehenden bedeutet haben würden. Man lese daraufhin die kleine Suhrkamp'sche Erzäh-

lung »Der Besuch« noch einmal und man wird erschrecken. Die unterschwellige Spannung dieses Versuchs der Heimkehr, die jedem Nihilisten von vorneherein versagt ist, liegt darin, daß es nur eines einzigen falschen Wortes, einer winzigen unbewachten Geste bedarf, um eine zerstörerische Explosion auszulösen. Aber das Wort wird nicht gesagt, die Geste nicht getan; der Heimkehrer geht fort und es heißt: »Nur mich erkannte niemand. Die Jahre hatten jede Spur von mir verweht. Bevor ich auf der Dorfstraße zum Dorfplatz kam, sah ich noch einmal zurück. Es stand niemand mehr auf unserm Hofe.« Die Gefahr ist durch Fortgehen gebannt, durch Auslöschen wird das andere Dasein erhalten.

Das ist der ganze Suhrkamp. Oder sehe nur ich ihn so? Doch vielleicht kommt es gerade darauf an, daß jeder ihn so schildert, wie er ihn sieht. Ich glaube, ich habe ihn geliebt; Worte wie Verehrung und Hochachtung reichen nämlich mit ihrer großspurigen Abstraktheit nicht aus. Und um es noch präziser zu bekennen: ich habe ihn auf eine mehr weibliche Art geliebt, mit einer zärtlichen, aber ein wenig ratlosen Besorgtheit. Das klingt peinlich, und nur, da ich vermute, daß es vielen von uns so ergangen ist, sei es hier ausgesprochen. Wie kann man einen Mann, der immer im Fortgehen ist, auch anders lieben? Zweifellos hat Suhrkamp es gewußt. Er nahm es als selbstverständlichen, für ihn nicht unbedingt wichtigen Tribut hin.

Die Nachricht von seinem Tode traf mich über die Maßen schwer. Ich hatte gedacht, über derartige Erschütterungen hinaus zu sein. Schließlich hatten wir ja auch seit Jahr und Tag mit dem Ereignis gerechnet. Ich ging in den Garten, grub ein Beet um und säte es unter Seufzen an. Ich strich die Erde darüber mit der Hand glatt und konnte mir kaum Genüge tun. Die Grünfinken und die gerade heimgekehrten Rotschwänzchen, die den Besucher des letzten Sommers wohl noch miterlebt hatten, sahen mir beunruhigt zu. Das Beet ist auch gut aufgegangen, aber natürlich hatte ich nicht den rechten Samen zur Hand. Es sind eine Art kleiner Sonnenblumen, sie eignen sich nicht für Suhrkamp. Gelb ist nicht die richtige Farbe für ihn. Im nächsten Jahr soll dort Rittersporn stehen. Nicht allein des Blau's wegen, auch der Name Rittersporn trifft genau das, was ich meine.

RUDOLF ALEXANDER SCHRÖDER

Gedenkblatt

Es ist für einen alten Mann eine eigene Sache, dem viel Jüngeren ein Abschiedswort nachzurufen über die Grenze hin, der er selbst schon öfters nahe gewesen ist, ohne sie bislang zu überschreiten. Man kommt sich momentanweis vor, als habe man einen Raub begangen oder friste sein eigenes, diesseitiges Dasein von einem zu Unrecht angemaßten Kapital. Immer wieder meldet sich dies Gefühl: man möchte dem Dahingeschiedenen etwas abgeben von der eigenen Lebenskraft und Lebensfrist und weiß doch, daß das unmöglich ist.

Hatte man nicht gehofft, der Freund – grade dieser Freund würde einem bis zuletzt das Gefühl seines lebendigen Mitdabeiseins gönnen, dies Gefühl, das auch über weite räumliche Entfernungen hin und in langen Trennungszeiten eine so wundersam stärkende und bestätigende Macht auszuüben vermag? Damit ist es nun vorbei, man hat dem nunmehr aus dem Raum seines eigenen Erdendaseins und dem der unzähligen mit ihm verbundenen Leben Fortgegangenen ein letztes Mal die Hand gedrückt, hat ein letztes Mal mit dem Blick Aug in Aug die belebende und verpflichtende Wärme des um und für einander Besorgtseins empfunden, ohne – trotz aller begründeten Sorge – zu erkennen, daß dies nun wirklich das letzte Mal sein sollte.

Nun ist nach dem unwiderruflichen Erlöschen der langgewohnten Zweisamkeit jenes andere Verbundensein in Kraft getreten, an das sich der eigene Lebens- und Liebeswille klammert. Er tut es mit Recht. – Alle drei: Leben, Liebe, Freundschaft, tragen in sich den Anspruch auf unaufhebbare Gewähr, ohne die es, allem Gegenschein zutrotz, kein lebendiges Leben, keine lebendige Teilnahme geben würde in einer Welt der Ankünfte und Abschiede.

Peter Suhrkamp ist ein halber Landsmann von mir. Er stammt aus einem der großen Geesthöfe südwestlich der Stadt Oldenburg. Dort hat er als erster Sohn und voraussichtlicher Hoferbe das Licht der Welt erblickt. Doch war in dem baumstarken Jungen schon frühe der Entschluß erwacht, sein Leben in andre Bahnen zu lenken. Der einzige Weg in einen geistigen Beruf, der ihm offen stand, war der des Volksschullehrers. Es hat einen harten, namentlich auf seiten der Eltern niemals voll ausgetragenen Kampf gekostet, bis der Halbwüchsige eines Tages, mit Zeug und Wäsche wohl versehen, aber ohne einen Pfennig Geld in der Landeshauptstadt vor der Wohnung des Seminardirektors dem väterlichen Wagen entsteigen durfte, nicht eben mit dem Fluch des in seinem Sinn für Landesbrauch und Herkommen aufs tiefste getroffenen Vaters beladen, aber auch nicht mit seinem Segen. Der Junge hat sich dann mit Abschreiben und Nachhilfestunden durchgehungert, bis er hinterm Katheder einer Dorfschule saß. Er hat dazwischen in den Ferien wohl noch auf dem väterlichen Hof gearbeitet; der Abschied muß jedesmal eine schlimme Sache gewesen sein.

Nicht nur diejenigen, die ihm im Leben näher treten durften, auch die Leser seiner wenigen Schriften werden etwas von dem Schatten gespürt haben, den dies gewaltsame Sichlosreißen von altem, geheiligtem Brauch über das Leben des Mannes geworfen, dem auch späterhin wenig eigentliches Glück, vielleicht nur der eine oder der andere Moment reiner Befriedigung geschenkt sein sollte. – Ich erinnere mich der Rede, mit der der Sechzigjährige sich vor acht Jahren für die Verleihung der Doktorwürde bedankte. In ihr hat er des Vaters gedacht und es beklagt, daß der alte Mann diesen Tag nicht mehr habe erleben dürfen; er würde nun vielleicht über die Abwege des verlorenen Sohnes freundlicher urteilen. Schade, daß es bis auf wenige, karge Andeutungen nicht zur zusammenhängenden Aufzeichnung jener heroischen Jugendjahre gekommen ist; woher auch hätte der ständig übers Maß seiner

Kräfte hinaus Beanspruchte die Zeit dafür finden sollen. Vielleicht könnte sein Landsmann und damaliger Mitschüler Georg von der Vring, wenn er Lust dazu spürte, die Lücke in etwas auffüllen.
Der unablässig Arbeitende und Lernende ist dann nach dem ersten Weltkrieg über verschiedene Etappen in die leitende Stellung aufgerückt, die er seit 1933 im S. Fischer Verlag und in der Redaktion der »Neuen Rundschau« innehatte. Vom Jahre 1936 ab hat er dann als Treuhänder der ins Ausland geflüchteten Fischerschen Erben den Verlag geleitet, bis er im April 1944 durch die damaligen Machthaber in einen fingierten Hochverratsprozeß hineingezerrt wurde.
Es ist kennzeichnend für die angesichts der schon unabwendbaren Katastrophe immer noch herrschende Verblendung, daß die Leute, die elf Jahre lang für das Wohl und Wehe des deutschen Buchwesens verantwortlich gezeichnet, mitten in der schon nicht abzuwendenden, nur noch hinauszuschiebenden Katastrophe die Zeit für gekommen erachteten, den angesehensten unserer belletristischen Verlage in eigene Regie zu nehmen. Das Opfer war Suhrkamp. Man hat ihn während der Untersuchung und hernach im Lager auf das schändlichste mißhandelt. Als er gegen Kriegsende wie durch ein Wunder den Händen seiner Peiniger entkam, ist er mit verletztem Rückgrat in hohem Fieber von Oranienburg bis an die Wohnung eines Berliner Freundes gegangen, hat dann im Krankenhaus eine schwere Lungenentzündung überstanden, die erste derer, die hernach in vierzehnjährigem Siechtum die zähe Widerstandskraft des einem langlebigen Geschlecht Entstammten hinwegzehren sollten.
Suhrkamp hat mir erzählt, man habe während eines der letzten Bombenangriffe ihn und einen Leidensgenossen als intransportabel nicht mit in den Keller hinuntergenommen. Sie seien dann doch beide, sich gegenseitig stützend, an den gemeinsamen Schutzort gelangt. Dort hätten sie sich aus dem überfüllten Hauptraum in ein Nebengelaß gewandt; in dem-

selben Augenblick sei die Bombe gefallen, die jenen Hauptkeller zertrümmerte und nur sie beide am Leben ließ. Man kann es Zufall, darf es aber wohl auch Fügung nennen, was einen Menschen wie ihn weniger für die Freuden als für die schwere Tagesarbeit seiner größten und erfolgreichsten Lebensleistung aufgespart hat.

Ich habe Peter Suhrkamps Bekanntschaft gemacht, als ich im letzten Jahr der Weimarer Republik in Angelegenheiten eines Freundes mit dem Verlag zu tun hatte. Unvergeßlich das stille, klare Gesicht, die Kraft des wie hinter Schleiern hervorblickenden Auges, die eigentümliche Ironie des – wie soll ich es anders ausdrücken? – in einer verborgenen Tiefe sich selbst anzweifelnden Lächelns. Grade sie hat mich damals nicht ahnen lassen, daß der jugendlich straffe Vierziger zu denen gehöre, die meine eigenen Arbeiten kannten und billigten, erst recht nicht, daß es nur noch einiger weniger Jahre bedürfen werde, um zwischen uns das Verhältnis auf Gedeih und Verderb zu stiften, das zwischen Verleger und Autor und weit darüber hinaus zwischen Freund und Freund besteht.

Dann das Wiedersehen nach dem Krieg. Suhrkamp kam zu mir in mein oberbayrisches Refugium und entwickelte mir den Gedanken, wir wenigen aus dem allgemeinen Zerfall Übriggebliebenen sollten uns zu einer Art klösterlicher Gemeinschaft zusammentun, um einen Kern zu bilden für das, was in der zerschlagenen und zertretenen Heimat an Ansätzen und Möglichkeiten einer neuen geistigen Existenz noch vorhanden sei. Das Projekt war an sich impraktikabel und ist dann auch nicht weiter diskutiert worden. Aber das erste Buch des unter Schmerzen und Schwierigkeiten neugegründeten Suhrkamp Verlags, das »Taschenbuch für junge Menschen«, war eine Hilfsaktion im Sinne dieses Plans; und in Frankfurt sammelte sich alsbald um den Leiter des jungen, gefährdeten Unternehmens der Freundeskreis, dessen Mitte er geblieben ist: ein reiner, ein gütiger, ein auch in seinen Eigenheiten, ja bis in gelegentliche Irrtümer hinein ehrwürdiger Mensch.

Schulweisheiten brauchte der seit langem in einem weiten Bereich humanistischen Wissens heimisch Gewordene und immer noch dem alten Trieb des Lernens und Lehrens Anhangende den meisten dieser Freunde nicht mehr beizubringen. Was wir an seinem Beispiel gesehen und nach dem Maß unsrer eigenen Kräfte gelernt haben, ist die hohe Möglichkeit sittlicher und geistiger Selbstbehauptung in einer Welt, deren heimliche und offenbare Gegenkräfte darauf aus sind, das Reine zu trüben und den Menschen auf ungezählten Wegen und mit unzähligen Mitteln sich selber zu entfremden. Peter Suhrkamp hat zu den ganz wenigen gehört, die durch Verzicht über Verzicht immer stärker und fester werden, und die aus jedem hingenommenen Verlust reicher hervorgehen. So hat er gelebt, so hat er sterben dürfen als einer, der sein Werk getan und seine Ernte in die Scheuern gebracht hat. – Man kann gewiß von jeder Leistung sagen, sie sei ein Geschenk der Gnade; aber ebenso gewiß ist es, daß jedes solche Geschenk erobert, behauptet und aus den Kräften des eigenen Innern fruchtbar gemacht werden will.

Ich habe mir dieser Tage noch einmal jenes Hilfsbüchlein für junge Menschen vorgenommen. Es ist von 1946/47 datiert und trägt äußerlich alle Zeichen des damaligen Elends. Inhaltlich wird es mit seinen fast zwanzig Aufsätzen ein bedeutsames Zeitdokument bleiben. Suhrkamps eigene Beiträge haben mich in ihrer inneren Wärme und Aufrichtigkeit auch jetzt wieder tief bewegt. – Seine eigene schriftstellerische Leistung ist nicht allzu vielen bekannt. Die von ihm erfundene Gestalt des zuschauenden, urteilenden und berichtenden Herrn Violett ist in ihrer Zeit durch die Nummern der Verlagszeitschrift gegangen und lebt vorläufig in zwei schönen für einen kleinen Kreis von Freunden gedruckten Bänden. Da seine Betrachtungen neben anderm einen sehr eigenen Kommentar zu den innerdeutschen Erlebnissen des letzten Krieges bilden, ist der Wunsch wohl gerechtfertigt, der Herr Violett – übrigens ein legitimer Nachkomme des vor rund zweihundertfünfzig Jahren weltberühmten Addisonschen »Zuschauer« – möge nun auf dem Weg über den allgemeinen Buchhandel die Zahl seiner Begegner und Freunde vermehren.

Ein Suhrkampsches Büchlein hat diesen Weg bereits angetreten: es enthält neben den im Gefängnis 1944 geschriebenen dörflichen Anfangskapiteln eines groß geplanten Romans, dessen Schauplatz später Berlin hätte sein sollen, ein paar kürzere, zum Teil autobiographisch gefärbte Aufzeichnungen. Die bedeutendste, »Der Besuch«, hat mit Recht Hermann Hesses Bewunderung erregt. Erzählt wird die verspätete besuchsweise Rückkehr des ältesten Sohnes auf den vor Jahrzehnten freiwillig verlassenen Hof. Die Art, wie die tastbare Wirklichkeit eines erlebten Tages und die viel größere und entscheidendere Wirklichkeit des Untastbaren geschildert wird, das alle jene Greifbarkeiten für den Heimkehrer zu einem »Rühr mich nicht an« macht, zeugt von so hoher dichterischer Wahrnehmungs- und Gestaltungskraft, daß man die Selbstbescheidung bedauern möchte, die auch hier die verlockende Möglichkeit des freien Spielens und Schaltens mit den eigenen, schöpferischen Seelenkräften am Wege gelassen hat zugunsten des zunächst gebotenen Dienstes und seiner sachlichen und persönlichen Bindungen.

Beim Wiederlesen sind mir ein paar Sätze haften geblieben, die mich für den inneren Habitus des Freundes, vor allem für seine Kraft der Selbstbehauptung im Verzicht kennzeichnend dünken. Sie lauten: »Ich ging hinein und richtete meinen Koffer. Als ich fertig war, versuchte ich, mich auf etwas Schönes zu besinnen, das ich an dem Tag erwarten könnte; ich wollte mich darauf freuen. Mir fiel nichts ein; dann sagte ich mir, daß Überraschungen am schönsten seien, und begann mich zu freuen. Darüber mußte ich lachen: diese Unverwüstlichkeit; was kann einem Menschen geschehen! Plötzlich, unerwartet, ist er am Ende.«

MARTIN WALSER

Herr Suhrkamp

Ich habe bis jetzt nur zwei Sorten von Autoren kennengelernt: die einen kommen mit ihrem Manuskript immer direkt vom Berg Tabor, auf dem sie sich selbst erschienen sind. Die Niederschrift dieses Auto-Diktats überlassen sie dem Verleger, der es am meisten glaubhaft machen kann, daß er an sie glaubt. Die anderen sitzen vor dem Verleger, spielen schamhaft an ihrer Aktentasche herum, fangen jeden Satz dreimal an und bemerken auch beim vierten Mal, daß sie den Mund immer noch viel zu voll genommen haben, da es sich bei dem Manuskript, das sie mitgebracht haben, eben doch um einen ganz unverantwortlich leichtfertigen Versuch handle. Für die einen ist der Verleger ein Transportmittel, dem weder Meinung noch Zweifel erlaubt sind, die anderen reißen den Verleger zuerst in ihre eigene uferlose Unsicherheit hinein und bitten ihn dann um eine vollkommen gerechte Kritik, die aber, bittschön, positiv und aufbauend sein soll. Beide Sorten haben Charlatane und Genies hervorgebracht, deshalb muß es schwer sein, ein *guter* Verleger zu sein.

Peter Suhrkamp hat sich nicht auf sein Urteil verlassen. Noch weniger hat er spekuliert, wie wohl das Urteil der Kritiker und des Publikums ausfallen würde. Man konnte mit ihm sprechen, wahrscheinlich auch streiten, aber diskutieren hab' ich ihn nie gesehen. Wahrscheinlich ist er zu vielen wendigen Hirnen begegnet, als daß er noch an die Vertrauenswürdigkeit des Schlüssigen hätte glauben können. Vielleicht war er auch von Anfang an mißtrauisch gegen das Beweisbare. Ich glaube, er hat keine Entschlüsse gefaßt. Wenn er als Verleger handelte, sah es aus, als habe er einem Instinkt zäh zögernd nachgegeben. Ebenso zäh hing er dann aber auch an seiner Handlung. Vielleicht hat er immer gehofft, daß das Richtige von selbst geschähe, und am liebsten wäre es ihm gewesen, er hätte sich nicht selbst deutlich hineinmischen müssen. Aber weil seine Vorstellung vom Richtigen recht eigensinnig war, forderte ihn eben doch alles wieder heraus und er mußte sich hineinmischen und mehr tun als er wahrscheinlich wollte. Aber er betrieb die Entäußerung mit der Vorsicht, die sein Temperament verlangte. Er begann damit, seinem Gesprächspartner zarte Verletzungen beizubringen, löste ihn durch gefühlssicher dosierte Provokationen aus dem Zirkel der Argumente, zielte auf verläßlichere Reaktion des Anderen, auf das Unbeherrschte, auf das, was man nicht präparieren und nie auswendig kann. Ich glaube nicht einmal, daß er sich seiner Handlungsart als einer Methode bewußt war. Indem er seinem Instinkt folgte, blieb auch seinem Partner nichts anderes übrig, als sich instinktiv zu verhalten, weil man ja sehr schnell feststellen mußte, daß es nicht genügte, etwas beweisen zu können. Inmitten des jahrzehntelangen Blätterfalls der Ismen und Schulen ist er dem wahrscheinlich schwierigen, natürlichen Katastrophen unterworfenen Nordlicht dieses Instinkts nachgegangen und hat die Manuskripte seiner Autoren nicht so sehr auf ihre nach wechselnden Regeln wechselnd beweisbare Vollkommenheit geprüft, er hat vielmehr durch Verletzung oder Lob und viele andere Spielarten der Versuchung, deren er so mächtig war, den Autor abgeklopft, um zu sehen, zu spüren, ob das Manuskript gespreizter sei als der Autor oder umgekehrt, oder ob gar sich beide in einem natürlichen Verhältnis zueinander befänden. Als er mir einmal ein Kapitel lieber gestrichen hätte, ließ er sich nicht darauf ein, mit mir über das Kapitel lang und breit zu diskutieren, er schickte mich aus dem Zimmer, gab mir zwei seiner Mitarbeiter mit, denen sollte ich das Kapitel laut vorlesen. Als wir zurückkamen und ich gestehen mußte, daß mir das Vorlesen nicht, wie er vielleicht gehofft hatte, selbst wider die Natur gegangen sei, da durfte das Kapitel stehen bleiben. Er gab einem Gelegenheit, sich zu genieren. Genierte man sich aber nicht, dann versuchte er nicht, einen zu überzeugen, zu bekehren, weil er wußte, daß man einem Menschen nicht beibringen kann, sich zu genieren. Und von einer persönlichen oder literarischen Korrektur, die nicht durch eine Art Scham bewirkt war, hielt er nicht viel. Spürte man seine enttäuschte Erwartung, obwohl er sie einen eigentlich nicht spüren lassen wollte, dann genierte man sich vielleicht doch noch, wenn auch bloß deshalb, weil man sich nicht geniert hatte, als es darauf angekommen wäre sich zu genieren.

Es gibt Männer, dreißig, vierzig Jahre älter als man selbst, die plaudern über den Unterschied an Jahren hinweg, die bringen es fertig, mich glauben zu machen, es sei gar nicht so schlimm, sechzig vorbei zu sein. Bei Peter Suhrkamp hatte ich immer das Gefühl, er habe sich nicht abgefunden mit seinem Alter, mit seiner Hinfälligkeit. Während andere von dem Zuwachs, den das Alter bringen kann, ein tröstliches Bild entwerfen, schien er den andauernd wachsenden Verlust beobachten zu müssen. Nach einer Unterhaltung mit ihm fühlte ich mich immer beklommen. Nicht weil er geklagt hätte, nicht weil er mir seine Resignation anvertraut hätte, dazu war ich nicht der Partner, wahrscheinlich hat er gewußt, gespürt, daß ich nur ein bemüht verständnisvolles Gesicht hätte machen können; eine Situation, in der man sich nicht befindet, kann man sich auch nicht vorstellen, das hat er gewußt, und an Nachempfindung lag ihm nicht. Beklommen war ich, weil er, ohne daß er je davon sprach, alles in die richtigen Verhältnisse rückte; an seinem Beispiel wurde deutlich, daß meine Erfahrung mit der Endgültigkeit eine Art Koketterie war, und wenn ich in meinem Benehmen ihm gegenüber sozusagen den Ernst seiner Lage hätte zum Ausdruck bringen wollen, wäre ich ihm vorgekommen wie ein Vierjähriger, der einen Satz, den er von einem Achtzehnjährigen gehört hat, mit einigen Entstellungen nachplappert; Entstellungen, die der Ältere komisch oder widerlich finden muß. Und weil ich schon zu seinen Lebzeiten immer das Gefühl hatte, er müsse jede Form der Anteilnahme so empfinden, deshalb wagte ich den natürlichen Abstand immer weniger anzutasten, fand keine sichere Art dem Kranken gegenüber. Ein Buch schreiben, das ihn noch erreicht, dachte ich, wenn ich aus seinem Zimmer kam. Aber das war wahrscheinlich noch schwieriger, noch vermessener als alles andere. Er hat mein Unvermögen gespürt, hat mir einmal geschrieben: fühlen Sie sich bei uns zu Hause und benehmen Sie sich auch so. Aber zweimal, dreimal im Jahr einen Kranken zu besuchen, der so krank ist, daß man nie weiß, ob dieser Besuch jetzt der letzte ist, das wird nicht leichter dadurch, daß der Kranke auf das Zarteste zum Ausdruck bringt, man möge von seinem Zustand keine Notiz nehmen. Dieser wiederholte Ausflug ins Zimmer eines Mannes, der dem Tod näher ist als uns, ist grotesk, weil man nach dem Besuch ja höchstens eine Stunde besinnlichen Übergangs braucht und man schwimmt wieder lustig mitten im Strom, rechnet noch mit zwanzig, dreißig Jahren Zeit, den Kranken läßt man zurück, man muß ihn, bis zum nächsten Besuch, so sehr als möglich vergessen. Und bringt es auch fertig. So gesund ist man. Aber kann man denn jemanden besuchen, der bald sterben wird, und so tun, als dächte man nicht daran? Den Toten beklagen wir, aber solange er noch ein bißchen lebt, tun wir, als könnten wir ihn besuchsweise herausplaudern aus dem Schatten, in dem er schon steht.

Peter Suhrkamp, es kostet mich Anstrengung, ihn so zu nennen, wenn man darin keinerlei gemachte Distanzierung, sondern einfach das natürliche Empfinden sehen würde, möchte ich sagen: Herr Suhrkamp, denn das war er, Herr Suhrkamp hat das Ältersein, glaube ich, unheimlich richtig empfunden. Er hat sich die Anspielung auf heroisches Ertragen nicht gestattet, hat sich die Klage verboten, hat aber auch den natürlichen Abstand nicht ironisch oder humorig verharmlost, er hat soviel Gemeinsamkeit zwischen dem Älteren und Jüngeren zugelassen wie der Jüngere von sich aus zu empfinden wagte, und über dieses Bißchen hat er mit untrüglichem Instinkt gewacht, das war die schmale Handbreite des Auskommens miteinander, des Gesprächs; wer anbiedernd darüber hinausdrängen wollte, der hätte ihn verletzt. Angesichts dieser genau durch seinen Instinkt bemessenen Möglichkeit, stellte ich mich von selbst darauf ein, lieber das Mögliche nicht ganz und gar zu nützen als auch nur um einen Hauch darüber hinauszutreiben. Der Jüngere mußte so zwangsläufig noch spröder sein als der Ältere, denn er mußte fürchten, gegen das nie zu formulierende Maß dessen, was sich ziemte, zu verstoßen. Der Ältere konnte ermuntern, sozusagen fördern, konnte mich versuchen, konnte viel mehr sein als ein Mann, der Bücher verlegt. Vielleicht ist verständlich geworden, daß ich ihm nicht viel zu antworten hatte darauf, daß Anteilnahme oder gar Trost nur komisch und frech wirken müssen, wenn man sich jemanden gegenüber sieht, der weiß, daß er das Seine sowieso selber und allein tragen muß. Es blieb da, um überhaupt noch irgend etwas von sich zu geben, nichts übrig als eine Art Dank, ein windiger, auf Worte beschränkter, aus Worten bestehender, ein im Bewußtsein seiner Unzulänglichkeit immer übertrieben ausgedrückter und dadurch wahrscheinlich nicht sehr vertrauenswürdig wirkender Dank.

Die Todesnachricht trifft ein, wir machen die Zigarette, die wir gerade rauchen, zu früh aus. Ganz innen ist es uns komisch zumute, das soll seine äußere Entsprechung haben. Wenn wir bemerkt haben, daß die Zigarette zerdrückt ist, sagen wir uns: sie hat uns nicht mehr geschmeckt. Trifft die Nachricht ein und wir rauchen gerade nicht, dann stecken wir uns schnell eine Zigarette an, weil irgendeine fahrige Bewegung notwendig scheint. Daß die Zigarette nicht schmeckt, bemerken wir jetzt gar nicht.
Das kühle Geriesel den Rücken hinab, wenn wir die Nachricht hören. Und das kühle Geriesel den Rücken hinab, wenn

wir sie weitererzählen. Es stellt sich heraus: wir empfinden nur uns selbst, so sehr wir uns auch mit dem Toten beschäftigen, verwickelt sind in sein Sterben und die Folgen seines Todes, wir empfinden nur uns selbst. Es ist Ende März, ein Hund rennt an einer rostroten Hecke entlang und weiß nicht, wann die Hecke aufhören wird, ein Zug fährt durchs Bild und ist vergessen. Was sich wiederholt, geschieht, als ob es nicht geschähe. Aber es läßt seine Spur zurück in uns, hoffen wir. Gestehen wir uns aber auch, daß dieser Märznachmittag mehr fordert als wir geben können: er fordert uns heraus zu Preisgaben und Umkrempelungen. Es scheint, als seien wir wieder einmal gewarnt. Es wird sich aber zeigen, das können wir abwarten, daß wir gar nicht zu warnen sind. Er war allein krank, ist allein gestorben, ist allein tot. Vorübergehend schlechtes Gewissen. Dann leben wir weiter. Das Requiem ist trotz allem Musik, liefert Schabracken fürs Bewußtsein und befriedigt höchst lebendige Sinne.

Bibliographie der Schriften von Peter Suhrkamp

Zusammengestellt von Helene Ritzerfeld

Die Zelle. Erzählung. Das junge Deutschland. Jg. 1918, Heft 3
Literatur. Die Neue Schaubühne. 2. Jg. Heft 10. 1920
Gegen den Schriftsteller. Die Neue Schaubühne. 4. Jg. Heft 5/6. 1922
Löwenzahn. Ein Spiel von armen Menschen in zwei Teilen. 1922
Die Mutter. Gleichnis in sechs Bildern. 1922
Filmkritische Texte. Veröffentlicht im Berliner Tageblatt 1929/1930
Musik in der Schule. In Musik und Gesellschaft, Januar 1930
Der Lehrer, Kunst und Künstler, Der Journalist. Deutsche Berufskunde, Bibliographisches Institut, Leipzig 1930
Anmerkungen zur Oper ›Aufstieg und Fall der Stadt Mahagonny‹. Bertolt Brecht, Versuche, H. 2, 1930 (gemeinsam mit Bertolt Brecht)
Verlorene Tage. Frankfurter Zeitung 1931 (in Fortsetzungen)
Literatur ohne Anmaßung. Vossische Zeitung 1931
Die Sezession des Familiensohnes. N. R. 1932
Söhne ohne Vater und Lehrer. N. R. 1932
Rasse. N.R. 1932
März 1933. N. R. 1933
Berliner Stiche. N. R. 1933
Gespräch nach zwanzig Jahren. N. R. 1933
Max Reinhardt. N. R. 1933
An Ringelnatz zum 50. Geburtstag. N. R. 1933
Olympia des Geistes. N. R. 1933
Toleranz. N. R. 1933
Ingenieur-Hybris. N. R. 1933
Es werde Deutschland. N. R. 1933
Hände weg! N. R. 1934
Wirklichkeit. Einige Feststellungen über Dichtungen. N. R. 1934 und ›Der Leser‹, Suhrkamp Verlag. BS Bd. 55. 1960
Der Besuch. N. R. 1934 und ›Munderloh‹. Suhrkamp Verlag. BS Bd. 37. 1957
Knut Hamsun. N. R. 1934
In memoriam Stefan George. N. R. 1934
Anmerkungen über die Landschaft in der Dichtung. N. R. 1934
Zueignung. N. R. 1934
Ricarda Huch. N. R. 1934
Der Erzähler Fallada. N. R. 1934
Über den Leser. N. R. 1934

Lesen von Bildern. N. R. 1935 und ›Der Leser‹. Suhrkamp Verlag. BS Bd. 55. 1960

Albert Schweitzer. N. R. 1935

Emil Strauß zum 70. Geburtstag. N. R. 1936

Das Fünfzigste Jahr. S. Fischer Almanach 1936

Schneebruch. N. R. 1936 und ›Munderloh‹. Suhrkamp Verlag. BS Bd. 37. 1957

Ein Wort zu Henry Williamson. S. Fischer Korrespondenz. November 1936

Jugenderinnerungen. N. R. 1937

Hermann Hesse zum 60. Geburtstag. S. Fischer Almanach. 1937

Geleitwort zu Oskar Loerke ›Magische Verse‹. S. Fischer Verlag, 1938

Über das Verhalten in der Gefahr. N. R. 1939 und ›Der Leser‹. Suhrkamp Verlag. BS Bd. 55. 1960

Adalbert Stifter. Die Mappe meines Urgroßvaters. Einleitung und Anmerkungen von Peter Suhrkamp. Pantheon-Ausgabe. 2 Bde. 1939

Zu einem Brueghel-Buch. N. R. 1939

Eine alte Frau. N. R. 1940

Der Apfelgarten. N. R. 1940 und ›Munderloh‹. Suhrkamp Verlag, BS Bd. 37. 1957

Asmus der Bote. N. R. 1940

Herzensverbundenheit. N. R. 1940

Kurzmonographien in ›Deutscher Geist. Ein Lesebuch aus zwei Jahrhunderten‹. 2 Bde. S. Fischer Verlag. 1940. Neuauflage im Suhrkamp Verlag. 1953

Am Grabe Oskar Loerkes. Ansprache. Berlin. 27. 2. 1941. A. S. I. 1951 und ›Der Leser‹, Suhrkamp Verlag. BS Bd. 55. 1960

Matthias Claudius: Sämtliche Werke des Wandsbecker Boten. Einleitung von Peter Suhrkamp. Pantheon-Ausgabe. 3 Bde. 1941 und ›Der Leser‹. Suhrkamp Verlag. BS Bd. 55. 1960

Von der Unzerstörbarkeit des Menschen. N. R. 1942 und ›Der Leser‹. Suhrkamp Verlag. BS Bd. 55. 1960

Der Zuschauer I-XII. N. R. 1942/43

Tagebuch des Zuschauers. N. R. 1943

Adalbert Stifter. Der Nachsommer. Herausgegeben und eingeleitet von Peter Suhrkamp. Pantheon-Ausgabe. 3 Bde. 1943 und ›Der Leser‹. Suhrkamp Verlag. BS Bd. 55. 1960

Adalbert Stifter. Tagebuchaufzeichnung. N. R. 1943 und ›Der Leser‹. Suhrkamp Verlag. BS Bd. 55. 1960

Die nordfriesische Insel. 1943. A. S. I. 1951 und ›Der Leser‹. Suhrkamp Verlag. BS Bd. 55. 1960

Eine Hauptmann-Erinnerung. Die Pause. Wien. 1943
Goethes Wahlverwandtschaften. 1944. A. S. I. 1951
Christoph Angelis. Fragment einer Erzählung. 1945. Unveröffentlicht
An Gerhart Hauptmann zum 83. Geburtstag. Rundfunkansprache. 15. 11. 1945. A. S. I 1951 und ›Der Leser‹. Suhrkamp Verlag. BS Bd. 55. 1960
Geist als tätige Existenz. 1945. Ms.
Taschenbuch für junge Menschen. Herausgegeben und mit einem Nachwort von Peter Suhrkamp. Suhrkamp Verlag vormals S. Fischer. 1946
Über das Lesen. Taschenbuch für junge Menschen. Suhrkamp Verlag vormals S. Fischer. 1946 und ›Der Leser‹. Suhrkamp Verlag. BS Bd. 55. 1960
Brief an einen Heimkehrer. Taschenbuch für junge Menschen. Suhrkamp Verlag vormals S. Fischer. 1946 und ›Der Leser‹. Suhrkamp Verlag. BS Bd. 55. 1960
Plauderei vor den Lesern. 1946. Ms. Unveröffentlicht
S. Fischer. 1946. Ms. Unveröffentlicht
Der Freimütige. 1946. Ms. Rundfunkvortrag
Die Krise der europäischen Literatur. Ms. Unveröffentlicht
Die Situation der Geistigen in Deutschland. Ms. Unveröffentlicht
Gegenwartsaufgaben des Verlegers. Rede auf der Ausstellung ›Das neue Buch‹. Berlin. Juli 1947. Ausschnitt aus der Rede unter dem Titel *Verleger und Leserschaft:* Merkur. 1947
Der Schriftsteller in der Gesellschaft. Vortrag 17. 9. 1947. Unveröffentlicht
Wie wird ein Buch an den richtigen Leser gebracht? Vortrag. Berlin. Teilabdruck: Börsenblatt für den Deutschen Buchhandel. 1947
Zu Alfred Kerrs 80. Geburtstag. 1947. Ms. Unveröffentlicht
Zur Einbringung der Exodus-Flüchtlinge. Rundfunkvortrag. 1947. Unveröffentlicht
Der 9. November. Rundfunkansprache. Neue Zeitung. 10. 11. 1947
Zur Bücherverbrennung am 10. Mai 1933. Ansprache Mai 1947. A. S. I. 1951
Begegnung mit Hermann Hesse. Zum 70. Geburtstag. Rundfunkansprache 2. 7. 1947. A. S. I. 1951 und ›Der Leser‹. Suhrkamp Verlag. BS Bd. 55. 1960
Bemerkungen zu einem Geschichtsbuch. Beilage zu: Geschichte unserer Welt. Suhrkamp Verlag vormals S. Fischer. 1947
Der Buchdrucker. Zum 25jährigen Berufsjubiläum von Werner Stichnote. 1948

In Kriegsgefangenenlagern in England. Rundfunkvortrag. 1948. Unveröffentlicht

Das Leben als schwingendes Moor. Zum 50. Geburtstag von Manfred Hausmann. Neue Zeitung. 11. 9. 1948

Antwort auf eine Rundfrage der Welt am Sonntag. 20. 11. 1948. Ms.

Das Bild des Europäers. Vortrag. Herbst 1948. A. S. I. 1951 und ›Der Leser‹. Suhrkamp Verlag. BS Bd. 55. 1960

An Rudolf Alexander Schröder. Zum 70. Geburtstag. 1948. A. S. I. 1951

Forderung an die Geistigen. Nordwestdeutsche Hefte. 1948

Antwort auf eine Rundfrage des ›Aufbau‹. 1949. Ms. Unveröffentlicht

Die Neue Rundschau. Vorwort zu ›Stockholmer Neue Rundschau‹. Suhrkamp Verlag vormals S. Fischer. 1949

Vollendet – Unvollendet (zu ›Herbert Engelmann‹). Neue Zeitung. 22. 9. 1949

T. S. Eliot ›Der Familientag‹. Deutsche Übersetzung von R. A. Schröder und Peter Suhrkamp. Nachwort von Peter Suhrkamp. Suhrkamp Verlag. 1949

Margarethe Hauptmann zum 75. Geburtstag. Neue Zeitung. 7. 1. 1950

Zum Schund- und Schmutzgesetz. Neue Zeitung. 20. 1. 1950

Begrüßungsansprache zum vierten Leseabend. Frankfurt/M. Februar 1950

Kann das Buch uns helfen – müssen wir dem Buch helfen? Rede in der Paulskirche, Frankfurt/Main, 8. 5. 1950. Teilabdruck: Börsenblatt für den Deutschen Buchhandel. 1950

Literatur und Buchmesse. Ms. Frankfurter Rundschau, unter dem Titel *Haben wir eine Literatur?* 15. 9. 1951

Ausgewählte Schriften zur Zeit- und Geistesgeschichte. Bd. I. Privatdruck zum 60. Geburtstag. 1951. Numerierte Auflage.

Zumutung. Antwort auf Umfrage: ›Bücher – geschenkt?‹ Neue Zeitung. 13. 10. 1951

Brief an einen jungen Freund. (= ›Brief an einen Heimkehrer‹. 1946). Sonderdruck 1951

Brief an die Frankfurter Rundschau. 4. 4. 1951. (Über die Einstellung der Literaturseite.)

Leben zwischen Trümmern. A. S. I. 1951

Vorwort zu G. B. Shaw ›Vorreden zu den Stücken‹. Suhrkamp Verlag. 1952

Was ich von einem modernen Roman erwarte. Morgenblatt für Freunde der Literatur, Nr. 1. 14. 6. 1952

T. S. Eliot ›Die geheime Katze‹ und *›Flickenmatz: Die Eisenbahn-*

katze‹. Übersetzung von Peter Suhrkamp. ›Old Possums Katzenbuch‹. Suhrkamp Verlag. BS Bd. 10. 1952

Dichter im Biedermeierhaus. Zum 60. Geburtstag von Ernst Penzoldt. Die Welt, Berlin. 12. 6. 1952

Jugendbewegung. Merian, Juniheft. 1952

Stellungnahme zur Todesstrafe. (Auf Anfrage der Frankfurter Rundschau.) 20. 8. 1952. Ms.

Fünf Jahre Bücherschau. Gegenwart, 1. Novemberheft. 1952

Urheberrechte. Gemeinsame Erklärung von Hermann Hesse und Peter Suhrkamp vom 2. 5. 1952. Stuttgarter Zeitung. Mai 1952

Deutscher Geist. Ein Lesebuch aus zwei Jahrhunderten. Herausgegeben und mit einem Vorwort zur zweiten, erweiterten Ausgabe von Peter Suhrkamp. 2 Bde. Suhrkamp Verlag. 1953

Diese Zeit und ihre Bücher. Vortrag. Goethe-Gesellschaft, Hannover 8. 1. 1953. Oldenburg 9. 1. 1953. Ms.

Begegnung mit Rudolf Alexander Schröder. Hess. Rundfunk. 22. 1. 1953 und ›Der Leser‹. Suhrkamp Verlag. BS Bd. 55. 1960

Was erwarte ich von der Musikkritik? Melos, Heft 7/8, 1953

Mein Weg zu Proust. Morgenblatt für Freunde der Literatur. Nr. 4. 24. 9. 1953 und ›Der Leser‹. Suhrkamp Verlag. BS Bd. 55. 1960

Über die Weltoffenheit deutscher Verleger. Rundfunkvortrag (in der Sendung: Die Böttcherstraße), Radio Bremen. Dezember 1953

Gustaf Gründgens ›Wirklichkeit des Theaters‹. Einleitung von Peter Suhrkamp. Suhrkamp Verlag. 1953

Der Roman von Max Frisch. 13. 9. 1954. Ms. Unveröffentlicht

Was ist ›Molloy‹? Morgenblatt für Freunde der Literatur, Nr. 5. 24. 5. 1954

Fluch und Segen des Verlegers. Rundfunkvortrag. NDR Hannover. Juni 1954

T. S. Eliot ›Der Privatsekretär‹. Deutsche Übersetzung von Peter Suhrkamp und Nora Wydenbruck. Suhrkamp Verlag. BS Bd. 21. 1954

T. S. Eliot ›Der Privatsekretär‹. Vorspruch von Peter Suhrkamp zur Sendung des Stückes. Hess. Rundfunk. 20. 12. 1954

Was kann Marcel Proust uns bedeuten? Vortrag in der Deutsch-Französischen Gesellschaft, Berlin. 8. 12. 1954. Als Vortrag für den Rundfunk bearbeitet: NDR Hannover. 22. 1. 1955

Ernst Penzoldt. Rede im PEN-Club. 3. 4. 1955

Wozu eine Bibliothek? Morgenblatt für Freunde der Literatur, Nr. 7. 8. 10. 1955 und ›Der Leser‹. Suhrkamp Verlag. BS Bd. 55. 1960

Die permanente Verschwörung. Weihnachtskatalog 1955. Claus Lincke, Düsseldorf

Dank an einen Buchhändler. 75 Jahre Sachse & Heinzelmann. 1. 11. 1955

Ausgewählte Schriften zur Zeit- und Geistesgeschichte. Bd. II. Privatdruck zum 65. Geburtstag 1956. Numerierte Auflage.

Dichterische Existenz in der Gegenwart. Nachwort zu Hermann Kasack, ›Mosaiksteine‹. Suhrkamp Verlag. 1956. Teilabdruck: Morgenblatt für Freunde der Literatur, Nr. 8. 24. 7. 1956

Vortrag auf dem Berliner Verlagsabend (über sich, den Verlag und Berlin). 29. 10. 1956

Hermann-Hesse-Preis. Ansprache zur Stiftungsversammlung am 2. 7. 1956

Darmstädter Ansprache zum 60. Geburtstag von Hermann Kasack. 24. 7. 1956

Die Aufgabe der Literatur. Rundfunkvortrag. NDR Hannover. 30. 9. 1956 und ›Der Leser‹. Suhrkamp Verlag. BS Bd. 55. 1960

Auswahl und Vorbemerkung zu Bertolt Brecht ›Gedichte und Lieder‹. Suhrkamp Verlag. 1956

Der Verleger – und die Übersetzung. Vortrag (Deutsche Akademie für Sprache und Dichtung, Darmstadt) 19. 10. 1956. Akzente, Nr. 6/1956 und Jahrbuch 1956 der Deutschen Akademie für Sprache und Dichtung. Heidelberg. 1957

Munderloh. Fünf Erzählungen: Munderloh, Abschied, Der Apfelgarten, Schneebruch, Der Besuch. Suhrkamp Verlag. BS Bd. 37. 1957

Abschied. ›Munderloh‹. Suhrkamp Verlag. BS Bd. 37. 1957

Ansprache aus Anlaß der Wahl zum Ehrenmitglied der Deutschen Akademie für Sprache und Dichtung. Düsseldorf. 6. 5. 1957. Jahrbuch 1957 der Deutschen Akademie für Sprache und Dichtung. Heidelberg 1958 und ›Der Leser‹. Suhrkamp Verlag. BS Bd. 55. 1960

Der verunglimpfte Brecht. Deutsche Studenten Zeitung. Hamburg. 1957

Offener Brief an Außenminister Heinrich von Brentano vom 18. 5. 1957. Die Welt, Hamburg. 22. 5. 1957

Gruß von Hermann Hesse. Ansprache zur Verleihung des Hermann-Hesse-Preises an Martin Walser in Baden-Baden. 2. 7. 1957

N. R.	=	Neue Rundschau
A. S. I.	=	Ausgewählte Schriften zur Zeit- und Geistesgeschichte, Band I
BS	=	Bibliothek Suhrkamp
Ms.	=	Manuskript

Nachweise

Die im Band zitierten Texte von Peter Suhrkamp sind folgenden Quellen entnommen:

a. Suhrkamps Büchern »Ausgewählte Schriften zur Zeit- und Geistesgeschichte I und II«, »Munderloh«, »Der Leser«, »Briefe an die Autoren« und »In memoriam Peter Suhrkamp«
b. Einzelpublikationen, die in die Bibliographie aufgenommen wurden
c. Unveröffentlichten Manuskripten und Briefen, als solche im Text ausgewiesen, die sich im Suhrkamp Archiv befinden
d. Die halbfett gesetzten biographischen Aussagen Suhrkamps sind Auszüge aus Lebensläufen, die nach 1945 geschrieben sind, und aus persönlichen Dokumenten, die sich im Suhrkamp Archiv befinden.

Die im Anhang abgedruckten Nachrufe der Autoren sind dem Privatdruck »In memoriam Peter Suhrkamp« von 1959 entnommen.

Die Photographien sind vorwiegend Aufnahmen aus Privatbesitz; Einzelnachweise: BBC London: S. 129; Rosemarie Clausen: S. 176; dpa: S. 192; Foto-Studio Gräfin zu Dohna: S. 142; Foto-Englert: S. 177; S. Fischer Verlag: S. 78; Gerda Goedhart: S. 171; Martin Hesse: S. 86, 160; Sepp Jäger: S. 132; Foto-Kühn: S. 212; Irmgard Mathéy: S. 121; Maxa Mück: S. 134; Helene Ritzerfeld: S. 147, 150, 174, 194; Schiller-Nationalmuseum, Marbach: S. 88; Pitt Severin: S. 136; Boris Spahn: S. 56, 188; Süddeutscher Verlag, Bilderdienst: S. 202; Hilde Zemann: S. 213; Suhrkamp Verlag, Bildarchiv.

Personenregister

Inhalt

Peter Suhrkamp • Siegfried Unseld
Eine Auswahl

Peter Suhrkamp

Briefe an die Autoren. Herausgegeben und mit einem Nachwort von Siegfried Unseld. BS 100. 168 Seiten

Der Leser. Reden und Aufsätze. Herausgegeben und mit einem Nachwort versehen von Hermann Kasack. BS 55. 212 Seiten

Munderloh. Fünf Erzählungen. BS 37. 182 Seiten

Siegfried Unseld

Der Autor und sein Verleger. Vorlesungen in Mainz und Austin. st 1204. 356 Seiten

Begegnungen mit Hermann Hesse. st 218. 268 Seiten

Goethe und der Ginkgo. IB 1188. 112 Seiten

Goethe und seine Verleger. Leinen und it 2500. 791 Seiten

Hermann Hesse. Werk und Wirkungsgeschichte.
it 1112. 414 Seiten

Uwe Johnson: »Für wenn ich tot bin«.
144 Seiten. Englische Broschur. st 2676. 87 Seiten

»Ins Gelingen verliebt sein und in die Mittel des Gelingens«.
Siegfried Unseld zum Gedenken. 256 Seiten. Leinen

NF 498/1/2.04

»Und jeder Schritt ist Unermeßlichkeit«. Gedanken über Goethe. Herausgegeben von Hans-Joachim Simm. Mit einem Geleitwort von Adolf Muschg. IB 1244. 128 Seiten

Briefwechsel

Siegfried Unseld/Uwe Johnson. Herausgegeben und kommentiert von Eberhard Fahlke und Raimund Fellinger. Mit zahlreichen Abbildungen. 1200 Seiten. Leinen

»So müßte ich ein Engel und kein Autor sein«. Adorno und seine Frankfurter Verleger. Der Briefwechsel mit Peter Suhrkamp und Siegfried Unseld. Herausgegeben von Wolfgang Schopf. 768 Seiten. Leinen

Bibliographie

Die Bibliographie des Suhrkamp Verlages. 1950-2000. Mit einem Geleitwort von Siegfried Unseld. Zusammengestellt von Wolfgang Jeske, Sabine Enders und Karin Flörchinger. 872 Seiten. Leinen

NF 498/2/2.04